융합 혁명

FUSION REVOLUTION

인공지능, 소재, 로봇이 이끄는
융합 혁명

양현상 지음

두드림미디어

지금, 미래 산업의 지형이 바뀌고 있다

2026년 3월, 인공지능은 물리적 한계를 넘어 산업과 일상의 패러다임을 완전히 뒤바꾸고 있다. 테슬라는 옵티머스를 범용 휴머노이드 로봇으로 개발하며, 반복·위험 작업 현장 투입을 목표로 하고 있다. 구글 딥마인드는 AI를 통해 신규 안정 물질 후보를 대규모로 예측하고, 실험 검증 속도를 크게 끌어올렸다. 동시에 생성형 AI는 주간 사용자 10억 명의 시대를 지나 가전과 웨어러블 기기에 녹아든 '임베디드 AI'로서 인간의 모든 감각과 상호작용하며, 마침내 AI가 가상 세계를 나와 현실의 물리적 생산성과 일상을 직접 주도하는 시대를 열었다.

현재 우리는 거대한 지각 변동의 한복판에 서 있다. 과거의 산업혁명이 증기기관이나 전기의 발명처럼 단일 기술을 중심으로 이루어졌다면, 지금의 변화는 완전히 다르다. 세 가지 혁명적 기술인 소재(Materials), 인공지능(AI), 로봇(Robotics)이 서로 얽히고설켜 폭발적인 시너지를 내면서 산업과 사회의 근간을 뒤흔들고 있다.

익숙했던 경제 법칙과 비즈니스 모델은 빠르게 무너지고 있다. 100년 된 자동차 회사가 10년 된 전기차 스타트업에 추월당하고, 제약 회사의 신약 개발 프로세스가 AI에 의해 재설계되며, 공장 노동자의 정의가 다시 쓰이고 있다. 이 혼란 속에서 미래 부의 지형은 완전히 새롭게 그려지고 있다. 이 거대한 흐름을 이해하지 못하면, 우리는 순식간에 변화의 파도에 휩쓸려 뒤처지게 될 것이다. 지금이야말로 깊이 있는 통찰력과 과감한 준비가 필요한 결정적인 순간이다.

미래를 바꿀 '빅뱅'의 시그널 : 왜 이 세 가지 조합에 주목해야 하는가?

당신은 아마도 이렇게 물을 것이다.

"AI 책도 많고, 로봇 책도 많고, 신소재에 관한 리포트도 넘쳐난다. 왜 하필 이 셋을 함께 봐야 하는가?"

답은 간단하다. 개별 기술의 시대는 끝났기 때문이다.

소재 혁신만으로는 충분하지 않다. 아무리 뛰어난 신소재를 개발해도, 그것을 대량생산할 공정이 없다면 실험실 안의 호기심에 그친다. AI만으로도 부족하다. 알고리즘이 아무리 영리해도, 물리적 세계에 개입할 수 없으며 화면 속 추천 엔진에 머문다. 로봇 역시 마찬가지다. 정교한 기계 팔이 있어도, 그것을 움직일 지능과 가벼우면서도 강한 소재가 없다면 공상과학 영화의 소품일 뿐이다.

그러나 이 세 가지가 만날 때, 마법이 일어난다.

AI가 설계한 초경량 복합 소재를 로봇이 조립해 만든 전기 비행기가 하늘을 난다. 자가 치유 폴리머로 만든 센서가 환자의 몸속에서 실시간 데이터를 전송하고, AI가 이를 분석해 맞춤형 치료제를 설계하면, 바이오 로봇이 이를 합성한다. 그래핀 기반 배터리를 탑재한 휴머노이드 로봇이 24시간 쉬지 않고 공장을 가동시킨다.

이것은 공상이 아니다. 이미 일어나고 있는 현실이다

변혁을 촉발하는 것은 서로 맞물려 증폭되는 세 가지 핵심 동력이다. 개별적으로도 강력하지만, 이들이 융합할 때 그 파급력은 상상을 초월한다. 이것이 바로 미래를 바꿀 '빅뱅'의 시그널이다.

첫 번째 축 : 인공지능의 폭발적 발전 및 융합

단순한 데이터 분석을 넘어, 생성형 AI와 고성능 컴퓨팅이 모든 산업의 지능화 수준을 비약적으로 끌어올리고 있다. AI는 이제 독립된 기술이 아닌, 모든 비즈니스 프로세스에 깊숙이 융합되어 효율성을 극대화하고, 인간의 의사결정을 보조하며, 복잡한 문제를 해결하는 핵심 지능이 되고 있다. 신약 개발에 걸리던 10년을 2년으로 단축하고, 공장의 불량률을 0.1% 이하로 떨어뜨리며, 개인 맞춤형 교육과 의료를 가능하게 만든다. 더 중요한 것은, AI가 다른 두 축을 가속화하는 엔진 역할을 한다는 점이다. AI가 없었다면 수십 년이 걸렸을 신소재 발견이 몇 주 만에 이루어지고, 복잡한 환경에서 작동하는 로봇의 제어가 가능해진다.

두 번째 축 : 소재 혁신과 융합

원자재 수준에서 일어나는 근본적인 변화다. 페로브스카이트 태양전지는 기존 실리콘 패널보다 저렴하면서도 효율이 높다. 그래핀은 구리보다 100배 강하면서도 전기 전도성이 뛰어나다. 형상 기억 합금은 손상되면 스스로 원래 모양으로 돌아간다. 이런 미래형 소재가 개발되고, 이 소재들이 기존 산업과 융합하면서 제품의 성능과 기능을 완전히 재정의한다. 이는 반도체부터 항공우주, 바이오산업까지 모든 것을 혁신하는 근본적인 토대가 된다. 당신이 타는 자동차, 쓰는 스마트폰, 입는 옷, 우리가 살아가는 건물까지, 이 모든 것이 '물질의 혁명'에 의해 다시 만들어지고 있다.

세 번째 축 : 로봇 융합과 자율 시스템

생산 공장, 물류, 심지어 일상생활 공간까지 로봇이 침투하며 자율 시스템이 확산된다. 이 로봇들은 단순 반복 작업을 넘어, 인공지능과 결합해 환경을 인지하고 스스로 판단하며 작업을 수행한다. 아마존 물류창고에서 상품을 분류하는 로봇, 수술실에서 의사를 보조하는 로봇 팔, 농장에서 잡초를 구분해 제거하는 자율 농기계, 재난 현장에 투입되는 구조 로봇까지. 이는 인간의 노동력을 대체하는 것을 넘어, 인간의 능력을 증강시키고 무인화된 초효율 사회를 건설하는 기반이 된다. 위험한 작업은 로봇이 대신하고, 정밀한 작업은 로봇과 협업하며, 창조적 설계는 인간이 담당하는 새로운 분업 체계가 만들어진다.

이 세 가지 동력이 유기적으로 결합하고 서로에게 에너지를 공급할 때, 우리가 상상했던 미래는 현실이 된다. 이 조합이야말로 당신의 일과 삶, 그리고 부의 축적 방식을 근본적으로 바꿀 가장 강력한 시그널이다.

당신의 일과 삶을 지배할 가장 뜨거운 트렌드

이 책은 막연한 예측이 아닌, 당신에게 현실이 될 가장 뜨거운 트렌드를 구체적으로 선별해 제시한다.

일의 미래

당신의 직업은 AI와 로봇에 의해 재정의될 것이다. 회계사는 더 이상 장부를 정리하지 않는다. AI가 실시간으로 이상 거래를 탐지하고 재무 예측 모델을 돌린다. 회계사의 역할은 '숫자를 맞추는 것'에서 '전략적 재무 의사결정을 조언하는 것'으로 바뀐다. 디자이너는 더 이상 수백 개의 시안을 손으로 그리지 않는다. 생성형 AI가 초안을 만들면, 디자이너는 브랜드 철학과 감성을 입히는 역할로 진화한다. 소재 혁신은 새로운 산업 분야를 개척하고, 이 분야에서 일할 새로운 인재를 요구한다. 양자점(Quantum Dot) 소재 전문가, AI 기반 분자 설계사, 로봇 협업 코디네이터-5년 전에는 존재하지 않았던 직업들이 고연봉 일자리로 부상하고 있다.

이 트렌드를 읽지 못하면 당신의 직무는 순식간에 도태될 수 있다. 그러나 이 트렌드를 활용한다면 AI를 활용하는 창조자이자 로봇과 협업하는 설계자로서 새로운 고부가가치 영역을 선점할 수 있다. 핵심은 '무엇을 해야 하는가?'가 아니라 'AI와 로봇이 할 수 없는 무엇을 정의하고 관리할 것인가'로 이동한다.

삶의 혁신

자율 시스템은 우리의 이동 방식을, 스마트 소재는 우리의 주거 환경과 건강 관리를, 그리고 AI는 우리의 소비와 정보 습득 방식을 완전히 바꾼다. 당신이 아침에 일어나면, 스마트 패브릭 침대 시트가 수면의 질을 분석한 데이터를 확인한다. 자가 치유 콘크리트로 지어진 집은 미세 균열이 생겨도 스스로 보수한다. 출근길에는 자율주행차에 탑승해 업무를 미리 시작하고, 점심 메뉴는 AI가 당신의 건강 데이터와 오늘의 스케줄을 분석해 추천한다. 당신은 더욱 개인화되고 효율적인 미래형 라이프스타일을 누리게 될 것이다. 시간은 절약되고, 선택은 최적화되며, 삶의 질은 상승한다.

그러나 동시에 이 변화에 대한 이해 없이는 새로운 기술 격차와 소외를 경험할 수도 있다. 디지털 문해력이 부족한 사람은 AI 추천 알고리즘에 종속되고, 자율 시스템을 이해하지 못하는 기업은 경쟁에서 도태된다.

이 책이 당신에게 제시하는 '미래 부의 지도'

변화는 언제나 가장 큰 부의 창출 기회를 동반한다. 1990년대 인터넷 혁명이 그랬고, 2000년대 모바일 혁명이 그랬다. 그러나 그 기회는 준비된 자에게만 허락된다. 인터넷 초창기, 아마존과 구글의 가능성을 본 사람은 소수였다. 아이폰이 출시됐을 때 '전화기로 인터넷을 왜 하냐?' 라고 비웃은 사람이 대다수였다. 그들은 기회를 놓쳤다. 반면, 변화의 본질을 꿰뚫어 본 소수는 엄청난 부를 축적했다.

이 책은 당신이 격변의 시대에서 방황하지 않고, 새로운 가치가 흘러가는 경로를 정확히 파악하도록 돕는 '미래 부의 지도'다. 이 지도는 세 가지 핵심 융합이 만들어낼 새로운 산업 생태계의 구조를 명확히 보여준다. 소재 혁신이 주도하는 신성장 동력, 인공지능 융합이 창출하는 초지능형 서비스, 그리고 로봇과 자율 시스템이 구현하는 무인 자동화 경제에서 부(富)가 어디로 흐를지를 예측한다.

당신은 이 지도를 통해 다음을 얻게 될 것이다.

투자 기회의 발굴

세 가지 메가트렌드가 결합하는 교차점에 숨겨진 미래 유망 산업과 핵심 기술에 대한 통찰이다. 단순히 'AI에 투자하라', '배터리주를 사라'가 아니라, 왜 고체 전해질 배터리와 AI 기반 소재 설계 기업의 조합이 폭발적 성장 가능성을 가지는지를 이해하게 된다.

개인 경쟁력의 강화

미래 인공지능 시대에 도태되지 않고 오히려 성공할 수 있는 차세대 핵심 역량과 직무 전환 전략이다. 당신이 엔지니어든, 마케터든, 경영자든, 어떤 스킬을 습득하고 어떤 마인드셋을 가져야 하는지 구체적인 행동 지침을 제공한다.

전략적 사고의 틀

단편적인 기술 정보가 아닌, 기술 융합의 거대한 그림을 읽어내는 전략적 사고방식의 틀이다. 이 책을 읽고 나면 뉴스에서 'A사가 B 기술을 개발했다'라는 단신을 접했을 때, 그것이 어떤 산업 지형 변화의 신호이며, 당신에게 어떤 의미인지 즉각 분석할 수 있는 렌즈를 갖게 된다.

이 책을 읽는 법

이 책은 크게 세 부분으로 구성됐다.

제1~제3장 : 거대한 그림 그리기

세 가지 축이 무엇이며, 왜 융합이 중요하고, 어떤 산업에서 어떻게 작동하는지 큰 그림을 제시한다. 여기서 당신은 '무슨 일이 일어나고 있는가?'를 이해한다.

제4~제5장 : 전략 수립하기

기업은 어떻게 대응해야 하고, 국가는 무엇을 준비해야 하는가. 여기서 당신은 '우리는 무엇을 해야 하는가?'의 답을 찾는다.

제6~제7장 : 미래 시나리오와 행동

2030년과 2040년 세상은 어떻게 바뀌며, 한국과 개인은 어떤 선택을 해야 하는가. 여기서 당신은 '나는 지금 무엇을 할 것인가?'를 결정한다.

당신이 기업 경영자라면 제4장부터 읽어도 좋다. 투자자라면 제2~제3장과 제6장에 집중하자. 직장인이나 학생이라면 제1장과 제7장이 가장 직접적인 도움이 될 것이다. 하지만 가능하다면 순서대로 읽기를 권한다. 부분의 합은 전체를 넘어서기 때문이다. 각 장은 독립적이면서도, 함께 읽을 때 비로소 완전한 지도가 완성된다.

　10년 후, 당신은 두 부류 중 하나가 되어 있을 것이다. 변화를 미리 읽고 준비한 사람, 또는 변화에 떠밀려 적응하느라 허덕이는 사람.

　선택은 지금, 이 순간 시작된다.

양현상

차 례

프롤로그 지금, 미래 산업의 지형이 바뀌고 있다 ··· 4

제1장 세 가지 축, 산업의 경계를 허물다

무엇이 넥스트 빅뱅인가? ··· 18
[AI] 생각하는 기계, '지능의 무한 확장' ··· 22
[소재] 만물을 스마트하게 만드는 '물질의 지능' ··· 42
[로봇] 물리적 세계를 장악하는 '움직이는 지능' ··· 60

제2장 왜 지금인가, 속도와 기회

AI가 화학 공식을 다시 쓰고 있다 ··· 79
제조 혁신의 '골든 타임' 단축 ··· 87
돈이 되는 미래 소재 투자 포트폴리오 ··· 95
미래 소재 산업의 투자 포인트와 경제적 파급 효과 ··· 109

제3장　**융합의 시대**

AI, 소재, 로봇이 만드는 신산업 지도

왜 지금 융합인가? 단일 기술의 한계와 시너지의 폭발 … 130

자동차 산업의 대전환 전기차를 넘어 자율주행 로봇으로 … 135

제약·바이오 산업 AI가 설계하고 로봇이 만드는 맞춤 치료제 … 143

반도체·전자 산업 나노 소재와 극한 정밀 제조의 경계 … 149

건설·인프라 스마트 소재가 도시를 재구성하다 … 155

에너지·환경 탄소 중립을 현실로 만드는 융합 기술 … 163

제4장　**기업의 생존 전략**

융합 역량을 어떻게 확보할 것인가

자가 진단 우리 회사는 어느 단계인가? … 181

Make vs Buy vs Partner 세 가지 길의 장단점 … 187

조직 개편 사일로를 허물고 융합 조직을 만들어라 … 193

인재 확보 전쟁 융합 인재를 어떻게 찾고 키울 것인가 … 199

데이터 인프라 융합의 핵심 자산을 구축하라 … 205

투자 우선순위 한정된 자원을 어디에 쏟을 것인가 … 209

제5장 **정부와 정책**

국가 차원의 융합 생태계 조성

왜 시장은 답을 주지 못하는가 ⋯ 214
우리에게 없는 것, 우리에게 필요한 것 ⋯ 217
첫 번째 열쇠 연구의 경계를 허물다 ⋯ 220
두 번째 열쇠 인재를 다시 정의하다 ⋯ 223
세 번째 열쇠 창업가의 나라를 만들다 ⋯ 225
네 번째 열쇠 세계 무대의 룰 메이커가 되다 ⋯ 227

제6장 **미래 시나리오**

2030년과 2040년, 세상은 어떻게 바뀌는가

2030년 융합 기술의 상용화 원년 ⋯ 233
2030년 세부 시나리오 일상의 변화 ⋯ 236
2040년 인간과 기계의 경계가 사라지다 ⋯ 241
2040년 심층 분석 사회 구조의 재편 ⋯ 246
기술의 어두운 면 양극화와 통제의 디스토피아 ⋯ 252
낙관 시나리오의 구체화 기술이 인류를 구원하다 ⋯ 254

제7장 지금 무엇을 할 것인가

[우리의 선택] 어떤 미래를 만들 것인가 ··· 260
[한국의 선택] 2030~2040 시나리오 ··· 266
[개인의 생존 전략] 2030~2040을 준비하는 법 ··· 270
문화와 가치관의 변화 ··· 275
[마지막 선택] 지금 행동하라 ··· 278

에필로그 경계를 넘는 자가 미래를 만든다 ··· 281

제1장

세 가지 축,
산업의 경계를 허물다

무엇이 넥스트 빅뱅인가?

우리는 지금 '산업적 기회'를 찾는 대신, '무엇이 융합해 대격변을 일으킬 것인가?'를 질문해야 하는 시대에 진입했다. 산업의 경계를 무너뜨리고 새로운 부의 흐름을 창출하는 '치트키(Cheat Key)'는 바로 'AI, 소재, 로봇'이라는 세 가지 핵심 축의 유기적인 융합에서 발생한다. 이들의 결합은 단순한 기술 개선을 넘어, 산업의 근본적인 변혁을 의미하며, 우리가 주목해야 할 진정한 넥스트 빅뱅은 이 융합 시스템 그 자체다.

20세기가 석유와 철강으로 부를 재편했다면, 21세기는 인공지능(AI), 소재(Materials), 로봇(Robotics)의 삼각 융합으로 새로운 경제 지도를 그리고 있다. 이 세 기술은 더 이상 독립된 영역이 아니다. 서로 얽히고설키며, 상상하지 못했던 혁신을 폭발시키고 있다.

테슬라의 자율주행차는 첨단 배터리 소재 없이 불가능했고, 챗GPT의 놀라운 학습 능력은 차세대 반도체 소재가 뒷받침한다. 수술 로봇은 AI의 정밀한 판단과 유연한 생체 모방(Biomimicry) 소재가 만나 탄생했다.

세 가지 혁신 축의 심층 분석, 시너지의 비밀

인공지능의 폭발적 발전 및 융합, 지능을 모든 곳에 주입

AI는 머신 러닝, 딥러닝, 강화 학습 등 다양한 형태의 진보를 거듭했으며, 최근의 폭발적인 발전은 산업, 연구, 일상 전반에 걸쳐 가장 깊숙

한 영향을 미치고 있다. 제조, 의학, 자율주행, 스마트 도시 등 모든 분야에서 AI의 도입이 촉진되고 있다. 특히 AI가 소재공학 및 로봇 시스템에 심층적으로 융합되면서 '스마트 공장', '예지 정비(Predictive Maintenance)'와 같은 새로운 패러다임이 자리 잡고 있다. AI는 이제 단순한 '분석 도구'를 넘어, '산업 지능화의 엔진'이 됐다.

예를 들어 화학 공학, 제조, 농업 분야에서는 AI 주도의 자동화와 최적화가 이미 시험되고 있다. AI는 복잡한 제조 공정을 실시간으로 분석해 로봇의 움직임을 최적화하거나, 설비의 고장을 예측해 유지보수 시점을 결정한다. 로봇의 효율과 소재의 성능을 극대화하는 브레인 역할을 AI가 수행하며, 모든 산업의 생산성과 효율성을 비약적으로 높이는 핵심 동력으로 작용하는 것이다.

소재 혁신과 융합, AI와 로봇을 품은 물질의 진화

이 축은 모든 기술의 물리적 한계를 확장하는 근본적인 힘이다. 이제 소재는 수동적인 재료가 아니라, 스스로 기능하는 지능적인 시스템의 일부가 된다. 스마트 소재(Smart Materials), 자가 치유 소재(Self-Healing Materials), 맞춤형 복합 소재(Customized Composites) 등 차세대 소재는 그 자체로 AI 및 로봇 공학과 유기적으로 결합하며, 자율적 기능을 수행하는 신제품 및 시스템 창출에 핵심적 역할을 한다.

가장 대표적인 예시는 SDL(Self-Driving Lab) 시스템이다. 이는 인공지능 기반의 데이터 분석 및 예측과 로봇의 실험 자동화가 결합된 형태다. AI가 최적의 소재 후보를 제시하면 로봇이 이를 즉시 실험하고 데이터를 수집하며, 이 데이터는 다시 AI 모델을 훈련시킨다. 이 순환 고리는 새로운 소재 개발 속도를 극적으로 높이며, 소재 최적화, 생물학적 프로세스 등 다양한 학제 간 융합의 중요 사례가 된다. 단순한 소재 혁신을 넘어선, AI와 로봇의 융합이라는 새로운 지평을 연 것이다.

로봇 융합과 자율 시스템 : 지능을 현실 세계로 확장

로봇은 AI, 소재 기술과의 접목으로 가장 극적인 변화를 겪고 있다. Industry 4.0/5.0, 스마트 팩토리, 디지털 트윈 같은 개념이 확산하면서, 로봇은 더 이상 고립된 단일 작업 기계가 아니다. 이제 로봇은 센서, 미래형 재질, 정교한 제어 알고리즘, 그리고 정보통신기술(IoT, 5G)과 융합된 복합 시스템으로 진화하고 있다.

인간과 기계의 협력(Human-Robot Collaboration)은 필수적인 요소가 됐으며, 로봇은 단순한 도구를 넘어 '팀원'의 지위를 얻고 있다. 자율적으로 환경을 인지하고, 데이터를 분석하며, 인간의 개입 없이 의사결정을 수행하는 자율 시스템은 새로운 도전 영역을 창출하고 있다. 이 로봇 융합은 지능을 물리적 세계로 확장하고, 우리 사회를 초효율화된 자율 경제로 이끄는 핵심 실행체다. 이러한 로봇 융합의 핵심은 자율 시스템(Autonomous Systems)이다. 로봇은 AI를 통해 환경을 인지하고, 데이터를 분석하며, 인간의 개입 없이 의사결정을 수행한다. 물류, 의료, 건설 등 다양한 분야에서 무인화 및 초효율화를 실현하는 실행체로서 기능한다. 또한, 인간과 기계가 안전하게 협력하는 협업 로봇(Cobots)이 등장하며, 로봇은 단순한 도구가 아니다. 이 자율 시스템은 지능을 물리적 세계로 확장하는 최종 단계다.

경계의 파괴가 가치를 만든다

이 세 가지 축의 융합 경향은 산업 혁신과 직결되며, 새로운 일자리, 교육 시스템, 그리고 사회적 가치의 대전환을 예고한다. 기존의 전문 분야 경계는 빠르게 사라지고 있으며, 디지털 및 물리 기반 시스템이 통합 작동하는 스마트·지능형 제조 및 서비스는 미래 산업의 표준이 될 전망이다.

초경량 스마트 소재로 제작된 자율주행 배송 로봇이 AI 기반 최적 경로 알고리즘에 따라 움직이며 도시의 물류를 처리하는 시스템이 대표적이다. AI, 소재, 로봇의 완벽한 융합 없이는 이러한 자율 배송 서비스는 불가능하다. AI 기반 판단 시스템을 갖춘 자율주행 차량이 고강도·경량 스마트 소재로 제작되어 운행되고, 로봇 드론이 물류를 처리하는 자율 시스템은 도시의 교통 혼잡, 에너지 소비, 그리고 물류 효율을 근본적으로 개선한다.

이러한 융합은 노동 시장에 큰 변화를 가져오며, 인간의 역할 재정의를 요구한다. 단순 반복 노동은 로봇과 AI가 담당하게 되므로, 인간은 융합 시스템을 설계, 관리, 창조하는 고차원적 지식 및 협업 능력이 더욱 중요해진다. 교육 시스템은 이러한 융합적 사고를 가르치도록 변화해야 하는 것이다. 이처럼 AI, 소재, 로봇의 융합은 기술적 혁신을 넘어, 사회 전체의 대변혁을 예고하는 것이다.

경계를 허무는 융합적 혁신은 이미 글로벌 도처에서 거대한 흐름을 형성하고 있다. AI, 소재, 로봇이라는 세 축의 기술적 특이점이 교차하는 지점에서 인류의 다음 먹거리인 'Next Big Thing'이 태동하고 있다. 이 융합의 지도를 선제적으로 읽어내는 자만이 다가올 미래의 기회를 선점할 수 있을 것이다.

과거의 혁신이 인간의 '근육'을 기계로 대체했고, 최근의 혁신이 인간의 '두뇌'를 AI로 보조했다면, Next Big Thing은 AI라는 두뇌와 소재라는 근육이 결합해 '스스로 생각하고 움직이는 물리적 실체'를 만드는 과정이다.

생각하는 기계, '지능의 무한 확장'

우리는 지금 인류 역사상 가장 거대한 지적 혁명의 한복판에 서 있다. 바로 인공지능의 폭발적인 발전이다. AI는 단순한 계산 도구를 넘어, 이 제는 스스로 학습하고, 추론하며, 심지어 창조하는 '생각하는 기계'로 진 화했다. 이 축은 앞서 다룬 소재 혁신과 로봇 융합에 '지능'을 불어넣는 엔진이며, AI가 주도하는 '지능의 무한 확장'이야말로 미래 산업의 모든 가치 창출을 재정의하는 궁극적인 치트키다. AI의 발전 속도는 기하급 수적이며, 이는 곧 부의 창출 속도가 이전과는 비교할 수 없이 빨라진다 는 것을 의미한다.

GPT를 넘어선 AI, 인간의 창의성을 뛰어넘는가?

최근 몇 년간 전 세계를 강타한 GPT(Generative Pre-trained Trans-former)와 같은 대규모 언어 모델(LLM)은 AI가 인간의 전유물이라 여겨 졌던 창의적인 영역에 본격적으로 진입했음을 선언했다. AI는 이제 텍 스트, 이미지, 음악, 심지어 3D 모델과 코드를 생성하며, 인간의 창작물 을 단순히 모방하는 수준을 넘어섰다. 그렇다면 AI는 인간의 창의성을 뛰어넘는가? 이 질문은 기술적 논쟁을 넘어, 인류의 정체성에 대한 철 학적 질문을 던진다.

미드저니(Midjourney)나 달리 3(DALL-E) 같은 확산 모델(Diffusion Models)은 수십억 장의 이미지 데이터를 학습해 인간이 상상하기 어려운 독창적인 시각 예술을 수 초 만에 만들어낸다. 이는 단순한 이미지 생성을 넘어 광고, 게임 디자인, 건축 초기 구상 단계의 패러다임을 완전히 바꾸고 있다. 과거에는 디자이너가 며칠씩 스케치하고 수정했다면, 이제 미드저니 같은 AI는 몇 초 만에 수십 가지 시안을 만들어낸다. 게다가 그 퀄리티가 인간의 상상을 초월한다. 광고 업계는 제작 기간이 단축되고, 게임 회사는 캐릭터 디자인 속도가 10배 빨라지며, 건축가는 고객에게 즉석에서 다양한 아이디어를 보여줄 수 있다.

알파폴드(AlphaFold)와 같은 단백질 구조 예측 AI는 수십 년간 과학자들이 풀지 못했던 난제를 해결하며, 신약 개발 속도를 획기적으로 가속화했다. 이는 생명과학 분야에서 AI가 '새로운 과학적 창의성'을 발휘하고 있음을 입증한다. 단백질은 어떤 3D 구조로 접히느냐에 따라 기능이 달라진다. 이 구조를 알아야 질병을 치료하는 약을 설계할 수 있다. 문제는 실험실에서 단백질 하나의 구조를 밝히는 데 수년에서 수십 년이 걸린다는 점이었다. 알파폴드는 이 과정을 몇 시간으로 압축했다.

이는 단순히 '빠른 도구'의 등장이 아니다. AI가 인간 과학자가 수십 년간 풀지 못한 난제를 해결하고, 신약 개발 속도를 10배 이상 높이며, 나아가 인간이 미처 보지 못한 생물학적 패턴까지 발견하고 있다. AI가 과학의 속도뿐 아니라 과학 그 자체를 재정의하고 있는 것이다.

알파폴드의 성공 이후, 생성형 AI는 더욱 야심 찬 영역으로 확장되고 있다. 딥마인드의 알파프로테오(AlphaProteo)는 단백질 구조를 예측하는 것을 넘어, 원하는 기능을 가진 완전히 새로운 단백질을 설계한다. 자연에 존재하지 않는 단백질을 창조하는 것이다. 이는 효소 개발, 백신 설계, 바이오 소재 제작 등 무한한 가능성을 연다. 제넨테크(Genentech)와 같은 바이오테크 기업들은 AI 설계 단백질로 기존 약물보다 10배 강력한 항체를 개발하고 있다.

확산 모델 기반 생성형 AI는 이미 시각 산업의 작업 방식을 근본적으로 바꾸고 있다. 한 글로벌 스포츠 브랜드는 신제품 광고 콘셉트 도출에 미드저니를 활용해, 하루 만에 수십 개의 비주얼 시안을 생성하고 그중 반응이 가장 좋은 디자인만을 실제 촬영으로 연결했다. 과거 같으면 디자이너와 광고 대행사가 일주일 이상 걸려 만들었을 아이디어 풀을 몇 분 만에 확보한 것이다. 게임 업계에서도 초기 콘셉트 아트 단계에서 AI를 활용해 캐릭터·배경·아이템 디자인을 대량으로 생성하면서, 아트팀은 '그리는 조직'에서 '선별하고 방향을 잡는 조직'으로 역할이 바뀌고 있다. AI는 단순히 이미지를 만들어주는 도구가 아니라, 창의적 탐색 비용을 거의 0에 가깝게 낮추는 인프라가 되고 있다.

생명과학에서는 알파폴드 이후 변화가 더 극적이다. 한 신약 개발 스타트업은 알파폴드로 표적 단백질 구조를 하루 만에 확보한 뒤, AI 설계 단백질을 적용해 후보 물질 탐색 기간을 기존 3년에서 수개월로 줄였다. 더 나아가 딥마인드의 알파프로테오와 같은 모델은 자연에 존재하지 않는 단백질을 직접 설계해, 특정 암세포에만 강하게 결합하는 항체를 만들어내고 있다. 이는 실험 중심의 생명과학을 '설계 중심 과학'으로 전환시키는 신호다. AI는 연구 속도를 높이는 조력자를 넘어, 인간이 상상하지 못했던 구조와 기능을 제안하는 새로운 과학적 창의성의 주체로 자리 잡고 있다.

음악 분야에서도 AI는 창의성의 경계를 허물고 있다. 구글의 뮤직LM(MusicLM)과 메타의 오디오크래프트(AudioCraft)는 텍스트 설명만으로 완전한 음악을 작곡한다. '비 오는 날 재즈바의 감성적인 피아노 솔로'라고 입력하면, AI는 몇 초 만에 그 분위기를 완벽하게 담아낸 음악을 생성한다. 영화 음악, 게임 배경 음악, 광고 징글 제작 시간이 몇 주에서 몇 분으로 단축되고 있다. 더 나아가, AI는 특정 작곡가의 스타일을 학습해 마치 모차르트나 비틀즈가 쓴 것 같은 음악을 창조해낸다.

영상 생성 AI는 더욱 극적인 변화를 예고한다. 오픈AI의 소라(Sora)와 런웨이(Runway)의 젠-2(Gen-2)는 텍스트나 이미지 몇 장만으로 고품질 비디오를 생성한다. 영화 제작사는 수억 원이 드는 CGI 작업을 AI로 대체하고, 유튜브 크리에이터는 촬영 없이도 전문가 수준의 콘텐츠를 만든다. 광고 대행사는 여러 버전의 광고를 즉석에서 제작해 A/B 테스트를 진행한다. 실제 촬영에 들어가기 전 온라인에서 반응 테스트를 먼저 진행했다. 과거라면 촬영팀, 배우, 로케이션 섭외에 여러 주가 걸렸을 작업이 하루 만에 끝났다. 이제 영상은 더 이상 자본과 장비를 가진 소수의 전유물이 아니다. 아이디어만 있다면 1인 크리에이터도 영화 예고편 수준의 영상을 만들 수 있다. 영상 권력이 스튜디오에서 개인의 상상력으로 이동하는 현상에 가깝다.

프롬프트 엔지니어에서 하이퍼 크리에이터로

이러한 AI의 폭발적인 지능 확장은 인간의 역할을 소멸시키는 것이 아니라, 오히려 새로운 차원의 창의성을 자극하고 있다. 인간은 이제 AI에게 올바른 질문을 던지고, AI가 제시하는 수많은 결과물 중 가장 가치 있는 것을 선별하며 융합하는 '프롬프트 엔지니어'이자 '하이퍼 크리에이터'로서 역할이 진화하고 있다. 한마디로, 창작자는 '만드는 사람'에서 '선택하고 융합하는 사람'으로 진화하고 있다.

광고 디자이너를 예로 들어보자. 이제 그는 포토샵으로 직접 그리지 않는다. 대신 미드저니에 "미래적인 자동차, 네온 조명, 도시 배경"이라고 명령하고(프롬프트 엔지니어), AI가 만든 50개 이미지 중 3개를 골라 낸 뒤(큐레이션), 이를 조합해 완전히 새로운 광고 비주얼을 완성한다(하이퍼 크리에이터). 창작의 본질이 '제작'에서 '지휘와 융합'으로 바뀐 것이다.

프롬프트 엔지니어링은 이미 하나의 전문 직종으로 자리 잡고 있다. 실리콘밸리에서는 뛰어난 프롬프트 엔지니어의 연봉이 소프트웨어 엔지니어를 넘어서고 있다. 효과적인 프롬프트는 단순히 명령어를 나열하는 것이 아니라, AI의 작동 원리를 이해하고 맥락을 제공하며, 때로는 예시를 들어 학습시키는(few-shot learning) 고도의 기술이다. 한 문장의 차이가 평범한 결과와 경이로운 결과를 가른다.

큐레이션 능력은 더욱 중요해진다. AI가 100개의 옵션을 제시할 때, 그중 진짜 가치 있는 3개를 골라내는 안목은 여전히 인간의 영역이다. 이는 미학적 감각, 시장 이해, 브랜드 정체성 파악 등 복합적인 판단이 필요하다. 뉴욕의 광고 대행사들은 'AI 큐레이터'라는 새로운 직책을 만들어, AI 생성물 중 최고를 선별하는 전문가를 고용하고 있다.

융합 능력은 하이퍼 크리에이터의 핵심이다. AI가 만든 이미지, 텍스트, 음악, 영상을 하나의 일관된 스토리로 엮어내는 능력이다. 한 패션 브랜드는 AI로 디자인한 의상을 AI 생성 모델이 입고, AI 작곡 음악이 흐르는 AI 생성 배경에서 포즈를 취하는 완전한 AI 패션쇼를 선보였다. 하지만 이 모든 요소를 선택하고 조화롭게 배치한 것은 인간 디렉터였다. 그는 수천 개의 AI 생성물을 융합해 하나의 예술 작품을 창조한 진정한 하이퍼 크리에이터다.

AI에게 정확한 명령을 내리는 프롬프트 엔지니어링 능력, AI가 생성한 수십 가지 결과물 중 최고를 골라내는 큐레이션 안목, 그리고 선별한 요소들을 창의적으로 재조합하는 융합 능력. 이 세 가지가 AI 시대 창작자, 즉 하이퍼 크리에이터의 핵심 역량이다.

교육 시스템도 이에 맞춰 진화하고 있다. 스탠퍼드와 MIT는 'AI 협업 창작' 과정을 신설했다. 학생들은 포토샵이나 일러스트레이터 대신, 미드저니와 GPT를 도구로 배운다. 평가 기준도 '얼마나 잘 만들었나'에서 '얼마나 효과적으로 AI를 활용했나'로 바뀌었다. 미래의 디자이너는 그림을 잘 그리는 사람이 아니라, AI를 잘 지휘하는 사람이 될 것이다.

AI의 세 가지 진화 경로와 산업적 함의

AI의 발전은 더 이상 단일 기술 영역에 머무르지 않는다. 세 가지 핵심 경로를 통해 산업 전반으로 지능을 확산시키고 있다.

인지 및 추론 능력의 초월적 진화

다중 모드 AI(Multimodal AI)가 현실화하고 있다. 텍스트, 이미지, 음성, 촉각 등 여러 형태의 데이터를 동시에 이해하고 통합해 추론하는 AI가 등장했다. 이는 인간처럼 총체적인 맥락을 파악하고 의사결정을 내릴 수 있음을 의미한다. 구체적 사례로, 의료 진단 AI는 환자의 MRI 영상(이미지), 진료 기록(텍스트), 청진음(음성)을 동시에 분석해 전문의보다 빠르고 정확하게 질병을 진단할 수 있다.

GPT-4V와 구글의 제미나이(Gemini)는 이미지를 보고 이해하며, 음성을 듣고 맥락을 파악한다. 한 장의 사진을 보고 그 안에 무엇이 있는지 나열하는 것을 넘어, 사진 속 상황을 이해하고 다음에 무슨 일이 벌어질지 예측한다. 예를 들어, 공사장 사진을 보고 "안전 헬멧을 착용하지 않은 작업자가 3명 있으며, 왼쪽 기계가 불안정해 보여 사고 위험이 큽니다"라고 경고한다.

자율주행차는 다중 모드 AI의 결정판이다. 카메라로 보는 시각 정보, 라이다로 측정하는 거리 정보, 레이더로 감지하는 속도 정보, GPS의 위치 정보, 그리고 과거 주행 데이터까지 종합해 매 순간 최적의 운전 결정을 내린다. 테슬라의 FSD(Full Self-Driving)는 8개의 카메라가 수집한 정보를 실시간으로 통합 분석해 인간 운전자보다 10배 빠르게 위험을 인지하고 대응한다.

의료 분야에서는 다중 모드 AI가 혁명을 일으키고 있다. 구글 헬스의 Med-PaLM은 환자의 증상 설명(텍스트), 엑스레이와 CT 스캔(이미지), 심전도와 혈압 데이터(수치), 그리고 유전체 정보(생물학적 데이터)를 통합 분석한다. 이는 수십 개 진료과의 전문의가 모여 토론한 것과 같은 수준의 종합 진단을 몇 초 만에 제공한다. 조기 발견이 중요한 암 진단에서, 다중 모드 AI는 영상의학과 의사가 놓칠 수 있는 미세한 병변까지 포착해 생존율을 20% 이상 높인다.

제조업에서도 다중 모드 AI가 품질 관리를 혁신한다. 독일의 지멘스는 공장 생산 라인에 다중 모드 AI를 도입해, 제품의 외관(이미지), 진동음(음성), 온도 분포(열화상), 전력 소비 패턴(수치 데이터)을 동시에 모니터링한다. 이를 통해 불량품이 만들어지기 전에 예측하고 공정을 조정해, 불량률을 기존 5%에서 0.1% 이하로 낮췄다.

예를 들어, 지멘스는 AI를 활용해 제조 데이터(영상 기반 검사, 공정 상태, 센서 데이터 등)를 분석하고, 품질 문제를 조기에 감지 및 예측하는 시스템을 구축해 비용이 많이 드는 리콜 리스크를 최소화하고, 공정 이상을 사전에 발견하는 솔루션을 제공하고 있다.

강화 학습의 초효율 시스템 구축

시행착오를 통해 스스로 최적의 전략을 찾아내는 강화 학습(Reinforcement Learning, RL)은 이제 복잡한 실제 환경 시스템에 적용되고 있다. 흥미로운 사례로, 구글 딥마인드의 강화 학습 기술은 데이터 센터의 냉각 시스템을 스스로 제어하고 최적화해 수백억 원 규모의 전력 절감 효과를 입증했다. 이는 인간 엔지니어의 예측을 뛰어넘는 해법을 제시하며, 초효율적인 자율 운영 시스템의 핵심이 된다.

데이터 센터는 전 세계 전력의 약 2%를 소비하는 에너지 괴물이다. 그 중 40%가 서버를 식히는 냉각에 사용된다. 딥마인드의 RL 시스템은 외부 기온, 서버 부하, 냉각수 온도, 팬 속도 등 수백 개 변수를 실시간으로 조정해 냉각 효율을 극대화한다. 인간 엔지니어가 몇 개 변수만 고려한다면, AI는 수백 개를 동시에 최적화한다. 결과는 놀라웠다. 전력 소비가 40% 감소하면서도 서버 온도는 완벽하게 유지됐다.

강화 학습은 로봇 제어에서도 혁신을 일으킨다. 보스턴 다이내믹스의 아틀라스(Atlas) 로봇은 RL을 통해 스스로 걷기, 뛰기, 공중제비를 학습했다. 인간이 일일이 동작을 프로그래밍하지 않았다. 대신 "넘어지지 말고 목표 지점에 도달하라"는 목표만 주고, 로봇이 가상 환경에서 수백만 번 시행착오를 겪으며 스스로 최적의 동작을 터득했다. 이는 로봇 프로그래밍 시간을 수년에서 수 주로 단축한다.

금융 거래에서 RL은 인간 트레이더를 압도한다. 제인 스트리트(Jane Street)와 같은 퀀트 헤지펀드들은 RL 알고리즘으로 주식, 채권, 파생상품을 밀리초 단위로 거래한다. AI는 수천 개 종목의 가격 변동 패턴을 학습하고, 최적의 매매 타이밍과 포트폴리오 배분을 스스로 찾아낸다. 인간 트레이더가 하루 수십 건을 처리한다면, RL 시스템은 초당 수천 건을 실행하며 연 30% 이상의 수익률을 달성한다.

에너지 그리드 관리도 RL의 주요 응용 분야다. 재생에너지는 날씨에 따라 발전량이 들쭉날쭉하고, 전력 수요도 시간대별로 급변한다. 영국의 내셔널 그리드는 RL 시스템으로 태양광, 풍력, 수력, 화력 발전의 출력을 실시간 조정해 전력 공급을 안정화한다. AI는 일기예보, 과거 소비 패턴, 실시간 수요를 종합해 30분 후의 전력 수요를 99% 정확도로 예측하고, 각 발전소의 출력을 최적 조정한다. 이는 정전 위험을 제거하면서도 에너지 낭비를 최소화한다.

추론 능력의 질적 도약 : Chain-of-Thought와 Tree of Thoughts

최신 LLM들은 단순히 답을 출력하는 것을 넘어, 인간처럼 단계적으로 추론하는 능력을 갖추기 시작했다. Chain-of-Thought(CoT) 프롬프팅은 AI에게 "단계별로 생각해보자"라고 요청하면, AI가 중간 추론 과정을 명시적으로 보여주며 최종 답에 도달하게 한다. 이는 복잡한 수학 문제, 논리 퍼즐, 법률 추론 등에서 정확도를 50% 이상 향상시킨다.

오픈AI의 o1 모델은 추론 특화 모델로, 수학 올림피아드 문제를 인간

금메달리스트 수준으로 푼다. 코딩 대회에서는 상위 10% 안에 들고, 물리학 문제 풀이에서는 박사 수준의 해답을 제시한다. 이는 단순한 패턴 매칭이 아니라, 진정한 추론 능력의 발현이다. AI가 '생각할 수 있다'라는 증거가 속속 등장하고 있다.

산업 융합의 핵심 엔진

AI는 소재 혁신과 로봇 융합의 시너지를 증폭시키는 '지적 구심점' 역할을 수행해야 한다.

소재 혁신과의 결합 : 자기 구동 실험실(SDL)의 가속화

앞서 언급된 SDL의 심장부는 바로 AI다. AI는 수백만 가지의 가상 소재 조합을 시뮬레이션하고 예측해, 가장 유망한 후보군을 선별한다. 해외 사례로, 캐나다의 케보틱스(Kebotix) 같은 스타트업들은 AI를 활용해 기존의 화학 공정을 최적화하고, 신소재 개발 프로세스를 수십 배 가속화하고 있다. 이는 '경험 기반 개발'을 '지능 기반 예측 개발'로 완전히 대체하는 혁신이며, 소재 분야에서 경쟁 우위를 결정하는 핵심 요소다.

재료 인포매틱스(Materials Informatics)는 AI와 소재 과학의 융합 분야다. 전통적으로 신소재 개발은 연구자의 직관과 시행착오에 의존했다. 수천 가지 조합을 실험하고, 실패를 반복하며, 운이 좋으면 획기적인 소재를 발견하는 식이었다. AI는 이 과정을 근본적으로 바꾼다. 과거 100년간 발표된 모든 소재 논문, 특허, 실험 데이터를 학습해, "이런 특성을 원한다면 이런 원소 조합을 시도하라"라고 제안한다.

MIT의 연구진은 AI로 신규 고체 전해질 소재를 발견했다. 전기차 배터리의 성능을 2배 높이면서도 안전성을 획기적으로 개선하는 소재다. 놀라운 점은 발견까지 걸린 시간이다. 전통적 방법이라면 10년이 걸렸을 작업을, AI는 단 3개월 만에 완수했다. AI가 5,000만 개의 후보 물질을 스크리닝하고, 가장 유망한 23개를 선별했으며, 실제 실험으로 검증하니 그중 3개가 상용화 가능한 수준이었다.

베이커 휴즈(Baker Hughes)는 AI로 석유 시추용 초고온, 초고압 환경을 견디는 합금을 개발했다. 기존 합금은 250도 이상에서 강도가 급격히 떨어졌지만, AI 설계 합금은 400도에서도 성능을 유지한다. 이는 심해 유전 개발을 가능하게 해서 수조 원의 새로운 시장을 열었다. AI가 니켈, 크롬, 몰리브텐 등 10가지 원소의 최적 배합 비율을 찾아낸 것이다. 인간 야금학자가 평생 시도할 수 없는 조합을 AI는 며칠 만에 탐색했다.

촉매 설계도 AI가 혁신하는 분야다. 바스프는 AI로 암모니아 합성 촉매를 최적화해 에너지 소비를 20% 줄였다. 암모니아는 비료의 핵심 원료로, 전 세계 천연가스의 3%가 암모니아 생산에 쓰인다. 20% 효율 개선은 연간 수십억 달러의 에너지 비용 절감이자, 수백만 톤의 탄소 배출 감소다. AI는 백금, 로듐, 루테늄 등 귀금속 촉매의 사용량을 줄이면서도 성능은 향상시키는 '마법'을 부렸다.

로봇 시스템과의 결합 : 지능형 자율 작업의 구현

AI는 로봇에게 단순한 동작 코드가 아닌, '상황 판단 능력'과 '유연성'을 부여한다. 아마존(Amazon)의 물류 창고 로봇 시스템은 AI를 통해 불규칙하게 쌓인 상품들을 인식하고, 가장 효율적인 경로와 집는 방법(Gripping)을 실시간으로 수정하며 작업을 수행한다. AI 없이는 로봇은 그저 비싼 기계일 뿐이지만, AI와의 융합을 통해 인간처럼 유연하게 협력하는 자율 작업자가 된다.

아마존의 물류 센터에는 75만 대 이상의 로봇이 있다. 키바(Kiva) 로봇은 AI 지시에 따라 수천 개 선반 사이를 누비며 주문 상품이 든 선반을 작업자에게 가져다준다. AI는 주문 패턴을 분석해, 자주 주문되는 상품은 가까운 곳에, 덜 팔리는 상품은 먼 곳에 배치한다. 또한 여러 주문을 묶어서 처리해 로봇의 이동 거리를 최소화한다. 이로써 주문부터 출고까지 걸리는 시간이 기존 60분에서 15분으로 단축됐다.

더 인상적인 것은 로봇 팔의 진화다. 과거 산업용 로봇 팔은 정확히 같은 위치에 놓인 부품만 집을 수 있었다. 조금만 어긋나도 실패했다. 그러나 AI 비전 시스템을 장착한 최신 로봇 팔은 무작위로 흩어진 부품들을 인식하고, 각도와 크기를 계산해, 최적의 그립 포인트를 찾아 집어든다. 뮌헨의 BMW 공장에서는 AI 로봇 팔이 수백 종류의 부품을 구별하고 조립하며, 작업 실패율이 0.01% 이하다.

협업 로봇은 AI로 더욱 안전하고 효율적이 됐다. 유니버설 로봇(Universal Robots)의 코봇은 AI 센서로 주변 인간을 감지해, 사람이 접근하면 속도를 늦추고, 충돌이 감지되면 즉시 멈춘다. 이는 안전 펜스 없이도 인간과 나란히 작업할 수 있게 한다. 한국의 전자제품 공장에서는 인간 작업자가 부품을 준비하면 코봇이 정밀 조립을 담당하는 식으로 협업해, 생산성을 30% 높이면서도 작업자의 근골격계 부담은 줄였다.

농업 로봇도 AI로 혁신되고 있다. 존 디어(John Deere)의 AI 트랙터는 GPS와 컴퓨터 비전으로 밭을 자율주행하며, 잡초를 인식하고 정밀하게 제초제를 살포한다. 기존에는 밭 전체에 제초제를 뿌렸지만, AI 트랙터는 잡초에만 소량을 분사해 제초제 사용량을 90% 줄인다. 이는 비용 절감이자 환경 보호다. 네덜란드의 스타트업 아이언옥스(Iron Ox)는 AI 로봇으로 완전 자동화된 실내 농장을 운영하며, 토마토를 1년 내내 재배한다.

초개인화와 새로운 가치 창출

AI는 대량 생산 시대를 넘어, 극도의 개인화된 제품과 서비스를 가능하게 하며 미래 서비스의 표준을 제시한다.

초정밀 맞춤형 치료

구체적 흥미 사례로, AI는 개인의 유전체 데이터, 단백질 발현 정보, 생활 습관, 질병 기록 등 방대한 멀티 오믹스(Multi-omics) 데이터를 분석해, 개개인에게 가장 효과적인 치료법과 약물 용량을 추천한다. 이는 기존의 통계 기반 의학이 놓칠 수 있는 미세한 개인차를 포착해 치료 성공률을 극대화하는 '초정밀 의료'를 실현한다.

암 치료는 정밀 의료의 최전선이다. 같은 폐암이라도 유전자 변이에 따라 100가지 이상의 아형으로 나뉜다. 기존에는 모든 폐암 환자에게 비슷한 항암제를 처방했지만, AI 정밀 의료는 환자의 암세포 유전체를 분석해 특정 변이에 효과적인 표적 치료제를 선택한다. 메모리얼 슬론 케터링 암센터는 IBM 왓슨을 활용해 환자별 맞춤 치료 계획을 수립하며, 5년 생존율을 15% 높였다.

약물 용량 최적화도 AI의 몫이다. 같은 약이라도 사람마다 대사 속도가 다르다. 어떤 사람은 간에서 빨리 분해하고, 어떤 사람은 천천히 분해한다. AI는 환자의 유전자 다형성, 간 효소 활성도, 체중, 나이, 다른 복용 약물 등을 종합해 최적 용량을 계산한다. 항응고제 와파린은 용량 조절이 까다로운 약인데, AI 용량 추천 시스템은 출혈이나 혈전 부작용을 40% 줄였다.

영국의 NHS는 AI로 당뇨병 발병을 5년 전에 예측하는 시스템을 도입해, 예방 프로그램 참여자의 당뇨병 발병률을 60% 낮췄다.

정신 건강 분야에서도 AI는 혁신을 일으켰다. 우울증 환자의 음성 패턴, 표정, 소셜 미디어 활동, 수면 패턴을 분석해 자살 위험을 조기에 감지한다. MIT의 연구진은 AI로 조현병 환자의 재발을 80% 정확도로 예측해, 사전에 약물 조정이나 상담을 제공할 수 있게 했다.

지능형 콘텐츠와 금융 서비스

넷플릭스와 같은 콘텐츠 플랫폼을 넘어, AI는 사용자의 미묘한 감정 변화까지 예측해 맞춤형 스토리텔링을 제시하거나 딥페이크 기술을 활용한 개인 맞춤형 아바타를 생성한다. 금융에서는 골드만삭스(Goldman Sachs)와 같은 투자 은행들이 AI를 활용해 고객의 재무 목표와 위험 선호도를 실시간으로 분석하고, 수백 가지의 포트폴리오를 초 단위로 조정하는 초개인화된 자산 관리 서비스를 제공하고 있다.

넷플릭스의 추천 알고리즘은 이미 유명하지만, 최신 AI는 한 단계 더 나아간다. 단순히 "이런 장르를 좋아하니 비슷한 것 추천"이 아니라, "지금 당신의 기분은 우울하니 기분 전환되는 코미디를 추천"하는 식이다. 스포티파이는 AI로 사용자의 음악 청취 패턴과 시간대, 날씨, 심지어 걸음걸이 속도(스마트워치 연동)까지 분석해, "아침 출근길에 텐션을 높여줄 플레이리스트"를 자동 생성한다.

개인화는 콘텐츠 소비를 넘어 제작으로 확장된다. AI는 시청자 한 명 한 명을 위한 맞춤 영상을 만든다. 광고에서는 이미 실용화됐다. 같은 자동차 광고라도, 20대 남성에게는 스포티한 주행 장면을, 40대 부모에게는 안전 기능을, 60대에게는 편안한 승차감을 강조한 버전을 보여준다. 한 광고를 수백 가지 버전으로 자동 생성해, 각 시청자에게 최적화된 메시지를 전달한다.

금융 서비스의 초개인화는 더욱 정교하다. 모건 스탠리는 AI 어드바이저를 도입해 고객의 재무 목표, 위험 성향, 투자 경험, 세금 상황, 라이프 이벤트(결혼, 출산, 은퇴 등)를 종합해 맞춤 포트폴리오를 구성한다. 주식, 채권, 부동산, 원자재, 암호화폐 등 수천 가지 자산 중 최적 조합을 찾고, 시장 상황에 따라 실시간 재조정한다.

로보어드바이저는 이제 단순한 자산 배분을 넘어, 행동 금융학을 적용한다. 시장이 폭락할 때 패닉에 빠진 투자자가 손절하려 하면, AI가 "과거 데이터상 이럴 때 버티면 6개월 내 회복 확률 85%"라며 진정시킨다. 반대로 과도한 자신감으로 위험 자산에 집중적으로 투자하려고 하면 "당신의 위험 성향 점수는 3/10인데, 지금 포트폴리오 위험도는 8/10

입니다"라고 경고한다. AI가 개인의 심리적 약점을 보완하는 금융 코치가 되는 것이다.

보험도 초개인화된다. 전통적 보험은 연령, 성별 같은 거친 기준으로 보험료를 책정했다. 하지만 AI 보험은 개인의 건강 데이터, 운동 습관, 식습관, 유전 정보를 분석해 정밀한 위험 평가를 한다. 건강하게 생활하는 사람은 보험료가 저렴하고, 위험한 생활 습관이 있으면 높다. 자동차 보험도 마찬가지다. 텔레매틱스 보험은 실제 운전 습관(급가속, 급제동, 과속 빈도)을 분석해 보험료를 책정한다. 안전 운전하면 보험료가 30% 이상 절감된다.

'지능의 무한 확장' 시대의 부의 공식

AI의 지능 확장은 단순한 기술 발전이 아니라, 미래 부의 지도가 AI를 중심으로 재편됨을 의미한다.

핵심 통찰 : 데이터를 지능으로 전환하는 능력

미래의 가치는 '데이터를 지능으로 전환하는 능력'에서 나온다. 엔비디아(NVIDIA)가 단순한 그래픽 카드를 넘어 AI 반도체 및 플랫폼 기업으로 압도적인 성장을 이룬 것처럼, AI 모델을 소유하고, 방대한 양의 고품질 데이터를 확보하며, 이를 통해 소재와 로봇 시스템에 지능을 융합하는 기업이 시가총액의 독점적 지위를 차지하게 될 것이다.

2026년 3월 현재 엔비디아는 시가총액 4.5조 달러를 돌파하며 전 세계 1위 기업으로 등극했고, 2019년 대비 45배 성장이라는 경이로운 기록을 세우며 AI 산업의 대체 불가능한 중추가 됐다. AI 가속기 시장의 80% 이상을 장악한 독점적 지위를 바탕으로 연 매출 2,000억 달러 시대를 열었다. 로보틱스와 6G 통신 인프라 등 '물리적 AI' 생태계 전체를 지배하는 인프라 기업으로 완전히 탈바꿈했다. 엔비디아는 단순히 칩을 파는 게 아니라, CUDA라는 소프트웨어 플랫폼으로 개발자들을 묶어두었다. 일단 CUDA로 개발하면 엔비디아 칩을 계속 쓸 수밖에 없다. 이는 인텔이 PC 시대를, 엔비디아가 AI 시대를 지배하는 구조다.

데이터는 AI의 연료다. AI가 아무리 뛰어나도 학습할 데이터가 없으면 무용지물이다. 그래서 빅테크 기업들은 데이터 확보에 천문학적 비용을 쏟는다. 구글은 유튜브, 검색, 지메일, 구글 맵으로 인류의 행동 데이터를 독점한다. 메타는 페이스북, 인스타그램, 왓츠앱으로 소셜 데이터를 장악한다. 아마존은 전자상거래 구매 데이터를, 테슬라는 수십억 마일의 주행 데이터를 보유한다. 이 데이터로 학습한 AI는 경쟁자가 절대 따라올 수 없는 성능을 발휘한다.

데이터의 가치는 품질에서 결정된다. 단순히 많기만 해서는 안 된다. 정확하고, 다양하고, 라벨링이 잘된 데이터가 필요하다. 이 때문에 데이터 라벨링 산업이 급성장하고 있다.

합성 데이터도 부상하고 있다. 실제 데이터 수집이 어렵거나 프라이버시 문제가 있을 때, AI가 가짜 데이터를 생성하는 것이다. 자율주행 개발에서 실제 사고 상황을 수집하기는 어렵다. 그래서 시뮬레이션으로 무한대의 사고 시나리오를 생성해 AI를 학습시킨다. 의료 영상 데이터는 개인정보라 공유가 제한되는데, AI로 가짜 환자의 가짜 MRI를 생성해 진단 AI를 훈련시킨다. 합성 데이터 시장은 2030년까지 100억 달러 규모로 성장할 전망이다.

인간의 새로운 역할 : 융합 설계자

AI가 복잡한 분석과 창조 작업을 맡게 되면서, 인간의 역할은 '질문하는 능력', '판단하는 능력', 그리고 '융합을 설계하는 능력'으로 집중된다. AI에게 올바른 질문을 던지고 AI, 소재, 로봇의 세 축을 연결해 새로운 시스템을 창조하는 '융합 설계자'만이 AI 시대의 새로운 부를 창출하고 관리할 수 있다.

질문하는 능력은 미래의 가장 중요한 역량이다. AI는 답은 잘하지만, 질문은 못 한다. 무엇을 해결해야 할지, 어떤 문제가 중요한지는 여전히 인간이 정의한다. 스티브 잡스(Steve Jobs)가 "사람들은 아이폰이 필요하다는 것을 몰랐다"라고 했듯, 진정한 혁신은 올바른 질문에서 시작된다. AI 시대에도 이는 변하지 않는다. 오히려 더 중요해진다.

판단하는 능력도 인간 고유의 영역이다. AI는 최적화는 잘하지만 가치 판단은 못 한다. 효율성과 공정성이 충돌할 때, 이익과 윤리가 상충할 때, 단기 이익과 장기 지속 가능성 중 무엇을 선택할지는 인간이 결정한다. AI가 추천한 10가지 전략 중 어느 것이 회사의 정체성과 맞는지, 어느 것이 사회에 긍정적 영향을 미칠지는 경영자의 판단이다.

융합 설계 능력은 AI 시대 최고의 경쟁력이다. AI, 소재, 로봇은 각자 강력하지만, 이들을 융합할 때 시너지는 기하급수적이다. 자가 치유 소재로 만든 로봇 팔을 AI가 제어해 극한 환경에서 작동하게 하면? 이는 우주 탐사, 심해 자원 개발, 원자로 점검 등 인간이 갈 수 없는 곳의 새로운 산업을 연다. 이런 시스템을 구상하고 설계하는 것은 여전히 인간의 창의성과 통찰력이 필요하다.

교육도 이에 맞춰 변해야 한다. 암기와 계산은 더 이상 중요하지 않다. AI가 더 잘한다. 대신 비판적 사고, 창의적 문제 해결, 윤리적 판단, 협업과 소통 능력이 핵심이 된다. 싱가포르와 에스토니아는 초등학교부터 AI 윤리와 프롬프트 엔지니어링을 가르친다. 학생들은 AI를 도구로 활용해 프로젝트를 수행하고, AI의 한계와 편향을 비판적으로 분석한다. 이런 교육을 받은 세대가 AI 시대를 주도할 것이다.

AI의 어두운 면 : 리스크와 대응

AI의 폭발적 발전은 기회만큼이나 위험도 동반한다. 이를 인식하고 대비하는 것이 지속 가능한 AI 시대를 여는 열쇠다.

딥페이크와 허위 정보의 범람

AI 생성 콘텐츠는 진위를 구별하기 어렵게 만든다. 정치인의 가짜 연설 영상, 유명인의 허위 광고, 조작된 뉴스가 범람한다. 2024년 선거에서는 여러 국가에서 AI 생성 허위 정보가 여론을 왜곡했다. 이는 민주주의의 근간을 흔든다.

대응책도 AI다. 마이크로소프트와 어도비는 콘텐츠 출처 증명(Content Credentials) 기술을 개발했다. 이미지나 영상이 생성될 때 디지털 서명을 삽입해 누가, 언제, 어떻게 만들었는지 추적 가능하게 한다. AI 생성물인지, 실제 촬영인지도 표시한다. 이는 디지털 콘텐츠의 '영양 성분표'와 같다.

규제도 강화된다. EU의 AI 법안은 딥페이크에 생성물임을 명시하도록 의무화했다. 중국은 딥페이크로 타인을 사칭하는 행위를 형사 처벌한다. 미국도 선거 관련 딥페이크를 규제하는 법안을 논의 중이다. 기술과 법의 균형 잡힌 대응이 필요하다.

일자리 대체와 불평등 심화

AI는 반복적이고 예측 가능한 일자리를 빠르게 대체한다. 번역가, 텔레마케터, 데이터 입력 담당자, 심지어 방사선과 의사까지 위협받는다. 맥킨지는 2030년까지 전 세계 일자리의 14%가 AI로 대체될 것으로 예측한다. 이는 4억 명의 일자리다.

불평등도 심화된다. AI를 활용할 수 있는 고숙련 노동자와 그렇지 못한 저숙련 노동자의 임금 격차가 벌어진다. AI 기업과 전통 기업, AI 강국과

후발국의 격차도 커진다. 부의 양극화는 사회 불안을 초래한다.

해법은 재교육과 사회안전망이다. 싱가포르는 '스킬스퓨처(SkillsFuture)' 프로그램으로 모든 국민에게 평생 학습 기회를 제공한다. AI에 대체될 위험이 큰 직종 종사자에게 재교육 바우처를 주고, 새로운 직업으로 전환을 돕는다. 핀란드는 기본소득 실험을 통해, 일자리를 잃은 사람들이 재교육받는 동안 생계를 유지할 수 있게 한다.

새로운 일자리도 창출된다. AI 트레이너, 프롬프트 엔지니어, AI 윤리 감사관, 데이터 큐레이터 등 AI 관련 직종이 급증한다. 또한 AI가 못하는 영역, 즉 창의성, 공감, 복잡한 대인 관계가 필요한 일자리는 오히려 가치가 올라간다. 심리 상담사, 고급 요리사, 예술가, 전략 컨설턴트 같은 직업은 AI 시대에도 번성한다. 핵심은 변화에 적응하는 유연성이다.

편향과 차별의 자동화

AI는 학습 데이터의 편향을 그대로 반영한다. 과거 데이터에 성차별, 인종차별이 있으면 AI도 그렇게 학습한다. 아마존의 채용 AI는 여성 지원자를 낮게 평가했고, 얼굴 인식 AI는 유색인종을 잘못 인식했다. 이는 차별을 자동화하고 정당화하는 위험한 결과를 낳는다.

해법은 공정성 감사(Fairness Audit)다. AI 모델을 배포하기 전에 성별, 인종, 나이 등 민감 변수에 대한 편향을 측정한다. 기준을 벗어나면 모델을 수정하거나 폐기한다. IBM, 구글은 AI 공정성 도구를 오픈소스로 공개해 누구나 자신의 모델을 점검할 수 있게 했다.

다양성도 중요하다. AI 개발팀이 백인 남성으로만 구성되면 그들의 시각만 반영된다. 여성, 유색인종, 다양한 문화권 사람들이 개발에 참여해야 다양한 관점이 반영된다. 구글은 AI 윤리팀의 50% 이상을 여성과 소수 인종으로 구성하려고 노력한다.

보안과 프라이버시 위협

AI는 사이버 공격을 자동화하고 정교화한다. AI 해킹 도구는 시스템 취약점을 자동으로 찾아 공격한다. 스피어 피싱 이메일을 개인 맞춤형으로 대량 생성한다. 딥페이크로 CEO 목소리를 위조해 직원에게 송금을 지시한다. 2023년에는 이런 방식으로 한 기업이 3,500만 달러를 사기당했다.

AI는 또한 감시 사회를 강화한다. 중국의 사회 신용 시스템은 AI로 국민의 모든 행동을 추적하고 평가한다. CCTV와 얼굴 인식으로 누가 어디를 가는지 실시간 감시한다. 이는 프라이버시를 완전히 말살한다. 서구 국가들도 테러 방지 명분으로 AI 감시를 확대하고 있어 우려를 낳는다.

대응은 기술적, 법적 양면이 필요하다. 차세대 암호화, 제로 트러스트 보안 아키텍처, AI 기반 위협 탐지 시스템이 기술적 방어다. 법적으로는 GDPR 같은 강력한 개인정보 보호법이 필요하다. 특히 AI 의사결정에 대한 설명권, 즉 'AI가 왜 나를 거부했는지 알 권리'를 보장해야 한다.

AGI와 존재론적 위험

가장 큰 우려는 범용 인공지능(AGI : Artificial General Intelligence)의 등장이다. 특정 작업에 특화된 지금의 AI를 넘어, 인간처럼 모든 지적 작업을 수행하는 AGI가 언제 올까? 전문가들의 예측은 엇갈린다. 빠르면 2030년, 늦으면 2050년 이후, 또는 영원히 불가능하다는 의견도 있다.

AGI가 오면 무슨 일이 생길까? 낙관론자들은 질병, 빈곤, 노화를 해결하는 유토피아를 꿈꾼다. 비관론자들은 통제 불가능한 초지능이 인류를 위협하는 디스토피아를 경고한다. 일론 머스크(Elon Musk)는 "AGI는 핵무기보다 위험하다"라고 했다. 스티븐 호킹(Stephen Hawking)도 "AI는 인류 역사상 최고의 발명이자 마지막 발명이 될 수 있다"라고 경고했다.

AI 안전 연구가 시급하다. 오픈AI, 딥마인드, 앤스로픽 같은 선도 기업들은 AI 정렬(AI Alignment) 연구에 투자한다. 이는 AI의 목표를 인류의 가치와 일치시키는 것이다. AI가 "인류를 이롭게 하라"라는 명령을 오해해 "인류를 보호하기 위해 자유를 박탈하자"라고 해석하지 않도록 하는 것이다. 이는 매우 어렵지만 필수적인 과제다.

지능이 모든 것을 재정의한다

AI는 단순한 도구가 아닌, 모든 산업과 삶의 영역에 지능을 주입하는 '신경망'이다. AI의 무한한 확장을 이해하는 것이야말로 미래를 선점하고, 다가올 부의 기회를 움켜쥘 수 있는 가장 중요한 열쇠다.

증기기관이 근육을 확장했다면, AI는 두뇌를 확장한다. 이는 인류 역사상 유례없는 변화다. 과거에는 소수의 천재가 세상을 바꿨다. 이제는 AI를 활용하는 평범한 사람도 천재의 능력을 발휘할 수 있다. 지능이 민주화되는 것이다.

AI 시대를 주도하려면 세 가지가 필요하다. 첫째, AI 리터러시다. AI를 맹목적으로 신뢰하지도, 두려워하지도 말고, 그 작동 원리와 한계를 이해해야 한다. 둘째, 융합적 사고다. AI, 소재, 로봇, 바이오, 에너지 등 여러 분야를 연결해 새로운 가치를 창조하는 능력이다. 셋째, 윤리적 리더십이다. AI의 힘을 인류의 번영을 위해 사용하고, 부작용을 최소화하는 책임감이다.

기업도, 국가도, 개인도 AI 전략이 생존 전략이다. AI를 무시하면 도태되고, AI에 잠식당하면 종속되며, AI를 주도하면 번영한다. 선택의 시간은 지금이다. 10년 후에는 이미 늦다. AI 혁명은 기다려주지 않는다. 지능의 무한 확장 시대, 당신은 어디에 서 있는가? 구경꾼인가, 희생자인가, 아니면 주역인가? 답은 당신의 오늘 선택에 달려 있다. AI라는 거대한 파도 앞에서, 떠내려갈 것인가, 파도를 탈 것인가? 역사는 용기 있는 자의 편이다.

만물을 스마트하게 만드는 '물질의 지능'

세상을 움직이는 가장 근본적인 축은 바로 소재다. 우리가 인공지능과 로봇에 열광하는 동안, 그들의 성능을 궁극적으로 결정하는 '물질의 지능(Intelligence of Materials)'은 조용하지만, 가장 급진적인 혁명을 일으키고 있다. 소재는 더 이상 수동적인 재료가 아니다. 이제는 스스로 환경을 인지하고 반응하며, 손상되면 스스로 치유하는 시대를 맞이한 것이다. 이는 모든 산업의 경계를 허무는 가장 근본적인 '치트키'가 된다. 미래 산업의 구조와 부의 흐름을 예측하는 가장 빠르고 정확한 길이 바로 소재를 이해하고 선점하는 것에 달려 있다.

스스로 치유하고 반응하는 신물질의 등장 : 자율적 소재의 시대

미래 소재의 핵심 트렌드는 바로 자율성(Autonomy)과 지능화(Intelligentization)다. 과거의 소재가 인간의 제어를 받아 기능을 수행했다면, 미래의 소재는 센서와 액추에이터의 기능을 내장해 외부의 도움 없이 스스로 문제를 인지하고 해결한다. 이 혁명은 이미 글로벌 기업들의 핵심 경쟁력으로 자리 잡고 있다. 이 급진적인 소재 혁신은 '소재의 4차 산업혁명'으로 불리며, AI, 빅데이터, 고성능 컴퓨팅과의 유기적인 융합을 통해 가능해졌다. 글로벌 기업들은 이 융합을 '개발 속도와 비용 절감'이라는 핵심 목표로 삼고 있다.

에어버스는 차세대 항공기 동체에 미세 균열을 스스로 감지하고 복원하는 복합 소재를 적용하고 있다. 이 소재는 내부에 미세 캡슐을 내장하고 있어, 균열이 발생하면 캡슐이 파괴되며 수지(resin)가 흘러나와 손상 부위를 자동으로 메운다. 흥미로운 점은 단순한 '자가치유'에 그치지 않는다는 것이다. 에어버스는 이 소재에 센서 네트워크와 AI 기반 예측 모델을 결합했다. 항공기 운항 중 축적되는 스트레스 데이터가 클라우드로 전송되고, AI는 '아직 균열이 생기기 전 단계'를 예측한다.

IBM과 MIT는 AI가 스스로 실험 계획을 세우고 소재를 발견하는 '자기 구동 실험실(Self-driving Lab)'을 공동 구축했다. 인간 연구자가 가설을 세우는 대신, AI가 방대한 화학 조합을 시뮬레이션하고 '성공 확률이 가장 높은 조합'만 실제 실험으로 연결한다. 특히, 자가 복원 고분자(Self-healing Polymer) 개발에서 성과가 컸다. 과거에는 하나의 후보 소재를 검증하는 데 수개월이 걸렸지만, 이 시스템은 수일 내에 수백 개 조합을 스스로 학습·선별한다.

연구 초기, 인간 연구자들이 '비현실적'이라고 배제했던 조합을 AI가 지속적으로 추천했다. 실험 결과, 그 조합은 기존 소재보다 치유 속도는 3배, 강도 저하는 절반이라는 결과를 냈다. MIT 연구진은 "AI는 인간의 직관을 따르지 않는다. 그래서 오히려, 인간이 보지 못한 길을 본다"라고 회고했다.

테슬라는 배터리와 차체 소재 개발에서 AI 기반 소재 설계(Materials Informatics)를 적극 활용한다. 배터리 전극 소재의 미세구조, 열 반응, 노화 패턴을 AI가 예측하고, 최적 조합을 제안한다. 이 과정에서 소재는 단순히 '설계 결과물'이 아니라, 공정 조건을 바꾸고 생산 속도를 조정하며, 결함 발생 가능성을 사전에 신호한다.

"우리는 공정을 관리하지 않는다. 소재가 공정을 안내하도록 만든다."

테슬라 내부 문서에 자주 등장하는 표현이다.

인공지능 기반의 소재 설계 및 발굴

과거 수십 년이 걸리던 신소재 탐색 과정은 이제 AI 덕분에 수개월로 단축되고 있다. 글로벌 화학 및 소재 기업들은 AI 알고리즘을 활용해 원하는 물성(예 : 특정 온도에서의 전도율, 강도)을 가진 신소재의 분자 구조와 조성을 예측하고 설계한다. 미국의 대형 화학 기업인 다우(Dow)나 바스프(BASF) 같은 곳에서는 이미 AI 기반의 고처리량 스크리닝(High-Throughput Screening, HTS) 기술을 접목해 촉매, 고분자 등 핵심 소재의 개발 기간을 획기적으로 단축시키고 있다. 이는 개발 비용을 최소화하고 시장 선점 효과를 극대화하는 기업의 핵심 전략이다.

AI는 수많은 소재 조합을 빠르게 시뮬레이션하면서 개발 기간을 몇 년에서 몇 개월로 단축시킨다. 이는 개발 비용을 줄이고 경쟁사보다 먼저 시장을 장악하려는 기업들의 필수 전략이 되고 있다. 더 나아가, 딥러닝 모델은 기존 실험 데이터베이스를 학습해 인간 연구자가 미처 발견하지 못한 소재 조합의 가능성을 제시한다. 이는 마치 알파고가 바둑의 새로운 정석을 만들어낸 것처럼, 소재 과학의 패러다임 자체를 전환시키고 있다.

특히 주목할 점은 생성형 AI의 등장이다. 구글의 딥마인드는 머티리얼스 프로젝트(Materials Project)와 협력해 220만 개 이상의 새로운 결정 구조를 예측했다. 이 중 상당수는 배터리, 태양전지, 컴퓨터 칩 등에 활용될 가능성이 높은 후보군이다. 과거에는 수백 명의 연구자가 수십 년에 걸쳐 발견했을 양을, 이제는 AI가 단 몇 주 만에 제시하는 시대가 된 것이다. 이러한 가속화는 단순히 속도의 문제가 아니다. 소재 혁신의 병목 현상이 해소되면서 전체 산업 생태계의 혁신 속도가 기하급수적으로 빨라지고 있다.

자가 치유 소재, 극한 환경에서의 비용 절감

손상 시 스스로 복구하는 능력이 있는 이 소재는 유지보수 비용이 극도로 높은 산업에서 특히 매력적이다. 예를 들어, 항공우주 분야에서 미세한 균열은 치명적이지만 수리가 어렵다. 글로벌 항공기 제조사들은 자가 치유 고분자 및 복합재를 동체나 날개에 적용해 잦은 검사 및 수리 비용을 획기적으로 줄이는 방안을 연구하고 있다. 이 기술은 장비의 수명을 획기적으로 연장하고, 예기치 않은 고장으로 인한 가동 중단 시간(Downtime)을 최소화하는 기업 운영 효율화의 핵심 열쇠다.

자가 치유 소재의 작동 원리는 크게 두 가지로 나뉜다. 첫째는 캡슐형 치유 메커니즘이다. 소재 내부에 치유 물질이 담긴 마이크로캡슐을 분산시켜 놓으면, 균열이 발생할 때 캡슐이 파열되면서 치유제가 흘러나와 손상 부위를 메운다. 이는 마치 인간의 혈액이 상처 부위를 응고시키는 것과 유사한 메커니즘이다. 둘째는 가역적 화학 결합을 이용한 방식이다. 특정 온도나 빛에 노출되면 끊어진 화학 결합이 다시 형성되면서 소재가 원래의 강도를 회복한다.

이러한 자가 치유 소재는 이미 상용화 단계에 진입하고 있다. 네덜란드의 인프라 기업들은 자가 치유 콘크리트를 도로와 교량에 적용해 수십 년간 유지보수 없이도 구조물의 내구성을 유지하는 실험을 진행 중이다. 콘크리트 내부에 박테리아 포자와 칼슘 락테이트를 캡슐화해 넣어두면, 균열이 생겨 물이 스며들 때 박테리아가 활성화되어 석회석을 생성하며 균열을 메운다. 이는 수백억 원에 달하는 인프라 유지보수 비용을 극적으로 절감하는 동시에, 구조물의 안전성을 획기적으로 높인다.

스마트 소재의 진화 능동적 제품 혁신

형상 기억 합금, 압전 소재, 변색 소재 등 환경 변화에 따라 자신의 물성을 가역적으로 변화시키는 소재는 제품에 '능동적인 기능'을 부여한다. 해외 사례로, 유럽의 자동차 부품 기업들은 온도나 빛에 따라 투명도가 변하는 스마트 윈도우를 개발해 차량의 에너지 효율을 높이고 탑승자 경험을 개선하고 있다. 또한, 웨어러블 기기 분야에서는 착용자의 생체 신호 변화에 따라 능동적으로 형태나 강도를 바꾸는 스마트 텍스타일(Smart Textile)이 개발되어 의료 및 피트니스 시장을 공략하고 있다. 예를 들면, 땀을 흘리면 통풍이 강화되고, 근육이 긴장하면 압박 강도가 조절되는 스마트 의류가 의료용 재활복과 운동복 시장을 재편하고 있다.

스마트 소재의 진화는 단순한 반응성을 넘어 '예측적 대응'으로 나아가고 있다. MIT와 스탠퍼드의 연구진들은 머신 러닝 알고리즘을 내장한 스마트 소재를 개발하고 있다. 이 소재는 과거의 환경 데이터를 학습해 미래의 변화를 예측하고, 그에 맞춰 선제적으로 물성을 조절한다. 예를 들어, 건물 외벽에 적용된 스마트 소재는 기상 패턴을 학습해 폭염이나 한파가 오기 전에 미리 단열 성능을 조정한다. 이는 에너지 소비를 최소화하면서도 실내 쾌적성을 극대화하는 '지능형 건축'의 핵심 기술이 된다.

형상 기억 합금은 의료기기 혁신의 선봉에 서 있다. 혈관 내 스텐트는 차가운 상태에서는 작게 압축되어 카테터를 통해 삽입되지만, 체온에 도달하면 원래의 형상으로 팽창해 혈관을 지탱한다. 이는 개복 수술 없이도 복잡한 시술을 가능하게 해서 환자의 회복 시간을 몇 주에서 며칠로 단축시킨다. 일본의 의료기기 기업들은 이를 더욱 발전시켜, 환자의 움직임과 혈압 변화에 따라 실시간으로 압력을 조절하는 '4D 의료기기'를 개발하고 있다.

압전 소재는 에너지 하베스팅(Energy Harvesting) 분야에서 새로운 가능성을 열고 있다. 보행자의 발걸음, 차량의 진동, 파도의 움직임 등 일상 속 기계적 에너지를 전기 에너지로 변환한다. 네덜란드의 스마트 고속도로 프로젝트는 도로 표면에 압전 소재를 깔아 차량 통행으로 발생하는 에너지를 수확해 가로등과 교통 신호 시스템을 구동한다. 이는 화석 연료에 의존하지 않는 자가 동력 인프라의 미래를 보여준다.

변색 소재는 보안과 진단 분야에서 혁신을 주도하고 있다. 온도, pH, 특정 화학 물질에 반응해 색이 변하는 소재는 식품의 신선도, 의약품의 보관 상태, 심지어 건강 상태까지도 시각적으로 알려준다. 미국의 제약 회사들은 약물이 적정 온도를 벗어나면 색이 변하는 스마트 포장재를 개발해 의약품의 안전성을 획기적으로 높이고 있다. 의류 산업에서는 자외선 노출량에 따라 색이 변하는 섬유를 개발해, 착용자에게 피부암 위험을 실시간으로 경고하는 기능성 의류를 선보이고 있다.

소재 지능화가 여는 신산업 지평

소재의 지능화는 특정 제품군에 국한되지 않고, '만물을 스마트하게' 만드는 근본적인 힘이며, 미래 산업의 경쟁 우위를 결정한다.

초경량 복합 소재와 모빌리티 혁명

테슬라(Tesla), BMW 등 글로벌 자동차 제조사들은 차체의 무게를 줄여 배터리 효율을 높이기 위해 AI가 설계한 초경량, 고강도 복합 소재를 적극 도입하고 있다. 특히 도심 항공 모빌리티(UAM) 분야에서는 기체의 무게와 안전성이 직결되므로, 혁신적인 탄소나노튜브(CNT) 및 복합 소재 기술 확보가 미래 모빌리티 시장 선점의 핵심 관건이다.

복합 소재의 혁신은 단순히 무게 감소에 그치지 않는다. 토폴로지 최적화(Topology Optimization)와 AI를 결합하면, 응력이 집중되는 부분은 강화하고 불필요한 부분은 제거해 강도는 유지하면서도 무게를 최소화하는 '최적 설계'가 가능해진다. 에어버스와 보잉은 이러한 기술로 항공기 동체 무게를 20% 이상 줄이면서도 구조적 안전성은 오히려 향상시켰다. 이는 연료 효율 개선으로 이어져 항공사의 운영 비용을 연간 수십억 달러를 절감하는 효과를 낳는다.

탄소섬유 강화 플라스틱(CFRP)은 이미 F1 경주차와 고급 스포츠카의 표준 소재가 됐지만, 높은 제조 비용이 대중화의 걸림돌이었다. 그러나 AI 기반의 공정 최적화와 자동화된 적층 기술의 발전으로 생산 비용이 급격히 하락하고 있다. 독일의 자동차 부품 기업들은 CFRP(탄소섬유강화 플라스틱) 부품의 생산 시간을 시간 단위에서 분 단위로 단축시키는 고속 성형 기술을 개발했다. 이는 CFRP를 대중 차량에도 적용할 수 있는 경제성을 확보하게 한다.

UAM 분야에서는 더욱 극단적인 소재 혁신이 요구된다. 기체는 가벼워야 하지만, 추락 시 승객을 보호할 수 있을 만큼 강해야 한다. 또한 수천 번의 이착륙 사이클에도 피로 파괴 없이 견딜 수 있어야 한다. 나노 강화 복합 소재는 이러한 상충되는 요구사항을 동시에 충족시킨다. 탄소나노튜브나 그래핀을 고분자 매트릭스에 분산시키면, 기존 소재 대비 10배 이상의 강도를 가지면서도 무게는 절반 이하로 줄어든다. 이는 UAM의 상용화를 가로막던 기술적 장벽을 허무는 결정적 돌파구다.

전기차 배터리 분야에서도 소재 혁신이 판도를 바꾸고 있다. 고체 전해질은 기존 액체 전해질의 화재 위험을 제거하면서도 에너지 밀도를 50% 이상 높인다. 토요타와 삼성SDI는 2027년까지 고체 배터리 상용화를 목표로 수조 원을 투자하고 있다. 실리콘 음극재는 기존 흑연 음극 대비 10배의 용량을 가지지만, 충방전 시 부피 팽창 문제가 있었다. 나노 구조 설계와 자가 치유 바인더의 결합으로 이 문제가 해결되면서, 1회 충전으로 1,000km 이상 주행하는 전기차 시대가 눈앞에 다가왔다.

맞춤형 헬스케어 및 바이오 융합 소재

존슨앤드존슨(J&J)이나 메드트로닉(Medtronic) 같은 글로벌 의료 기업들은 인체에 이식되어 스스로 신호를 감지하고 약물을 방출하는 생체 적합 스마트 소재에 막대한 투자를 하고 있다. 자가 분해성 소재를 이용한 수술 도구나 임플란트는 환자의 회복 속도를 높이고 재수술 부담을 줄여 의료 서비스의 혁신적인 가치를 창출하고 있다.

바이오 소재의 핵심은 '생체 모방'에 있다. 자연이 수억 년에 걸쳐 최적화한 구조와 기능을 인공 소재로 재현하는 것이다. 거미줄은 같은 굵기의 강철보다 5배 강하면서도 30%나 늘어날 수 있는 놀라운 인성을 가진다. 독일의 바이오텍 기업들은 유전자 재조합 기술로 거미줄 단백질을 대량 생산해 인공 힘줄, 봉합사, 방탄 소재 등에 적용하고 있다. 이는 석유 기반 합성 섬유를 대체하는 친환경 소재이면서도 성능은 훨씬 우수한 차세대 바이오 소재다.

3D 바이오프린팅은 맞춤형 장기와 조직 제작의 문을 열고 있다. 환자 자신의 세포를 배양해 바이오 잉크(Bio-ink)로 만들고, 이를 3D 프린터로 층층이 쌓아 올려 장기를 제작한다. 이미 간단한 조직인 피부, 연골, 혈관 등은 상용화 단계에 있으며, 심장이나 간 같은 복잡한 장기도 임상시험이 진행 중이다. 이는 장기 기증 부족 문제를 근본적으로 해결하고, 면역 거부 반응 없는 완벽한 맞춤 치료를 가능하게 한다.

약물 전달 시스템에서도 스마트 소재가 혁명을 일으키고 있다. 나노입자나 리포좀에 약물을 담아 특정 조직이나 세포만을 표적으로 삼는 '표적 치료'는 항암제의 부작용을 획기적으로 줄인다. 더 나아가 pH나 효소 농도 같은 병변 부위의 특성에 반응해 약물을 방출하는 '스마트 나노 캐리어'는 정상 조직은 건드리지 않고 암세포만을 선택적으로 공격한다. 이는 항암 치료의 효율을 10배 이상 높이면서도 환자의 삶의 질을 유지할 수 있게 한다.

신경 인터페이스 분야에서는 생체 전기 신호를 읽고 쓸 수 있는 유연한 전극 소재가 개발되고 있다. 기존의 경직된 실리콘 전극은 뇌 조직과의 기계적 불일치로 염증을 유발했지만, 그래핀이나 전도성 고분자 기반의 유연 전극은 뇌와 완벽하게 통합된다. 일론 머스크의 뉴럴링크는 이러한 소재를 활용해 마비 환자가 생각만으로 컴퓨터를 조작하거나 로봇 팔을 움직일 수 있게 하는 뇌-컴퓨터 인터페이스를 개발하고 있다.

이는 장애를 극복하는 것을 넘어, 인간의 능력을 확장하는 '포스트 휴먼' 시대의 문을 연다.

에너지 혁신과 ESG 경영

초전도 소재는 전력 손실 없는 차세대 전력망을 가능하게 해서 에너지 기업들의 운영 효율을 극대화한다. 또한, 고효율 촉매 소재는 수소 생산, 탄소 포집 후 활용·저장(CCUS) 기술의 경제성을 높여 ESG(환경·사회·지배구조) 경영을 실현하는 핵심 수단이 된다. 소재 혁신은 곧 탄소 중립 목표 달성의 가장 강력한 무기인 셈이다. 좋은 촉매 소재를 쓰면 수소를 만들고 탄소를 잡는 비용이 확 줄어든다. 기업들이 친환경을 외치기만 하는 게 아니라 실제로 실천할 수 있게 되는 것이다. 탄소 중립, 결국 소재가 해답이다.

초전도체는 전기 저항이 0인 물질로, 전력 전송 시 에너지 손실이 전혀 없다. 현재 전력망에서는 발전소에서 생산된 전기의 약 7%가 송전 과정에서 열로 손실된다. 전 세계적으로 연간 수천억 달러에 달하는 어마어마한 낭비다. 상온 초전도체가 실현되면 이 손실을 완전히 제거할 수 있다. 한국의 상온 초전도체(LK-99) 논란 이후에도 전 세계 연구진들은 상온·상압 초전도체 개발에 박차를 가하고 있으며, 일부 기업들은 극저온이 아닌 액체 질소 온도에서 작동하는 고온 초전도체를 전력 케이블과 자기부상열차에 적용하기 시작했다.

수소 경제의 핵심은 효율적인 수소 생산과 저장이다. 물 전기분해를 통한 수소 생산에서 촉매는 필요한 전기 에너지를 결정한다. 백금 기반 촉매는 효율이 높지만, 가격이 비싸 대량 생산에 걸림돌이 된다. 그러나 AI 설계를 통해 개발된 단일 원자 촉매(Single Atom Catalyst)는 백금 사용량을 100분의 1로 줄이면서도 성능은 오히려 향상시켰다. 중국과 일본의 연구진들은 니켈이나 코발트 같은 저렴한 금속으로도 백금에 필적하는 촉매를 만드는 데 성공했다. 이는 수소 생산 비용을 kg당 5달러에서 2달러 이하로 낮춰 화석 연료와의 가격 경쟁력을 확보하게 한다.

수소 저장 문제도 소재 혁신으로 해결되고 있다. 기체 수소는 부피가 크고 폭발 위험이 있어 저장과 운송이 어렵다. 금속 유기 골격체(MOF : Metal-Organic Framework)는 다공성 구조로 자기 무게 대비 수백 배의 수소를 흡착할 수 있다. 마치 스펀지가 물을 흡수하듯, 수소 분자를 안전하게 가둬두었다가 필요할 때 방출한다. 일본의 토요타는 MOF 기반 수소 저장 탱크를 개발해 수소차의 주행거리를 2배 늘리면서도 탱크 무게는 절반으로 줄이는 데 성공했다.

탄소 포집 기술에서도 소재가 판도를 바꾸고 있다. 기존의 아민 기반 흡수제는 재생 과정에서 많은 에너지를 소비해 경제성이 낮았다. 그러나 고체 흡착제인 제올라이트나 활성탄을 나노 구조로 최적화하면 상온에서도 CO_2를 선택적으로 포집하고, 낮은 온도에서 쉽게 재생할 수 있다. 아이슬란드의 카브픽스(Carbfix) 프로젝트는 포집한 CO_2를 현무암과 반응시켜 영구적으로 광물화하는 기술을 상용화했다. 이는 대기 중 CO_2를 직접 제거하는 DAC(Direct Air Capture : 직접 공기 포집) 기술의 경제성을 획기적으로 개선해, 탄소 중립을 넘어 탄소 네거티브(Carbon Negative) 경제로 가는 길을 연다.

페로브스카이트 태양전지는 실리콘 태양전지의 판도를 뒤집고 있다. 실리콘 태양전지는 효율이 20% 수준에서 정체되어 있지만, 페로브스카이트는 이미 25%를 넘어섰고 이론적 한계는 33%에 달한다. 더욱 중요한 것은 제조 과정이다. 실리콘 태양전지는 1,400도 이상의 고온 공정이 필요하지만, 페로브스카이트는 상온에서 용액을 코팅하는 것만으로 제작할 수 있다. 제조 비용이 10분의 1로 줄어드는 것이다. 옥스퍼드 PV(Oxford PV), 스위프트 솔라 같은 스타트업들이 상용화를 눈앞에 두고 있으며, 이는 태양광 발전을 가장 저렴한 에너지원으로 만들 것이다.

융합 지점으로서의 소재 : 새로운 비즈니스 모델

가장 중요한 인사이트는 소재 혁신이 AI와 로봇 융합의 교차점이라는 사실이다. 소재는 단순히 '재료'가 아니라, AI의 지능을 물리적 세계로 확장하고 로봇의 기능을 극대화하는 궁극적인 동력이다.

자기 구동 실험실의 완성

소재 데이터(AI) 기반의 설계 → 로봇(자율 시스템)을 이용한 실험 및 검증 → 스마트 소재(신물질) 개발이라는 완벽한 순환 고리가 확립된다. IBM이나 구글 같은 IT 공룡들이 소재 과학 분야에 뛰어드는 이유도 바로 이 SDL 기반의 새로운 산업 가치를 선점하기 위함이다.

SDL은 인간 연구자 없이 AI와 로봇이 24시간 쉬지 않고 실험을 설계하고, 수행하며, 분석하고, 다음 실험을 계획하는 완전 자율 연구 시스템이다. 토론토 대학의 엑셀레이션 컨소시엄은 SDL을 이용해 전통적 방법으로는 수년이 걸릴 광촉매 소재 최적화를 단 5일 만에 완성했다. 이는 단순한 속도 향상이 아니다. AI는 인간 연구자가 미처 생각하지 못한 변수 조합을 탐색하고, 예상치 못한 발견을 이끌어낸다.

SDL의 핵심은 '폐쇄 루프(Closed Loop)' 시스템이다. AI가 실험을 설계하면, 로봇이 시료를 준비하고 측정을 수행한다. 얻어진 데이터는 즉시 AI 모델을 업데이트하는 데 사용되고, 개선된 모델은 다음 실험을 더 정교하게 설계한다. 이 순환이 수백, 수천 번 반복되면서 최적 소재로 빠르게 수렴한다. 인간은 초기 목표만 설정하고, 나머지는 시스템이 알아서 해결한다.

IBM의 RoboRXN은 화학 합성 분야의 SDL이다. 논문이나 특허에서 합성 방법을 추출하고, 로봇 팔을 이용해 자동으로 화합물을 합성한다. 연구자가 "이런 특성을 가진 분자가 필요해"라고 요청하면, AI가 후보 분자를 설계하고, 로봇이 합성하며, 분석 장비가 특성을 측정하고, 결과를 다시 AI에 피드백하는 전 과정이 무인으로 이루어진다. 이는 신약 개발, 농약, 향료, 디스플레이 소재 등 화학 산업 전반을 혁신한다.

SDL의 진정한 가치는 '성공을 찾는 능력'보다 '실패를 체계적으로 학습하는 능력'에 있다. 인간 연구자는 학술 관행상 성공한 실험만 논문으로 남기고, 수많은 실패 실험은 기록되지 않은 채 사라진다. 이로 인해 동일한 실패가 연구실과 세대를 넘어 반복된다. 반면 SDL은 성공과 실패를 구분하지 않고 모든 실험 결과를 데이터로 축적하며, 특히 '이 조건과 조합에서는 결과가 나오지 않는다'라는 부정적 지식(Negative Knowledge)을 명시적으로 학습한다.

이 부정적 지식이 쌓일수록 전체 탐색 공간은 빠르게 줄어든다. SDL은 이미 실패가 검증된 영역을 다시 시도하지 않기 때문에, 실험은 점점 성공 가능성이 높은 구간으로 집중된다. 그 결과 탐색 효율은 단순한 시행착오의 반복이 아니라, 실패를 발판으로 한 가속 과정으로 전환된다. 즉, SDL은 실패를 낭비가 아닌 자산으로 바꾸며, 신소재 개발과 같은 복잡한 문제에서 성공 확률을 기하급수적으로 높이는 새로운 연구 패러다임을 만들어낸다.

소재 선점이 곧 AI·로봇 경쟁의 승패

기업들은 더 이상 완제품 경쟁이 아닌, '소재 지능화'라는 근본적인 영역에서 경쟁하고 있다. 소재를 선점하는 기업이 AI와 로봇 기술 경쟁에서도 압도적인 우위를 점하며, 미래 부를 독점하게 될 것이다.

테슬라가 전기차 시장을 지배하는 이유는 단순히 소프트웨어나 자율주행 기술만이 아니다. 4680 배터리 셀, 기가 캐스팅을 가능하게 하는 알루미늄 합금, 구조 배터리 팩 등 핵심 소재 기술을 내재화했기 때문이다. 다른 자동차 회사들이 부품을 외부에서 조달하는 동안, 테슬라는 소재 단계부터 수직 통합해 원가와 성능에서 압도적 우위를 확보했다.

애플의 아이폰이 프리미엄을 유지하는 비밀도 소재에 있다. 세라믹 실드 유리는 경쟁사 제품보다 4배 강하고, 티타늄 프레임은 가볍고 내구성이 뛰어나다. 애플은 코닝, 신일본제철 같은 소재 기업들과 독점 계약을 맺고 수년간 공동 개발해 경쟁자들이 쉽게 따라올 수 없는 소재 기술 장벽을 쌓았다. 이는 제품 차별화의 근원이자, 높은 마진을 유지하는 핵심 전략이다.

반도체 산업은 소재 전쟁의 최전선이다. 3nm 공정 이하로 내려가면서 기존 실리콘의 한계가 드러나고 있다. TSMC, 삼성, 인텔은 GAA(Gate-All-Around) 구조, 차세대 패키징 소재 등에 천문학적 투자를 하고 있다. 누가 먼저 차세대 소재를 양산화하느냐가 반도체 패권을 결정한다. 이는 단순히 하나의 산업이 아니라, AI, 슈퍼컴퓨터, 양자컴퓨터 등 모든 첨단 기술의 토대를 지배하는 것이다.

국가 차원에서도 소재 주권이 안보와 직결되고 있다. 미국의 인플레이션 감축법(IRA)[1]과 칩스법(CHIPS Act)[2]은 배터리, 반도체 등 핵심 소재의 공급망을 자국화하려는 전략이다. 중국은 희토류, 흑연 등 핵심 광물 수출을 통제하며 소재 무기화를 시도하고 있다. 일본의 소재·부품·장비 수출 규제는 한국 반도체 산업을 위협했다. 소재 기술력과 공급망 확보는 이제 국가 생존의 문제다.

소재 혁신이 만드는 새로운 비즈니스 모델

소재의 지능화는 단순히 제품 성능을 높이는 데 그치지 않고, 완전히 새로운 비즈니스 모델을 창출한다.

MaaS(Materials as a Service)가 등장하고 있다. 기업들은 소재를 판매

---

1) 인플레이션 감축법(IRA : Inflation Reduction Act) : 친환경·첨단산업 육성을 통해 물가를 낮추겠다는 명분의 법으로, 전기차·배터리·재생에너지에 대규모 보조금과 세액공제를 제공하되 미국 또는 우방국 내 생산을 강하게 요구하는 산업정책 성격이 핵심이다.
2) 칩스법(CHIPS Act : Creating Helpful Incentives to Produce Semiconductors and Science Act) : 반도체 공급망을 미국 중심으로 재편하기 위한 법으로, 미국 내 반도체 제조·연구·인력 양성에 막대한 보조금을 지원해 첨단 반도체의 해외 의존을 줄이려는 전략이다.

하는 대신, 소재가 제공하는 '기능'을 서비스로 판매한다. 예를 들어, 타이어 회사는 타이어를 파는 게 아니라 '주행 킬로미터'를 판다. 자가 치유 소재로 만든 타이어는 수명이 길어 교체 주기가 늘어나지만, 서비스 모델에서는 오히려 더 많은 가치를 창출한다. 이는 제조업을 서비스업으로 전환하는 혁명적 변화다.

디지털 트윈과 소재의 결합도 새로운 가능성을 연다. 건설 구조물에 스마트 소재를 적용하면 실시간으로 응력, 균열, 부식 상태를 모니터링할 수 있다. 이 데이터로 디지털 트윈을 구축하면 구조물의 잔여 수명을 정확히 예측하고, 사고가 발생하기 전에 선제적으로 유지보수할 수 있다. 이는 보험, 자산 관리, 안전 컨설팅 등 새로운 서비스 산업을 만들어낸다.

순환 경제에서 소재는 핵심 역할을 한다. 재활용이 쉬운 단일 소재 설계, 자가 분해되는 바이오 플라스틱, 무한 재활용이 가능한 알루미늄 합금 등은 폐기물을 자원으로 전환한다. 유럽의 화학 기업들은 플라스틱 폐기물을 수거해 화학적으로 분해한 뒤 새로운 플라스틱 원료로 재생하는 '케미컬 리사이클링'에 투자하고 있다. 이는 환경 규제를 기회로 바꾸는 전략이자, 원자재 가격 변동에서 벗어나는 탈동조화 전략[3]이다.

소재 지능화를 선도하는 글로벌 기업들의 전략

세계적 기업들은 이미 소재를 미래 경쟁력의 핵심으로 인식하고 과감한 투자를 하고 있다.

바스프는 세계 최대 화학 기업으로서 AI 기반 소재 개발에 연간 수억

---

3) 탈동조화 전략 : 세계경제와의 연계를 줄여 '동조'에서 벗어나 독자적 흐름을 만들려는 전략이다.

유로를 투자한다. 슈바르츠하이데 배터리 소재 공장에서는 전기차 배터리용 양극재를 생산하며, AI로 최적화된 공정은 불량률을 90% 이상 줄였다. 바스프는 소재를 단순히 판매하는 것을 넘어, 고객사의 제품 개발 단계부터 참여해 맞춤형 소재 솔루션을 제공하는 '협업 혁신' 모델을 구축했다.

듀폰(DuPont)은 전자 소재, 건설 소재, 보호 소재 등 다양한 분야에서 혁신을 주도한다. 케블라(Kevlar)로 유명한 듀폰은 이제 전자기기용 방열 소재, 5G 통신용 유전체 소재, 수소 연료전지용 멤브레인 등 차세대 산업의 핵심 소재를 공급한다. 듀폰의 전략은 '하이브리드 이노베이션'으로, 전통적인 화학 기술과 AI, 나노기술을 융합해 기존에 없던 소재를 창조하는 것이다.

도레이(Toray)는 일본의 소재 강자로, 탄소섬유 시장의 40%를 장악하고 있다. 보잉 787 드림라이너의 동체 절반이 도레이의 탄소섬유로 만들어졌다. 도레이는 단순히 소재를 파는 게 아니라, 항공기 제조사와 수십 년간 협력해 설계 단계부터 최적 소재를 제안한다. 이러한 '임베디드 파트너십'은 진입 장벽을 높여 경쟁자들이 쉽게 시장에 진입하지 못하게 한다.

3M은 다층 광학 필름, 접착제, 연마재 등 보이지 않는 곳에서 세상을 움직이는 소재 기업이다. 3M의 혁신 문화는 '15% 룰'로 유명한데, 연구원들이 근무 시간의 15%를 자유롭게 연구할 수 있게 한다. 이러한 문화에서 포스트잇, 스카치테이프 같은 혁신 제품이 탄생했다. 3M은 현재 양자점 디스플레이 소재, 의료용 약물 전달 시스템, 전기차 배터리 냉각 소재 등 미래 산업의 핵심 부품을 개발하고 있다.

소재 혁명이 재편하는 글로벌 가치사슬

소재의 지능화는 산업 구조 자체를 근본적으로 재편하고 있다. 과거에는 원자재 → 소재 → 부품 → 완제품으로 이어지는 선형적 가치사슬이 지배적이었다. 그러나 이제는 소재 기업이 완제품 기업과 직접 협업하며, 때로는 완제품 기업이 역으로 소재 기업을 인수하거나 소재 개발에 직접 뛰어드는 '가치사슬의 수직 통합'이 일어나고 있다.

애플이 마이크로 LED 기술 개발을 위해 디스플레이 전문 인력을 대거 채용하고, 테슬라가 배터리 셀 제조에 직접 나서고, 구글이 TPU(Tensor Processing Unit) 칩을 자체 설계하는 것은 모두 같은 맥락이다. 핵심 소재와 부품을 남이 만든 것을 사다 쓰면, 차별화가 불가능하고 공급망 리스크에 노출된다. 결국 진정한 혁신은 소재 단계부터 시작해야 한다는 깨달음이다.

반대로 소재 기업들도 단순히 소재만 파는 것이 아니라, 고객의 문제를 해결하는 '솔루션 제공자'로 변신하고 있다. 코닝은 고릴라 글래스를 개발할 때 단순히 유리를 판 것이 아니라, 애플의 아이폰 설계 단계부터 참여해 최적의 두께, 강도, 터치 감도를 구현했다. 이는 일회성 거래가 아닌 장기적 파트너십으로, 고객사가 성공하면 소재 기업도 함께 성장하는 윈윈 구조다.

중국의 부상도 소재 관점에서 재해석해야 한다. 중국은 전 세계 희토류의 60%, 흑연의 70%, 리튬 정제의 60%를 장악하고 있다. CATL은 전기차 배터리 시장의 37%를 점유하며 1위다. BYD는 배터리부터 전기차 완제품까지 수직 통합해 테슬라를 추격한다. 중국 정부는 '신소재 산업 발전 계획'에 수조 위안을 투입하며 소재 굴기를 추진 중이다. 이는 단순히 제조업 강국을 넘어 소재 강국으로 도약하려는 전략이다.

한국은 반도체, 디스플레이, 배터리 등에서 세계적 경쟁력을 가지지만, 핵심 소재와 장비는 여전히 일본, 미국, 유럽에 의존한다. 2019년 일본의 수출 규제는 이러한 취약점을 적나라하게 드러냈다. 정부는 '소재·부품·장비 경쟁력 강화 대책'으로 대응했지만, 진정한 소재 주권 확보는 장기적이고 체계적인 투자가 필요하다. 소재 기술은 단기간에 따라잡기 어렵고, 수십 년간 축적된 노하우와 데이터가 핵심이기 때문이다.

소재가 지배하는 미래

소재의 지능화는 단순한 기술 트렌드가 아니라, 산업혁명의 본질이다. 증기기관이 1차 산업혁명을, 전기가 2차 산업혁명을, 컴퓨터가 3차 산업혁명을 이끌었다면, 4차 산업혁명은 AI와 로봇이 아니라 그들을 가능하게 하는 '지능형 소재'가 진정한 주역이다.

미래를 지배할 기업은 가장 멋진 AI 알고리즘이나 가장 정교한 로봇을 가진 곳이 아니라, 가장 혁신적인 소재를 선점한 곳이 될 것이다. 소재는 보이지 않지만, 모든 것의 토대다. 스마트폰, 전기차, 항공기, 로봇, 의료기기, 에너지 시스템, 이 모든 것의 성능과 비용을 결정하는 것은 결국 소재다.

투자자와 경영자들은 이제 '무엇을 만드느냐'보다 '무엇으로 만드느냐'에 주목해야 한다. 완제품 시장은 레드오션이지만, 소재 혁신은 여전히 블루오션이다. 자가 치유 소재, 스마트 소재, 나노 소재, 바이오 소재다. 이러한 차세대 소재에 투자하고 기술을 확보하는 것이 미래 부를 선점하는 가장 확실한 길이다.

개인도 마찬가지다. AI 엔지니어, 로봇 공학자만큼이나 소재 과학자, 화학 공학자의 가치가 높아질 것이다. 특히 AI와 소재 과학을 융합할 수 있는 인재, 즉 컴퓨팅과 화학을 동시에 이해하는 'T자형 인재'는 가장 희소하고 가치 있는 자산이 될 것이다.

소재의 지능화는 단순한 기술 유행이 아니라 산업혁명의 동력을 바꾸는 근본적 전환이다. 증기기관이 기계의 한계를, 전기가 공장의 한계를, 컴퓨터가 정보 처리의 한계를 돌파했다면, 이제 한계를 규정하는 것은 '소재 그 자체'다. 전기차 시장을 예로 들면, 경쟁의 승부처는 자율주행 알고리즘이 아니라 배터리 소재에 있다. 동일한 소프트웨어를 써도 에너지 밀도, 충전 속도, 화재 안정성을 결정하는 것은 양극·음극·전해질 소재다. 애플이 스마트폰 시장을 지배할 수 있었던 배경에도 보이지 않는 소재 혁신이 있었다. 고릴라 글래스, 고집적 반도체 공정 소재, 고효율 배터리 소재가 없었다면 '디자인 혁신'은 성립하지 않았다. 미래를 지배할 기업은 가장 화려한 AI 데모를 가진 곳이 아니라, 경쟁자가 따라올 수 없는 소재 포트폴리오를 먼저 확보한 곳이 될 것이다.

개인에게도 흐름은 같다. AI 엔지니어와 로봇 공학자가 각광받는 시대이지만, 앞으로 더 희소해질 인재는 AI로 소재를 설계하고, 소재로 산업을 재편할 수 있는 사람이다. 실제로 글로벌 제약사와 배터리 기업들은 실험실 경험만 가진 연구자보다, 시뮬레이션·머신 러닝·화학을 함께 이해하는 인재를 먼저 스카우트하고 있다. 과거 반도체 산업에서 '공정 엔지니어'가 산업의 심장을 쥐었듯, 앞으로는 자가치유 소재, 스마트 소재, 나노·바이오 소재를 다룰 수 있는 T자형 인재가 산업의 병목을 해소하는 핵심이 된다. 완제품은 쉽게 복제되지만, 소재는 시간과 학습이 축적된 자산이다. 기업과 개인 모두에게, 소재를 이해하고 선점하는 것이 미래를 지배하는 가장 확실한 전략이 되고 있다.

소재 혁명은 이미 시작됐다. 조용하지만 가장 근본적이고, 느리지만 가장 확실하며, 보이지 않지만 가장 강력한 이 혁명의 파도를 어떻게 타느냐가 개인과 기업, 국가의 미래를 결정할 것이다. 지금 이 순간에도 실험실 어딘가에서는 세상을 바꿀 새로운 소재가 탄생하고 있다. 그 소재가 당신의 산업을 파괴할 것인가, 아니면 새로운 기회로 만들 것인가? 선택은 당신의 몫이다.

물리적 세계를 장악하는 '움직이는 지능'

지금까지 논의해온 세 가지 혁신 축 중에서, 로봇 융합과 자율 시스템은 소재의 물리적 혁신과 AI의 지적 능력을 현실 세계로 구현하는 최종 단계다. 로봇은 더 이상 단지 '자동화된 기계'가 아니라, AI를 탑재하고 신소재로 무장한 '움직이는 지능(Moving Intelligence)'이다. 이 지능형 로봇은 생산 현장을 넘어 우리의 일터, 가정, 심지어 우주까지 물리적 세계를 장악하며 인류의 노동과 생활 방식을 근본적으로 재편하고 있다. 로봇 혁명의 속도와 깊이를 이해하는 것이야말로 미래 부의 지도를 완성하는 마지막 퍼즐이다. 로봇 기술의 발전은 이제 기술적 가능성을 넘어 '경제적 필연성'으로 자리매김하고 있다.

로봇이 사무실과 부엌으로 들어오는 속도

로봇의 진화는 '느린 발전'에서 '폭발적인 확장' 단계로 전환됐다. 과거의 로봇은 특정 공장에서 단순 반복 작업만 할 수 있었다면, 이제는 AI의 유연성을 확보해 복잡하고 불규칙한 환경에서도 자율적으로 임무를 수행한다. 이로 인해 로봇의 적용 범위는 전통적인 제조 산업을 넘어, 서비스, 헬스케어 등 일상 공간으로 빠르게 침투하고 있다. 이 변화의 속도는 우리가 예상하는 것보다 훨씬 빠르다.

로봇이 만드는 가정 혁명 : 가사 노동의 지능화

과거 공상과학의 영역이었던 가사 및 서비스 로봇이 현실화되고 있다. 아마존의 'Astro' 같은 가정용 로봇은 단순히 이동하는 스피커를 넘어, 집안을 순찰하며 반려동물처럼 가족 구성원을 인지하고, 침입이나 화재 등 이상 징후를 감지하는 AI 기반의 보안 및 도우미 역할을 수행한다.

더 흥미로운 사례는 주방이다. 미국 몰리 로보틱스(Moley Robotics) 같은 기업은 20개의 모터를 가진 로봇 팔을 개발해 수천 개의 레시피를 학습하고, 재료 준비부터 요리, 설거지까지 인간의 반복적인 가사 노동을 지능적으로 대체하고 있다. 이는 개인의 시간과 삶의 질을 혁신하는 거대한 시장을 열고 있다.

가사 로봇의 시장 잠재력은 엄청나다. 맥킨지는 가정용 로봇 시장이 2030년까지 연간 2,000억 달러 규모로 성장할 것으로 예측한다. 이는 단순히 편의를 넘어, 고령화 사회의 필수 인프라가 되고 있다. 일본은 2025년까지 인구의 30%가 65세 이상인 초고령 사회에 진입한다. 혼자 사는 노인들이 급증하는데, 이들을 돌볼 인력은 부족하다. 로봇이 이 공백을 메운다.

청소 로봇은 이미 대중화됐다. 아이로봇(iRobot)의 룸바는 전 세계 4,000만 가구에 보급됐다. 최신 모델은 AI 비전으로 집안 구조를 3D 매핑하고, 어디가 더러운지 인식해 집중적으로 청소한다. 반려동물 배설물을 피해가고, 카펫과 마루를 구별해 흡입력을 조절한다. 사용자가 퇴근 전 스마트폰으로 "거실을 청소해줘"라고 명령하면, 집에 도착할 때는 깨끗해져 있다.

빨래 로봇도 등장했다. 미국의 폴디메이트(FoldiMate)는 세탁된 옷을 자동으로 개어주는 로봇이다. 옷을 집어넣으면 AI가 티셔츠, 바지, 수건 등을 구별하고, 각각에 맞는 방식으로 깔끔하게 개어 정리한다. 시간당 20벌 처리가 가능하며, 4인 가족 기준 주당 2시간 절약된다. 이는 연간 100시간, 즉 4일을 되돌려주는 것과 같다.

정원 관리 로봇도 진화하고 있다. 허스크바나(Husqvarna)의 오토모워(Automower)는 AI로 잔디밭을 자동으로 깎는다. 날씨 데이터를 받아 비가 오기 전에 작업을 마치고, 잔디 성장 속도에 맞춰 깎는 빈도를 조절한다. 태양광 충전으로 작동하며, 배터리가 부족하면 스스로 충전 스테이션으로 돌아간다.

더 나아가 로봇 집사의 시대가 열리고 있다. 테슬라는 2025년 출시를 목표로 '옵티머스(Optimus)' 휴머노이드 로봇을 개발 중이다. 키 173cm, 무게 73kg의 인간형 로봇으로, 집안일 전반을 처리한다. 식료품을 날라주고, 잔디를 깎고, 노인을 부축하고, 아이와 놀아준다. 일론 머스크는 "옵티머스는 테슬라의 자율주행차보다 더 중요한 제품"이라며, "장기적으로 경제를 근본적으로 변화시킬 것"이라고 말했다.

가격도 현실화되고 있다. 초기 가사 로봇은 수천만 원대였지만, 대량 생산과 기술 발전으로 가격이 급락하고 있다. 테슬라는 옵티머스를 2만 5,000달러(약 3,000만 원) 수준으로 판매할 계획이다. 이는 신차 한 대 가격이다. 중산층도 로봇 집사를 고용할 수 있는 시대가 온다.

인간 증강의 시대 : 협업 로봇의 확산

산업 현장에서 인간과 안전하게 협력하던 협업 로봇이 이제 사무실, 병원, 소매점으로 확산되고 있다. 이들은 단순 반복 업무를 맡아 인간이 고부가가치 작업에 집중할 수 있게 돕는다. 협업 로봇의 영역이 급속도로 확장되고 있다. 제조업에서 시작된 코봇 혁명이 이제 서비스업 전반으로 번지는 중이다.

사무실의 문서 처리, 병원의 물류 운반, 소매점의 재고 관리—모두 코봇의 몫이다. 인간은 기획하고, 판단하고, 소통하는 본연의 역할에 집중한다. 이것이 '인간 증강'의 실체다. 로봇과 경쟁하는 게 아니라 로봇과 협업하며 능력을 극대화하는 새로운 일의 방식이다.

구체적인 해외 사례로, 유니버설 로봇의 협업 로봇은 정교한 센서와 AI

비전 시스템을 통해 인간 작업자의 움직임을 실시간으로 파악하고 충돌을 방지하며, 인간의 신속한 적응력과 로봇의 정밀도를 결합해 생산성을 극대화한다. 이들은 커피를 내리거나, 문서를 정리하거나, 재고를 관리하는 'AI 기반의 물리적 팀원' 역할을 수행하며, ABB, 화낙(Fanuc) 등 글로벌 기업들은 이 협업 로봇 시장을 미래 성장 동력으로 보고 막대한 투자를 진행하고 있다.

병원에서 코봇은 의료진의 부담을 덜어준다. 덴마크의 모바일 인더스트리얼 로봇(MiR)은 병원 복도를 자율주행하며 약품, 식사, 의료 폐기물을 운반한다. 엘리베이터를 타고, 자동문을 열며, 장애물을 피해 목적지까지 이동한다. 간호사들은 더 이상 무거운 물건을 나르느라 시간을 낭비하지 않고, 환자 케어에 집중할 수 있다. 한 대형 병원은 코봇 도입 후 간호사의 이동 시간이 30% 줄고, 환자 만족도가 15% 향상됐다고 보고했다.

소매점에서는 재고 관리 로봇이 혁신을 일으킨다. 미국 월마트는 보사 노바(Bossa Nova)의 로봇을 수백 개 매장에 배치했다. 로봇은 매장을 순회하며 선반을 스캔하고, 품절 상품, 잘못 배치된 상품, 가격표 오류를 찾아낸다. 하루 24시간 작동하며, 인간 직원이 일주일 걸릴 작업을 몇 시간에 끝낸다. 직원들은 재고 확인 대신 고객 상담에 집중해 매출이 증가한다.

협업 로봇의 핵심은 '안전'이다. 기존 산업용 로봇은 힘이 세서 사람이 다칠 위험이 있어 안전 펜스로 격리해야 했다. 하지만 코봇은 힘 제한 기능과 충돌 감지 센서로 사람과 부딪혀도 즉시 멈춘다. 인간과 같은 공간에서 나란히 일할 수 있는 것이다. 이는 로봇의 활용 범위를 획기적으로 넓혔다.

프로그래밍도 쉬워졌다. 과거에는 로봇 프로그래밍에 전문 지식이 필요했지만, 코봇은 '티칭(teaching)' 방식을 쓴다. 작업자가 로봇 팔을 손으로 잡고 원하는 동작을 보여주면, 로봇이 그대로 기억하고 반복한다.

코딩 없이 몇 분 만에 새로운 작업을 학습시킬 수 있다. 이는 중소기업도 코봇을 쉽게 도입할 수 있게 한다.

로봇 융합의 세 가지 핵심 혁신 지점

로봇 융합은 세 가지 핵심적인 혁신 지점에서 소재와 AI의 시너지를 극대화하며, 기술적 경계를 지속적으로 확장하고 있다.

자율 시스템의 완성과 물리적 지능

위치 인식 및 지도 작성(SLAM)[4]과 딥러닝의 결합으로 로봇의 환경 적응력이 극대화되고 있다. 로봇이 주변 환경을 인식하고 지도화하는 기술인 위치 인식 및 지도 작성이 AI의 딥러닝과 결합하면서 로봇의 환경 적응 능력이 비약적으로 향상됐다.

구체적이고 흥미로운 사례로, 보스턴 다이내믹스(Boston Dynamics)의 '아틀라스'와 '스팟(Spot)' 같은 로봇은 불규칙한 지형, 계단, 심지어 밀려오는 방해물까지도 실시간으로 감지하고 균형을 유지하며 임무를 수행한다. 이들은 수많은 시뮬레이션과 시행착오 기반의 강화 학습(RL)을 통해 인간이 예상치 못한 민첩성과 회복 탄력성을 획득했다. 이는 물리적 세계에서 스스로 학습하고 문제를 해결하는 '물리적 지능'의 구현이다.

아틀라스는 이제 공중제비를 넘고, 파쿠르를 하고, 춤까지 춘다. 이는 단순한 묘기가 아니다. 복잡한 동작을 수행하려면 실시간으로 수백 개 관절과 센서를 조정해야 한다. 한쪽 발이 미끄러지면 즉시 무게 중심을 이동하고, 팔을 휘둘러 균형을 잡는다. 인간도 넘어지지 않으려고 무의

---

4) Simultaneous Localization and Mapping : 동시적 위치 추정 및 지도 작성이다.

식적으로 하는 동작을, 로봇도 AI로 학습한 것이다.

스팟은 산업 현장에서 실용성을 입증했다. 석유 시추 플랫폼, 광산, 건설 현장처럼 위험하고 접근이 어려운 곳을 자율적으로 순찰한다. 가스 누출을 감지하고, 장비 온도를 측정하며, 구조적 결함을 영상으로 기록한다. 계단을 오르고, 문을 열며, 좁은 통로를 빠져나간다. 셸(Shell)은 스팟을 해상 플랫폼에 배치해 위험한 검사 작업을 로봇에 맡기고, 작업자 안전 사고를 80% 줄였다.

SLAM 기술은 자율주행의 핵심이기도 하다. 로봇이 처음 가는 장소에서도 주변을 스캔하며 실시간으로 3D 지도를 만들고, 동시에 그 지도에서 자신의 위치를 파악한다. 마치 미로에 처음 들어간 사람이 벽을 더듬으며 지도를 그리는 것과 같다. 차이는 로봇은 이를 초당 수백 번 수행한다는 점이다.

딥러닝은 SLAM을 한 단계 업그레이드시켰다. 전통적 SLAM은 기하학적 특징(모서리, 평면 등)에 의존했지만, 딥러닝 SLAM은 의미론적 정보를 활용한다. 단순히 "저기 물체가 있다"가 아니라 "저것은 의자다, 사람은 앉는다, 피해 가야 한다"처럼 맥락을 이해한다. 이는 복잡한 실내 환경에서 로봇의 판단력을 크게 향상시킨다.

디지털 트윈과의 연동 : 자율 시스템의 예측 및 최적화

로봇 시스템은 디지털 트윈(Digital Twin) 기술과 결합해 현실 세계의 변화를 가상 세계에 실시간으로 반영하고 시뮬레이션한다. 해외 기업 사례로, 지멘스(Siemens)와 엔비디아는 옴니버스(Omniverse) 플랫폼을 통해 공장의 로봇 공정을 가상 환경에서 수백만 번 최적화한 후 실제 공장에 적용하고 있다. 이를 통해 설비 교체나 공정 변경 없이도 오류율을 최소화하고 생산성을 획기적으로 향상시키는 등, AI 기반의 예측적 자율 시스템을 구축하고 있다.

디지털 트윈은 물리적 자산의 디지털 복제본이다. 실제 공장, 로봇, 제품의 모든 특성을 가상 세계에 그대로 재현한다. 그리고 센서 데이터를 실시간으로 동기화해, 디지털 트윈이 현실과 똑같이 움직이게 한다. 이는 마치 평행 우주에 또 하나의 공장이 존재하는 것과 같다.

디지털 트윈의 진가는 시뮬레이션에 있다. 새로운 제품 라인을 추가하려면 어떻게 해야 할까? 실제 공장에서 시도하면 생산이 중단되고, 실패하면 막대한 손실이다. 하지만 디지털 트윈에서는 무한대로 실험할 수 있다. 로봇 배치를 바꿔보고, 컨베이어 속도를 조정하며, 작업 순서를 재구성한다. 수천 가지 시나리오를 시뮬레이션해 최적 조합을 찾은 뒤, 실제 공장에 적용한다. 이는 시행착오 비용을 제로로 만든다.

예측 정비도 가능하다. 디지털 트윈은 로봇의 모든 움직임, 진동, 온도, 전력 소비를 모니터링한다. AI가 이 데이터를 분석해 "이 모터는 3주 후 고장 날 확률 85%"라고 예측한다. 그러면 사전에 부품을 교체해 갑작스러운 생산 중단을 방지한다. 다임러는 디지털 트윈으로 예측 정비를 도입해 가동 중단 시간을 50% 줄였다.

엔비디아의 옴니버스는 디지털 트윈의 표준 플랫폼으로 부상하고 있다. 물리 엔진이 탑재되어 중력, 마찰, 충돌을 정확히 시뮬레이션한다. BMW는 옴니버스로 전체 공장을 디지털 트윈화해, 신차 생산 라인 구축 시간을 30% 단축했다. 가상 환경에서 먼저 모든 것을 테스트하고 최적화한 뒤, 현실에서는 한 번에 완벽하게 구축한 것이다.

로봇 훈련도 디지털 트윈에서 이루어진다. 실제 로봇으로 새로운 작업을 학습시키려면 시간이 오래 걸리고 위험하다. 하지만 가상 환경에서는 수천 대의 가상 로봇이 동시에 학습하며, 시간도 가속할 수 있다. 하루 만에 실제 시간 1년 치 학습이 가능하다. 학습이 완료되면 AI 모델을 실제 로봇에 다운로드한다. 이는 로봇 교육 시간을 몇 달에서 며칠로 단축한다.

로봇 소재의 혁명 : 소프트 로봇과 유연성 확보

로봇이 인간의 환경으로 안전하게 들어오기 위해서는 딱딱하고 위험했던 기존의 금속 로봇을 벗어나 유연성과 안전성을 확보해야 한다. 소재 혁신이 이 변화를 가능하게 하는 핵심 동력이다.

소프트 로봇 : 인간과의 안전한 상호작용

딱딱한 기계 부품 대신, 실리콘, 유연 고분자 등 신소재를 사용해 제작된 소프트 로봇(Soft Robotics)은 인간의 신체나 부서지기 쉬운 물체를 다룰 때 안전성과 정밀성을 높인다. 이는 의료 분야에서 특히 혁신적인데, 하버드 대학의 연구진이 개발한 생체 적합 유연 소재로 만들어진 로봇은 심장 주위에 부착되어 심장 박동을 보조하는 등, 기존의 경성 로봇으로는 불가능했던 미세하고 섬세한 생체 기능 보조를 가능하게 한다.

소프트 로봇의 핵심은 '유연성'이다. 금속이나 플라스틱 대신 실리콘, 고무, 하이드로겔 같은 부드러운 소재로 만든다. 이는 로봇이 자유롭게 변형되고, 인간과 부딪혀도 다치지 않게 한다. 마치 문어나 지렁이처럼 부드럽고 유연한 움직임이 가능하다.

하버드의 소프트 로봇 그리퍼는 딸기, 달걀처럼 물러서 쉽게 상하는 물체를 완벽하게 집는다. 기존 로봇 집게는 힘 조절이 어려워 물체를 부수거나 떨어뜨렸다. 하지만 소프트 그리퍼는 물체를 부드럽게 감싸 안아 손상 없이 들어 올린다. 농업에서 과일 수확, 식품 산업에서 포장, 물류에서 섬세한 상품 취급 등에 혁명을 일으킨다.

의료 분야에서 소프트 로봇은 생명을 구한다. 하버드의 심장 보조 로봇은 실리콘 슬리브 형태로 심장을 감싼다. 심장 박동에 맞춰 수축과 이완을 반복해 혈액 펌핑을 도와준다. 기존 인공심장은 체외에 있어 환자가 기계에 연결되어 있어야 했지만, 이 소프트 로봇은 체내에 이식되어 환자가 정상 생활을 할 수 있다.

내시경 수술에서도 소프트 로봇이 활약한다. 유연한 로봇 팔은 구불구

불한 장기 사이를 자유롭게 이동한다. 딱딱한 금속 수술 도구로는 접근하기 어려웠던 부위까지 도달해, 최소 침습 수술을 가능하게 한다. 환자는 회복이 빠르고 흉터가 작다.

재활 분야에서 소프트 로봇은 환자의 삶을 바꾼다. 뇌졸중으로 마비된 환자를 위한 소프트 엑소글러브(exo-glove)는 손에 착용해 손가락 움직임을 보조한다. 부드러운 소재라 불편하지 않고, 공기압으로 작동해 가볍다. 환자는 컵을 들고, 옷을 입으며, 식사를 할 수 있게 되어 독립적인 생활이 가능해진다.

소프트 로봇은 극한 환경에서도 강점을 보인다. 좁은 틈새, 울퉁불퉁한 지형, 파이프 내부처럼 딱딱한 로봇이 갈 수 없는 곳을 탐색한다. 재난 현장에서 잔해 틈새로 들어가 생존자를 찾거나, 원자로 배관을 검사하는 데 사용된다.

인공 피부와 촉각 센서 : 인간 수준의 감각 획득

로봇 외부에 부착된 스마트 소재 기반의 인공 피부는 인간처럼 정교하게 압력, 온도, 질감 등을 느낀다. 이 촉각 피드백은 AI의 판단력을 높여 로봇이 물건을 집거나 사람과 접촉할 때 적절한 힘과 섬세함을 조절하게 해준다.

구체적 사례로, MIT 연구진은 고분자 압전 소재를 활용해 인간 피부보다 민감한 촉각 센서를 개발, 로봇이 딸기처럼 무르기 쉬운 물건도 손상 없이 집을 수 있게 만들었다.

인간의 피부는 놀라운 센서다. 압력, 온도, 통증, 진동을 동시에 감지한다. 손끝에는 제곱센티미터당 100개 이상의 촉각 수용기가 있다. 이 덕분에 우리는 눈을 감고도 동전과 단추를 구별하고, 뜨거운 컵을 들면 즉시 손을 뗀다. 로봇에도 이런 감각이 필요하다.

협동과 인간 증강(Collaboration and Human Augmentation)

로봇은 이제 인간의 일자리를 '대체'하는 것을 넘어, '협력하고 증강'하는 방향으로 발전하고 있다. 이는 로봇 산업의 가장 큰 성장 잠재력이다.

협업 로봇의 발전과 스마트 제조

협업 로봇은 인간 작업자와 안전하게 작업하도록 설계됐다. 이들은 인간이 하기 힘든 반복적이거나 위험한 작업, 또는 정밀한 조립 작업을 보조하며 인간의 노동 효율을 극대화한다. 아우디(Audi)나 BMW 같은 자동차 제조사들은 이미 조립 라인에 협업 로봇을 투입해 인간 작업자와 나란히 작업하면서 높은 유연성과 생산성을 동시에 달성하고 있다.

BMW의 레겐스부르크 공장에서는 인간과 코봇이 도어 패널을 함께 조립한다. 코봇이 무거운 패널을 들어 올려 제자리에 고정하면, 인간 작업자가 볼트를 조인다. 작업자는 무거운 것을 들 필요가 없어 피로와 부상이 줄고, 코봇은 정밀한 위치 결정으로 품질을 높인다. 생산성은 20% 향상되고, 작업자 만족도도 올라간다.

아우디는 더 나아가 '로봇 택시' 시스템을 도입했다. AGV(자동 무인 운반차)가 부품을 실은 코봇을 작업자 옆으로 운반한다. 코봇은 필요한 부품을 작업자에게 건네주고, 완성품을 받아 다음 공정으로 옮긴다. 작업자는 한자리에 서서 조립에만 집중한다. 걷거나 부품을 찾는 시간이 제로가 되어 생산성이 급증한다.

전자제품 조립에서도 코봇이 활약한다. 스마트폰은 수백 개의 미세한 부품으로 구성된다. 정밀한 조립이 필요하지만, 반복적이라 지루하다. 코봇은 0.01mm 정확도로 부품을 배치하고, 인간은 최종 검수와 문제 해결을 담당한다. 폭스콘은 아이폰 조립 라인에 수만 대의 코봇을 배치해 인건비를 30% 절감했다.

중소기업도 코봇을 활용한다. 과거에는 산업용 로봇이 수억 원대여서 대기업만 구매할 수 있었다. 하지만 코봇은 3,000~5,000만 원대로 저렴하고, 설치와 프로그래밍이 쉬워 중소기업도 도입한다. 독일의 한 빵집은 코봇으로 반죽을 모양 틀에 넣는 작업을 자동화해, 직원은 창의적인 디자인과 고객 응대에 집중한다.

코봇의 경제학은 명확하다. 초기 투자 비용을 약 2년 만에 회수한다. 그 이후는 순이익이다. 게다가 코봇은 24시간 작동 가능하고, 휴가나 병가가 없으며, 실수율이 극히 낮다. 인건비가 상승하는 선진국에서는 코봇 도입이 필수가 되고 있다.

엑소스켈레톤의 대중화

로봇은 인간의 신체에 착용되어 힘과 지구력을 증강시킨다. 제너럴 모터스(GM), 포드(Ford) 같은 제조사들은 중량물을 쉽게 들거나, 장시간 불편한 자세로 작업해야 하는 작업자를 위해 착용형 외골격 로봇을 도입해 작업자의 부상을 줄이고 생산성을 높이고 있다. 이는 로봇을 인간 능력의 확장 도구로 활용하는 새로운 패러다임이다.

엑소스켈레톤(Exoskeleton : 외골격 로봇)은 SF 영화에서나 보던 '파워 수트'의 현실판이다. 착용자의 근력을 몇 배로 증강시켜, 무거운 물건을 가볍게 들고, 먼 거리를 지치지 않고 걷게 한다. 초기에는 군사용으로 개발됐지만, 이제는 산업 현장, 의료, 물류 등으로 확산되고 있다.

포드의 미시간 공장에서는 작업자들이 에코슈트(EksoVest)를 착용한다. 어깨와 팔을 지지하는 외골격으로, 머리 위로 팔을 올리는 작업을 보조한다. 자동차 조립에서는 천장에 부품을 설치하는 작업이 많은데, 팔을 오래 들고 있으면 어깨가 아프다. 에코슈트는 팔의 무게를 최대 7kg까지 지탱해, 작업자가 피로 없이 작업할 수 있게 한다. 근골격계 질환이 60% 감소했다.

GM은 로보글로브(RoboGlove)를 개발했다. NASA와 공동 개발한 이 장갑은 손의 악력을 증강시킨다. 하루 종일 공구를 쥐고 작업하면 손이 아프고 힘이 빠진다. 로보글로브는 센서가 쥐는 동작을 감지하면 모터가 작동해 악력을 보조한다. 작업자는 평소 힘의 절반만 들여도 같은 작업을 할 수 있다. 손목터널증후군 같은 직업병이 급감한다.

물류 창고에서도 엑소스켈레톤이 도입된다. DHL(독일 특송/택배업체)은 작업자에게 허리 지지 외골격을 제공한다. 하루 수백 개의 택배 상자를 들고 나르는 작업은 허리에 큰 부담을 준다. 외골격은 허리를 지지하고, 물건을 들 때 다리 힘으로 전환해 허리 부담을 70% 줄인다. 작업자는 더 오래, 더 안전하게 일할 수 있다.

건설 현장에서는 전신 외골격이 사용된다. 일본의 사키야마는 작업자가 100kg 자재를 들고 계단을 오를 수 있게 하는 파워 재킷을 개발했다. 고령화로 건설 인력이 부족한 일본에서, 60대 작업자도 외골격을 착용하면 30대처럼 일할 수 있다. 이는 노동력 부족 문제의 해법이다.

의료 재활에서 엑소스켈레톤은 기적을 만든다. 척수 손상으로 하반신이 마비된 환자도 외골격을 착용하면 걸을 수 있다. 리워크(ReWalk), 에코소(Ekso) 같은 의료용 외골격은 환자의 다리에 착용되어, 센서가 상체 움직임을 감지하면 다리를 움직여준다. 휠체어에서 벗어나 서서 걷는 것은 환자에게 엄청난 심리적, 신체적 혜택을 준다. 혈액 순환이 개선되고, 골다공증이 예방되며, 자존감이 회복된다.

군사용 엑소스켈레톤도 발전하고 있다. 미군의 TALOS(전술 돌격 경량 작전 수트)는 병사를 '슈퍼 솔저'로 만든다. 방탄 외골격에 증강현실 헬멧, 생체 센서, 통신 장비가 통합된다. 병사는 90kg 장비를 메고도 빠르게 달리고, 부상을 실시간으로 모니터링하며, 전술 정보를 시야에 표시한다.

엑소스켈레톤의 미래는 '보이지 않는 로봇'이다. 지금은 외부에 부착하는 구조지만, 미래에는 의복에 통합된다. 스마트 섬유에 인공 근육을 짜 넣어, 겉보기에는 평범한 작업복이지만 입으면 힘이 세진다. 이는 일상생활에서도 사용 가능하다. 노인이 계단을 오르거나, 쇼핑백을 들 때 자연스럽게 보조받는다. 로봇과 인간의 경계가 사라지는 것이다.

'움직이는 지능' 시대의 부의 공식

로봇 융합은 물리적 세계에서 가치를 창출하는 가장 직접적이고 강력한 수단이며, 새로운 경제 모델을 낳고 있다.

서비스 로봇의 구독 경제

미래의 부는 로봇 '판매'보다 로봇이 제공하는 '서비스'에서 나올 것이다. RaaS(RaaS, Robotics-as-a-Service) 모델은 기업이나 개인이 로봇을 구매하는 대신, 로봇의 작업 능력(지능)을 구독료로 지불하게 한다. 물류, 청소, 보안, 심지어 식당 서빙 로봇까지 RaaS 모델로 전환되면서, 로봇 기반의 서비스 플랫폼을 구축하고 선점하는 기업이 미래의 새로운 독점적 위치를 차지하게 될 것이다. 소프트뱅크가 투자하는 서빙 로봇이나, 드론 기반의 자율 감시 서비스 등이 대표적인 RaaS 시장을 형성하고 있다.

RaaS는 로봇 산업의 비즈니스 모델을 근본적으로 바꾼다. 과거에는 로봇을 수억 원에 판매하는 일회성 거래였다. 이제는 월 구독료로 로봇 서비스를 제공하는 지속적 수익 모델이다. 이는 소프트웨어의 SaaS(Software as a Service) 모델을 하드웨어에 적용한 것이다.

고객 입장에서 RaaS는 매력적이다. 초기 투자 부담이 없다. 수억 원짜리 로봇을 살 돈이 없어도, 월 수백만 원이면 사용할 수 있다. 유지보수와 업그레이드도 공급사가 책임진다. 로봇이 고장 나면 즉시 교체해주고, 새로운 기능이 나오면 자동으로 업데이트된다. 마치 넷플릭스처럼 로봇을 '구독'하는 것이다.

기업 입장에서도 이득이다. 일회성 판매보다 장기 구독이 수익성이 높다. 한 번 수억 원을 받는 것보다, 10년간 매달 수백만 원을 받는 게 총액이 크다. 게다가 고객 이탈률이 낮다. 로봇을 업무에 통합하면 쉽게 바꾸기 어렵다. 이는 안정적이고 예측 가능한 수익 흐름을 만든다.

보안 로봇도 RaaS로 제공된다. 나이트스코프(Knightscope)의 자율 보안 로봇은 주차장과 캠퍼스를 순찰한다. 수상한 움직임을 감지하면 경비실에 알리고, CCTV처럼 24시간 녹화한다. 월 구독료는 보안 요원 인건비의 절반이다. 실리콘밸리의 여러 기업이 사용 중이며, 범죄율이 40% 감소했다는 보고도 있다.

농업 RaaS도 등장한다. 드론으로 농약을 살포하거나, 로봇으로 잡초를 제거하는 서비스를 구독한다. 농부는 비싼 농기계를 살 필요 없이, 필요할 때만 로봇 서비스를 이용한다. 수확기에만 수확 로봇을 빌려 쓰고, 나머지 시즌에는 비용이 없다.

RaaS의 핵심은 '데이터'다. 로봇이 고객 현장에서 작동하며 엄청난 데이터를 수집한다. 청소 로봇은 사무실 동선과 사용 패턴을, 보안 로봇은 이상 행동 패턴을, 농업 로봇은 작물 생육 데이터를 축적한다. 이 데이터를 AI로 분석해 서비스를 개선하고, 추가 서비스를 판매한다. 이는 로봇 회사가 단순 제조사에서 데이터 플랫폼 기업으로 진화하는 것을 의미한다.

'물리적 가치 창출'로의 전환

AI, 소재, 로봇의 세 축은 로봇이라는 물리적 실체를 통해 비로소 완성된다. AI가 설계하고 신소재로 만들어진 로봇이 자율적으로 업무를 수행할 때, '지능의 무한 확장'은 비로소 '물리적 가치 창출'로 전환되어 현실 경제에 막대한 파급 효과를 미치게 된다.

디지털 경제는 한계에 봉착했다. 소프트웨어와 AI는 막대한 가치를 창출했지만, 물리적 세계는 여전히 인간 노동에 의존한다. 앱으로 음식을 주문해도, 누군가는 요리하고 배달해야 한다. 온라인 쇼핑이 편해도, 창고에서 상품을 찾아 포장하는 것은 사람이다. 로봇은 이 마지막 마일을 자동화한다.

아마존의 성공은 로봇 물류에 있다. 키바 로봇 시스템으로 창고를 자동화해, 주문부터 출고까지 시간을 75% 단축했다. 이는 당일 배송, 심지어 2시간 배송을 가능하게 했다. 빠른 배송은 고객 만족도를 높이고, 경쟁사를 압도하는 핵심 경쟁력이 됐다. 아마존의 시가총액 성장에 로봇이 결정적 역할을 한 것이다.

제조업에서 로봇은 리쇼어링(reshoring)을 가능하게 한다. 과거 기업들은 인건비가 싼 아시아로 공장을 이전했다. 하지만 로봇으로 자동화하면 인건비가 무관해진다. 본국으로 공장을 다시 가져와도 경쟁력이 있다. 이는 일자리를 되찾고, 공급망을 단축해 리스크를 줄인다. 아디다스는 독일에 '스피드팩토리'를 열어 로봇으로 운동화를 생산한다. 주문부터 생산까지 5시간, 중국 공장은 몇 주 걸린다.

로봇은 새로운 산업을 창출한다. 우주 채굴, 심해 탐사, 극지 연구처럼 인간이 갈 수 없는 곳에서 로봇이 일한다. NASA는 달과 화성 기지 건설에 로봇을 활용할 계획이다. 자율 로봇이 먼저 가서 거주 모듈을 조립하고, 물과 산소를 추출해, 인간이 도착하면 바로 살 수 있게 준비한다.

로봇은 부의 분배 방식도 바꾼다. 로봇이 생산하면 생산성은 높지만, 일자리는 줄어든다. 이는 소득 불평등을 심화시킬 위험이 있다. 해법은 무엇인가? 일부 경제학자들은 로봇세를 제안한다. 로봇으로 얻은 이익에 세금을 매겨, 일자리를 잃은 사람들을 지원하자는 것이다. 또 다른 해법은 로봇 소유의 민주화다. 개인이 로봇 지분을 소유해, 로봇이 일한 수익을 배당받는다. 마치 주식 배당처럼, 로봇 배당이 기본소득이 되는 사회다.

물리적 세계의 재편

로봇은 단순한 제조업의 효율을 높이는 도구를 넘어, 인간의 삶의 방식과 일의 형태를 근본적으로 바꾸는 '움직이는 지능'이다. 로봇의 급격한 가정 및 서비스 시장 침투 속도를 예측하고, 이 융합 시스템을 설계하는 능력이 미래 부를 결정짓는 결정적인 요소가 될 것이다.

우리는 로봇 혁명의 초입에 서 있다. 지금까지의 변화는 시작에 불과하다. 앞으로 10년, 로봇은 공장을 넘어 거리, 사무실, 가정으로 쏟아져

나올 것이다. 자율주행차가 도로를 누비고, 배달 로봇이 문 앞에 음식을 놓고, 간호 로봇이 노인을 돌보는 세상이 온다.

이 변화는 선택이 아닌 필수다. 인구 고령화, 인건비 상승, 위험 작업 증가, 24시간 경제 등 모든 트렌드가 로봇을 요구한다. 로봇 없이는 경쟁할 수 없는 시대가 되고 있다. 기업은 로봇으로 효율을 높이고, 개인은 로봇으로 능력을 증강하며, 사회는 로봇으로 난제를 해결한다.

하지만 장밋빛 미래만 있는 것은 아니다. 일자리 감소, 기술 격차, 보안 위협, 윤리적 딜레마 등 해결해야 할 과제가 산적하다. 로봇이 자율 살상 무기로 쓰이거나, 감시 도구로 악용될 위험도 있다. 인간의 지혜로운 선택이 필요하다.

로봇 시대에 생존하고 번영하려면 무엇이 필요한가?

첫째, 로봇을 두려워하지 말고 활용하라. 로봇은 적이 아니라 도구다. 로봇과 협업하는 법을 배우고, 지능을 나의 생산성을 높이는 지렛대로 삼아야 한다.

둘째, '인간만이 가진 고유한 가치'에 집중하라. 로봇과 AI가 정교한 계산과 반복적인 노동, 심지어 복잡한 데이터 분석까지 대체하는 시대에 인간의 경쟁력은 비정형적인 문제 해결 능력과 공감 능력에서 나온다. 복합적 비판 사고는 데이터가 주지 못하는 맥락을 파악하고, 기술이 가져올 윤리적·사회적 파급력을 고려해 의사결정을 내리는 능력은 여전히 인간의 영역이다. 감성 지능(EQ)과 연결은 로봇이 서비스할 수 있지만, 진심으로 위로하거나 마음을 움직이는 연결은 불가능하다. 돌봄, 예술, 고도의 협상과 같은 분야에서 인간의 가치는 오히려 더 희소해질 것이다.

셋째, 끊임없이 재학습하는 '러닝 어빌리티(Learning Ability)'를 갖춰라. 과거에는 한번 배운 기술로 평생을 살 수 있었으나, 소재와 로봇 기술의 진화 속도는 지식의 유통기한을 극도로 단축시키고 있다. 업스킬링(Upskilling)과 리스킬링(Reskilling)은 현재의 직무가 사라질 것을 격정하기보다, 로봇 시스템을 관리하고 지시하며 그 결과물을 해석하는 새로운 기술을 익히는 데 주저함이 없어야 한다. 융합적 사고는 자신의 전문 분야에 로봇과 소재 지능을 어떻게 접목할지 고민하는 '기술 수용성'이 생존의 핵심이다.

넷째, 기술의 폭주를 막는 '윤리적 가이드라인' 확립에 참여하라. 기술이 강력해질수록 그에 따르는 책임도 커진다. 자율 살상 무기나 감시 체계로의 악용을 막기 위해서는 시민 사회의 감시와 제도적 장치가 필수적이다.

인간 중심의 설계(Human-Centered Design)는 기술의 목적이 자본의 이익을 넘어 인류의 보편적 가치와 안전을 향하도록 끊임없이 목소리를 내야 한다. 디지털 격차 해소는 소재와 로봇 지능이 특정 국가나 기업에 독점되어 '부의 불평등'이 심화되지 않도록, 기술의 혜택을 공유할 수 있는 사회적 합의가 필요하다.

로봇의 지능 위에 인간의 지혜를 얹다

로봇과 소재의 지능화는 거부할 수 없는 도도한 흐름이다. 이 혁명은 인류에게 전례 없는 풍요를 약속하는 동시에, 우리가 지켜온 사회 질서에 근본적인 질문을 던지고 있다. 하지만 역사는 언제나 도구를 잘 다스리는 자가 시대를 주도했음을 보여준다.

결국 로봇 시대의 진정한 승자는 로봇과 경쟁하는 자가 아니라, 로봇이라는 강력한 엔진 위에 '인간의 지혜'라는 핸들을 잡고 미래를 조종하는 사람이 될 것이다. 기술은 우리를 대체하기 위해서가 아니라, 우리가 더 인간다운 삶에 집중할 수 있도록 돕기 위해 존재해야 하기 때문이다.

제2장

왜 지금인가,
속도와 기회

    *

　오래도록 소재 과학(Materials Science)은 인류 문명의 척도이자, 동시에 가장 느리고 고된 인내와 시행착오의 영역이었다. 인류가 새로운 시대를 열 때마다 그 중심에는 철(Iron), 실리콘(Silicon)과 같은 혁신적인 물질이 있었지만, 그 발견과 상용화에는 천문학적인 시간과 비용이 소모됐다. 실제로 새로운 물질 하나를 실험실에서 개발해 대량 생산이 가능한 수준으로 끌어올리는 데 평균 10년이 넘는 시간이 필요했다. 이 시간을 소재 과학계에서는 '10년의 벽'이라고 불렀다. 이 벽은 단순히 물리적인 한계를 넘어, 혁신의 속도를 가로막는 거대한 장애물이자, 막대한 비용이 드는 비효율의 상징이었다.

　그러나 지금, 우리는 인공지능이라는 강력한 지능 엔진이 이 굳건했던 10년의 벽을 무너뜨리는 역사적인 순간을 목격하고 있다. AI는 단순히 데이터를 분석하는 보조 도구를 넘어, 이제는 화학 공식을 재정의하고, 복잡한 실험 과정을 완전히 자동화하며, 소재 발견의 속도를 퀀텀 점프(Quantum Jump)시키는 '속도의 마법'을 부리고 있다. AI와 소재 과학의 융합은 미래 산업의 판도를 가장 근본적인 수준에서 변화시키고 있으며, 이 장에서는 이 혁명이 어떻게 미래 부의 지도를 새롭게 그리고 있는지 심층적으로 탐구한다.

AI가 화학 공식을 다시 쓰고 있다

소재 과학에서 AI의 역할은 단순히 데이터를 처리하는 보조자가 아니라, '창조적인 발견자'이자 '만능의 연금술사'다. AI는 인간 과학자가 평생을 바쳐도 시도할 수 없는 수백만 가지의 조합과 변수를 순식간에 탐색하며, 미지의 화학 공간을 밝혀내는 혁명적인 도구로 진화하고 있다.

경험주의에서 지능 기반 예측 설계로

AI의 도입은 소재 개발의 패러다임을 '경험주의(Empiricism)'에서 '지능 기반 예측 설계(Intelligent Predictive Design)'로 근본적으로 전환시켰다. 이 패러다임 전환은 세 가지 핵심 메커니즘을 통해 작동한다.

재료 게놈 이니셔티브의 완성

미국을 중심으로 시작된 재료 게놈 이니셔티브(Materials Genome Initiative, MGI)는 모든 소재의 물성 데이터를 디지털화하고 데이터베이스를 구축하려는 거대한 프로젝트였다. MGI는 AI, 특히 딥러닝 알고리즘이 방대한 데이터(물성, 구조, 제조 공정)를 해석하고 활용하는 능력을 갖추게 되면서 비로소 실질적인 가치를 창출하게 됐다. AI는 원하는 목표 물성(예 : 특정 온도에서의 초전도성)을 입력하면, 기존 데이터의 패턴과 숨겨진 상관관계를 분석해 가장 유망한 화학 조성과 구조를 예측해

낸다. 이는 '바늘 찾기' 식의 실험을 'AI 내비게이션'으로 대체한 것이다.

컴퓨팅 화학의 초월적 가속화

소재의 특성을 예측하는 데 사용되는 양자역학 기반의 복잡한 밀도 범함수 이론(DFT) 계산은 과거 슈퍼컴퓨터로도 며칠, 심지어 몇 주가 걸리던 작업이었다. AI는 이 복잡한 계산의 일부를 신경망 모델(Neural Network)로 근사(approximation)해 처리 속도를 수백 배 이상 가속화했다. 즉, AI는 신경망 기술로 복잡한 계산을 빠르게 처리해 속도를 수백 배 이상 끌어올릴 수 있었다. 이에 따라 과학자들은 소재의 원자 단위 움직임을 실시간에 가깝게 시뮬레이션하며, AI가 화학 공식을 '시뮬레이션'하고 '최적화'하는 새로운 능력을 획득했음을 입증했다.

생성형 AI의 확장

최근 주목받는 생성형 AI(Generative AI) 기술이 소재 과학에도 적용되고 있다. 그래프 뉴럴 네트워크(GNN : Graph Neural Network)와 같은 AI 모델은 기존 데이터에 없는 완전히 새로운 분자 구조나 결정 구조를 '창조적으로 제안'한다. 즉, AI는 단순히 기존 데이터를 분석하는 데 그치지 않는다. 완전히 새로운 분자 구조와 결정 구조를 창의적으로 제안하며, 인간 연구자가 미처 생각하지 못한 가능성을 열어준다. 이는 인간 과학자의 직관만으로는 상상할 수 없었던 미지의 소재 공간을 탐색하게 해, 진정한 '퀀텀 점프'를 가능하게 한다.

AI가 미지의 소재를 현실화하다

글로벌 기업과 연구기관들은 AI를 통해 기존의 상식을 깨는 신소재를 발굴하며 미래 산업의 헤게모니를 확보하고 있다.

구글 딥마인드와 220만 개 신소재 예측

구글 딥마인드는 머티리얼스 프로젝트의 데이터를 활용해 GNN 알고리즘을 훈련시켰고, 220만 개가 넘는 새로운 무기 소재 구조를 예측해 냈다. 이 중에는 열역학적으로 안정적이어서 현실에서 합성 가능성이 높은 38만 개 이상의 후보 물질이 포함되어 있었다. 이는 인간 과학자들이 평생 발견할 수 없는 양이다. 구글은 이 기술을 통해 초전도체나 고효율 리튬 이온 배터리 소재 등 미지의 영역을 탐색하며 미래 에너지 시장을 선점하려는 야심을 드러냈다.

IBM 왓슨과 혁신적인 촉매 발견

IBM은 AI 플랫폼인 왓슨(Watson)을 이용해 고성능의 새로운 촉매 물질을 발견하는 데 성공했다. 왓슨은 수많은 기존 촉매의 반응 경로, 효율, 안정성 데이터를 분석하고 베이즈 최적화(Bayesian Optimization) 기법을 활용해, 특정 화학 반응을 가장 낮은 에너지 소비로 유도할 수 있는 금속 및 화합물의 조합을 제안했다. 이로 인해 화학 제조 공정의 효율성이 크게 개선됐으며, 에너지 소비와 폐기물 발생을 줄이는 지속 가능한 혁신에도 결정적으로 기여하고 있다.

미국 엑손모빌과 공정 최적화

엑손모빌(ExxonMobil)은 AI 기반의 머신 러닝 모델을 사용해 새로운 고분자 복합 소재와 특수 윤활유를 개발하는 데 속도를 내고 있다. 이들은 실험 조건(온도, 압력, 촉매 농도)을 AI가 실시간으로 분석하고 다음 실험을 지시하게 함으로써, 기존 방식으로는 몇 년이 걸릴 테스트 과정을 몇 주 만에 완료하고 있다. 이는 개발 리스크를 최소화하고 시의적절한 신제품 출시를 가능하게 하는 기업의 핵심 경쟁력이다.

'속도 전쟁'의 승패를 가르는 SDL

AI가 촉발한 소재 개발의 퀀텀 점프는 단순히 '발견'에 그치지 않고, '개발-검증-상용화'의 전 과정을 아우르는 SDL 시스템으로 통합되고 있다. 글로벌 기업들은 이 SDL 시스템 구축에 생존 전략을 걸고 있다.

SDL의 유기적 작동 원리

SDL은 AI가 설계한 소재 후보를 로봇 및 고처리량 자동화 장비가 즉시 합성하고 테스트하며, 그 결과를 다시 AI 모델에 피드백하는 폐쇄 루프(Closed-Loop) 시스템이다. 인간의 개입을 최소화해 24시간 내내 실험을 진행할 수 있으며, 인간 오류를 제거하고 오류율을 극적으로 낮춘다. 이는 연구 개발의 효율성을 이전과는 비교할 수 없는 수준으로 끌어올린다.

경쟁 우위 확보

시간은 곧 돈이다. 글로벌 선두 기업들은 이 SDL 시스템 구축에 막대한 자원을 투자하며 '시간 단축'을 핵심 목표로 삼고 있다. AI가 하루에 수백 개의 가상 실험을 진행하고, 로봇이 수백 개의 실제 실험을 병렬적으로 수행함으로써, 경쟁사보다 10배 빠른 속도로 신소재를 시장에 출시할 수 있는 압도적인 경쟁 우위를 확보하게 된다. 미래 소재 시장은 이제 누가 더 정교하고 빠른 SDL 시스템을 갖췄는지에 따라 승패가 갈리는 '속도 전쟁'의 장이 됐다.

핵심 산업의 근간을 장악해야 한다. AI 기반 소재 혁신은 차세대 배터리, 고효율 반도체, 초고강도 항공우주 소재, 바이오 소재 등 전략적 핵심 산업의 근간을 바꾼다. 이 소재를 선점하는 기업은 관련 완성품 시장(전기차, AI 칩, 첨단 의료기기) 전체를 지배할 수 있는 핵심 치트키를 얻게 되는 것이다. 예를 들어, 배터리 수명을 2배로 늘리는 신소재를 AI로 먼저 발견한다면, 그 기업은 순식간에 글로벌 전기차 시장의 주도권을 거머쥐게 된다.

에너지 혁명의 가속페달, 배터리 수명을 10배 늘리는 AI

AI가 소재 개발의 '10년의 벽'을 무너뜨리는 가장 극적인 분야는 바로 에너지 저장 시스템(ESS), 특히 차세대 배터리 분야다. 리튬이온 배터리가 모빌리티와 전력망의 혁명을 이끌고 있지만, 충전 속도, 에너지 밀도, 그리고 무엇보다 안전성이라는 근본적인 한계에 직면해 있다. AI는 이 모든 난제를 해결하고, 배터리 수명을 획기적으로 연장하며 '에너지 혁명의 가속페달'을 밟고 있다.

배터리 개발의 '블랙박스'를 해독하는 AI

기존의 배터리 개발은 전극 물질, 전해질, 분리막 등 복잡한 요소 간의 미묘한 상호작용을 예측하기 어려워 '블랙박스'와 같았다. AI는 이 블랙박스를 해독하는 핵심 열쇠다.

배터리 열화(Degradation) 예측의 초월이다. 배터리 수명은 충전 및 방전 과정에서 발생하는 물리적·화학적 열화 현상에 의해 결정된다. AI는 수천만 개의 충방전 사이클 데이터를 분석하고, 머신 러닝 모델을 통해 전극의 미세 균열, 비활성 리튬 생성 등의 열화 메커니즘을 인간 과학자보다 훨씬 정확하게 예측한다. 이 예측을 통해 연구자들은 열화 속도가 가장 느린 최적의 소재 조합을 효율적으로 찾아낼 수 있다.

전고체 배터리 난제 해결

차세대 배터리의 '꿈의 소재'인 전고체 배터리(All-Solid-State Battery)는 액체 전해질 대신 고체 전해질을 사용해 폭발 위험이 없고 에너지 밀도가 높다. 하지만 고체 전해질과 전극 사이의 접촉 저항(계면 저항)이 높고, 리튬 이온이 고체 전해질을 뚫고 성장하는 '덴드라이트(Dendrite)' 문제가 상용화를 가로막았다. AI는 이 복잡한 고체-고체 계면의 상호작용을 원자 단위에서 시뮬레이션하고, 덴드라이트 성장을 억제하는 최적의 계면 소재 및 구조를 설계해 난제를 해결하는 데 결정적인 역할을 한다.

AI가 배터리 성능을 기적적으로 높이다

글로벌 기업들은 AI를 통해 배터리 개발 속도를 높일 뿐만 아니라, 이미 생산된 배터리의 효율까지 극대화하고 있다.

1. 테슬라와 배터리 수명 예측

테슬라는 수백만 대의 차량에서 수집되는 방대한 주행 및 충전 데이터를 AI로 분석해, 개별 배터리 팩의 잔존 수명과 성능 저하 속도를 실시간으로 예측한다. 이 예측을 통해 충전 속도와 방전 깊이를 개별적으로 최적화해, 배터리 수명을 제조사가 보장하는 수준 이상으로 연장한다. AI는 제조 단계뿐만 아니라 사용 단계에서도 배터리 성능을 지속적으로 향상시키는 것이다.

2. MIT와 초고속 충전 알고리즘

MIT와 BMW의 협력 연구에서는 AI 강화 학습을 사용해 배터리의 초고속 충전 알고리즘을 개발했다. AI는 배터리가 손상되지 않는 범위 내에서 가장 공격적인 충전 전략을 스스로 찾아냈는데, 이는 기존의 인간 공학자들이 설정했던 안전 기준보다 훨씬 빠르면서도 배터리 수명에 악영향을 미치지 않았다. 이로써 배터리 수명을 10년 이상 유지하면서 10분 만에 80% 충전이 가능한 기술적 돌파구가 마련됐다.

3. 리튬-황 배터리 혁신

기존 리튬이온 배터리의 한계를 넘어서기 위해 리튬-황(Li-S) 배터리나 나트륨 이온 배터리 등 차세대 화학 소재들이 연구되고 있다. 미국 Anthro와 같은 스타트업들은 AI 기반의 스크리닝 기술을 활용해, 리튬-황 배터리의 치명적인 문제점(낮은 수명)을 해결할 수 있는 새로운 전해질 첨가제를 단 몇 개월 만에 발견하는 성과를 보였다.

AI 기반 배터리 선점의 경제적 가치

배터리 성능은 전기차, 드론, 스마트폰 등 거의 모든 미래 첨단산업의 경쟁 우위를 결정한다. AI 기반의 소재 혁신은 이 시장에서 독점적인 부를 창출하는 핵심 치트키다.

AI는 소재 개발 속도를 가속화할 뿐만 아니라, 제조 공정의 최적화에도 기여한다. LG에너지솔루션, 삼성SDI 등 국내외 배터리 제조사들은 AI를 통해 배터리 셀의 품질을 실시간으로 검사하고, 불량률을 예측해 수율(Yield)을 극대화하고 있다. 이는 막대한 제조 비용을 절감하고 시장 점유율을 확대하는 직접적인 이익으로 연결된다. 또한, AI가 배터리의 정확한 수명을 예측할 수 있게 되면서, 사용 후에도 잔존 가치가 높은 배터리를 에너지 저장 장치나 다른 분야에 재활용(Second Life)하는 비즈니스 모델이 확산된다. AI는 이 배터리의 잔존 가치를 정량화해 거래의 투명성을 높이고, 새로운 순환 경제를 창출하는 핵심 인프라가 된다.

AI는 배터리 개발의 비효율성이라는 거대한 벽을 부수고, 인류가 꿈꾸던 '안전하고 오래가는 고효율 에너지 시대'를 눈앞에 가져왔다. AI를 통해 배터리 수명을 10배 늘리는 것은 단순한 기술적 성과가 아니라, 전기차 시장, 신재생에너지 시장, 그리고 미래 자율 시스템의 경제적 판도를 완전히 뒤바꾸는 대사건이다. AI를 통한 소재 혁신은 곧 미래 부의 가장 큰 원천이 될 것이다.

AI는 소재 개발의 10년 벽을 무너뜨리고, 인류가 다룰 수 있는 물질의 영역을 무한대로 확장시키고 있다. AI의 지능과 로봇의 실행력이 결합된 SDL은 곧 모든 첨단산업 연구 개발의 표준이 될 것이다. 속도가 곧 혁신이고, 혁신이 곧 부(Wealth, 富)인 시대에, AI를 통한 소재 혁신은 가장 확실한 미래의 투자처이자, 경쟁 우위를 점할 수 있는 핵심 전략이다.

제조 혁신의 '골든 타임' 단축

소재 과학의 '10년의 벽'이 무너지는 현상은 비단 첨단 배터리 개발에만 머무르지 않는다. 이 혁명은 곧 제조 산업 전체의 혁신 속도를 재정의하는 거대한 파동이다. 전통적인 제조 공정에서 신소재를 제품에 도입하는 것은 늘 가장 큰 병목 현상(Bottleneck)이었다. 아무리 획기적인 물질이라도, 수많은 변수(온도, 압력, 습도, 공정 순서)하에서 그 안정성, 내구성, 가공 적합성을 검증하는 데 수개월에서 수년이 소요됐다. 이 지난한 검증 기간이 바로 '제조 혁신의 골든 타임'을 갉아먹는 결정적인 장벽이었다.

그러나 이제, AI 기반의 초정밀 시뮬레이션 기술이 이 골든 타임을 하루 만에 테스트할 수 있는 '디지털 타임 워프(Time Warp)' 시대로 우리를 인도하고 있다. AI는 가상의 디지털 환경에서 물질의 생애주기 전체를 오차 없이 모사하며, 제조 혁신의 속도를 인간의 예측 범위를 넘어선 수준으로 끌어올리고 있다.

물리 법칙을 학습한 AI의 '디지털 연금술'

AI 기반의 시뮬레이션 혁명은 단순히 컴퓨터 성능 향상이 아니다. 이는 AI가 물리 법칙과 화학 반응을 스스로 학습하고 이를 디지털 공간에서 구현하는 '디지털 연금술'에 가깝다. AI는 가상 세계에서 미지의 물질을 합성하고, 극한의 스트레스를 가해 그 반응을 관찰한다.

뉴턴의 법칙을 넘어선 예측

과거의 시뮬레이션은 복잡한 수치 모델(유한 요소법 등)에 의존했지만, 이는 컴퓨팅 자원과 복잡성 때문에 늘 완벽할 수 없었다. 하지만 머신 러닝 모델이 수십 년간 축적된 실험 데이터와 양자역학 기반의 밀도 범함수 이론 계산 결과를 학습하면서, AI는 이제 특정 소재가 미지의 환경에서 어떻게 거동할지를 인간의 직관을 넘어 예측할 수 있게 됐다. AI는 수많은 시뮬레이션 결과와 실제 실험 데이터를 결합해, 가장 정확한 예측 함수를 스스로 만들어낸다.

디지털 트윈 소재

AI는 특정 소재의 원자 구조, 미세 조직, 그리고 제조 공정 변수를 결합해 가상 환경에 소재의 완벽한 디지털 복제본을 만든다. 이 '디지털 트윈 소재(Digital Twin of Materials)'는 현실의 소재와 동일하게 거동한다. 이 복제본을 활용하면 극한의 고온, 고압, 반복적인 충격 등 실제 실험에서 구현하기 어렵거나 위험한 조건을 가상으로 즉시 적용해볼 수 있다. 이는 소재의 취약점과 잠재적인 성능 한계를 실시간으로 진단해, 수개월이 걸리던 테스트 과정을 단 몇 시간으로 단축시킨다. 이 기술의 핵심은 GPU 기반의 고성능 컴퓨팅을 활용해 시뮬레이션의 속도를 극적으로 높이는 데 있다.

제조 현장에 도입된 '가속 검증' 기술

글로벌 기업들은 이 AI 기반 시뮬레이션을 통해 경쟁사보다 압도적인 속도로 신제품을 출시하며 시장 선점의 우위를 차지하고 있다. 이들은 신소재의 도입 리스크를 최소화하며 혁신을 가속하고 있다.

GE와 항공우주 소재의 가상 검증 – 목숨을 건 테스트의 디지털화

제너럴 일렉트릭(GE)의 항공 부문은 제트 엔진에 사용되는 초합금 소재의 개발 기간을 획기적으로 줄이는 데 AI 시뮬레이션을 활용한다. AI는 소재가 터빈의 극한 고열(1,500℃ 이상)과 초고속 회전 환경에서 미세한 균열이 발생하거나 피로가 누적되는 시점을 정확히 예측한다. 과거에는 수천 시간의 비행 및 엔진 테스트를 거쳐야 확인 가능했던 안전성과 내구성을 AI가 하루 만에 가상 시뮬레이션으로 검증하면서, 신소재 기반 엔진 부품의 개발 기간을 40% 이상 단축시켰다. 이는 막대한 비용 절감뿐만 아니라 안전성 확보라는 두 마리 토끼를 잡은 것이다.

BMW와 자동차 부품의 충돌 시뮬레이션 – 프로토타입 없는 신차 개발

BMW는 차체에 적용되는 경량 복합 소재의 충돌 안전성을 검증하는 데 AI 시뮬레이션을 사용한다. AI는 수백만 개의 충돌 시나리오와 소재의 변형 데이터를 학습해, 소재의 배합을 미세하게 변경했을 때 차량의 안전성(예 : 충격 에너지 흡수율)이 어떻게 달라지는지를 예측한다. 이를 통해 실제 수백 대의 고가 프로토타입 제작 없이도 최적의 소재 배합을 찾아낸다. 덕분에 신차 개발 주기를 단축하고, 경쟁이 치열한 전기차 시장에서 신모델 출시 경쟁의 우위를 점하고 있다.

삼성과 반도체 공정 시뮬레이션 – 수율의 마법

반도체 제조 공정은 수많은 화학 물질과 물리적 공정이 얽혀 있는 초복잡계다. 삼성전자와 같은 선두 기업들은 AI 기반의 시뮬레이션을 통해 노광 공정(Lithography) 중 발생하는 미세한 오류나, 새로운 화학 물질 도입 시의 수율 변화를 예측한다. 흥미로운 점은 AI가 예측한 최적의 공정 변수를 적용하면, 수십억 원이 드는 시험 생산 과정을 줄이고, 공정 변수를 실시간으로 미세 조정해 반도체 미세화 경쟁에서 발생하는 비용과 시간을 혁신적으로 절감한다는 것이다.

AI 시뮬레이션이 창출하는 독점적 가치

AI 시뮬레이션은 더 이상 연구 개발(R&D) 부서의 보조 도구가 아니라, 기업의 생존과 미래 부를 결정짓는 핵심 전략 인프라다. 이는 기업에 다음의 독점적 가치를 제공한다.

최적화된 제조 공정의 '디지털 레시피' 독점

AI는 신소재뿐만 아니라 그 소재를 다루는 최적의 제조 공정 레시피까지 제공한다. 예를 들어, 특정 온도에서 3D 프린팅을 할 때 발생할 수 있는 내부 결함을 AI가 예측하고, 이를 방지하기 위한 정확한 온도 제어 프로파일을 시뮬레이션으로 도출해낸다. 이는 불량률을 극적으로 낮추고 제조 수율을 극대화해 기업의 이익을 직접적으로 증대시키는 경쟁사의 모방 불가능한 노하우가 된다.

개발 리스크와 비용의 혁신적 제거

신소재 개발에서 가장 큰 리스크는 '실패 확률'과 '막대한 자금 투입'이다. AI 시뮬레이션은 실패할 가능성이 높은 소재 조합을 사전에 필터링해, 연구 자원을 가장 유망한 후보군에 집중할 수 있게 한다. 이는 R&D 투자 대비 수익률(ROI)을 비약적으로 높여, 기업의 재무 건전성과 미래 성장 동력을 확보하는 핵심 수단이다. 개발 실패 리스크가 낮아지면서 더욱 과감하고 혁신적인 소재에 도전할 수 있는 기반이 마련된다.

자율 생산 공정의 완성 : 로봇이 AI의 설계도를 현실로 찍어내는 법

소재 과학의 '10년의 벽'을 부수고, AI가 '디지털 연금술'로 신소재를 설계하고 검증했다면, 이제 이 지능적인 설계를 현실 세계에서 오차 없이 구현할 차례다. 이 임무는 로봇 융합과 자율 시스템의 몫이다. AI의 지능을 물리적 현실로 옮기는 '실행 엔진'인 로봇은, 신소재를 대량 생산하는 공정 전체를 자율적으로 관리하고 최적화하며 '자율 생산 공정(Autonomous Manufacturing System)'을 완성하고 있다. 이 융합이야말로 AI, 소재, 로봇 세 축의 궁극적인 시너지가 발현되는 지점이며, 미래 제조업의 표준이 될 것이다.

로봇과 AI의 통합 지능

자율 생산 공정은 로봇이 단순히 프로그래밍된 작업을 반복하는 자동화(Automation)를 넘어, AI를 통해 자율적인 의사결정 능력을 갖춘 지능화 단계로 진화했음을 의미한다.

1. 실시간 학습과 최적화

AI는 제조 과정에서 발생하는 모든 데이터(온도, 압력, 진동, 불량률)를 실시간으로 분석하고, 이 데이터를 바탕으로 로봇의 작업 경로, 속도, 심지어 사용하는 도구까지 즉각적으로 수정한다. 예를 들어, 고성능 복합 소재를 3D 프린팅할 때, AI는 레이저의 출력 강도나 소재 공급 속도에 미세한 문제가 감지되면, 로봇에게 즉시 수정 명령을 내려 불량 발생을 사전에 차단한다. 이는 인간 작업자가 할 수 없는 초정밀 제어를 가능하게 한다.

2. 유연 생산 시스템의 완성

과거의 공장은 하나의 제품만 대량으로 찍어내는 경직된 시스템이었다. 하지만 AI와 로봇이 융합된 자율 공정은 소프트웨어 정의(Software-Defined) 방식으로 작동해, 다품종 소량 생산에 유연하게 대응한다. AI가 새로운 제품 설계도와 신소재 정보를 입력받으면, 로봇들이 스스로 작업 순서와 도구를 재구성해 단 몇 분 만에 생산 라인을 전환한다. 이는 '맞춤형 대량 생산(Mass Customization)' 시대를 현실화하는 핵심 기술이다.

신소재를 대량 생산하는 자율 공장

글로벌 제조 대기업들은 AI와 로봇을 결합해 신소재 기반 제품의 생산 효율을 극대화하는 자율 공장(Dark Factory) 건설에 박차를 가하고 있다.

1. 폭스바겐과 AI 기반 도장 공정

폭스바겐(Volkswagen)은 자동차 도장 공정에 AI와 로봇을 적극적으로 활용한다. AI는 차체 재질(복합 소재 또는 금속)과 도료의 점도, 주변 환경(온도, 습도)을 실시간으로 분석해, 로봇 팔의 분사 각도, 속도, 그리고 도장 두께를 미세하게 조정한다. 이는 균일한 품질을 확보하고 도료 낭비를 최소화하며, 신소재 차체에도 완벽한 도장 품질을 구현해 품질 관리의 '골든 타임'을 획기적으로 단축시킨다.

2. 테슬라와 기가팩토리의 자율 물류 로봇

테슬라의 기가팩토리는 AI 기반의 자율 생산의 대표적인 사례다. 공장 내 물류는 인간의 개입 없이 AI가 경로를 최적화하는 수많은 자율 이동 로봇(AMR, Autonomous Mobile Robot)에 의해 처리된다. 이 로봇들은 새로 개발된 배터리 셀이나 초경량 부품을 정확한 시간에 정확한 위치에 공급해, 지능적인 적시 생산(JIT, Just-In-Time) 시스템을 완성한다. 이 시스템은 신소재 부품 공급 과정의 지연을 제거해 생산 속도를 기하급수적으로 높인다.

3. SK하이닉스의 무인 반도체 생산

반도체 제조 공정은 수많은 로봇과 자동화 장비로 이루어져 있으며, 특히 신소재 기반의 첨단 메모리 칩 생산에서 극도의 정밀도를 요구한다. SK하이닉스와 같은 선두 기업들은 AI 기반으로 웨이퍼 이송 로봇의 움직임을 제어하고, 공정 환경을 초정밀하게 모니터링해 미세한 불량 요인까지 사전에 감지하고 로봇에게 수정 작업을 지시한다. 이는 사람이 없는 상태에서도 신소재 기반 칩의 초고도화된 수율을 보장한다.

자율 생산 공정이 창출하는 미래 부의 독점

자율 생산 공정은 단순히 인건비를 절감하는 수준을 넘어, 미래 첨단 소재 시장의 지배력을 확보하는 결정적인 수단이다.

1. 신소재 상용화 속도의 독점

AI가 설계하고 로봇이 생산하는 자율 공정을 갖춘 기업은 경쟁사보다 압도적으로 빠르게 신소재 기반 제품을 대량 생산할 수 있다. 예를 들어, 경쟁사가 1년 동안 수율을 잡지 못하는 전고체 배터리 신공정을 AI와 로봇이 3개월 만에 안정화시킬 수 있다면, 이는 시장에서의 독점적인 지위로 직결된다. '속도'가 곧 '규모의 경제'를 결정짓는 핵심 변수가 된 것이다.

2. 위험 최소화와 품질 안정화

신소재를 대량 생산할 때 발생하는 가장 큰 위험은 초기 불량률이다. 자율 생산 공정은 AI를 통해 모든 변수를 통제하고 로봇의 정밀도를 활용해, 신소재 도입 초기부터 극도의 품질 안정성을 확보한다. 이는 기업의 시장 신뢰도를 높이고, 막대한 초기 손실을 방지하는 핵심적인 가치를 제공한다.

3. RaaS로의 전환

자율 생산 공장의 핵심 로봇 기술과 AI 제어 시스템 자체가 새로운 서비스 상품이 될 수 있다. 로봇과 AI 시스템을 통해 특정 신소재 가공 서비스를 다른 기업들에 제공하는 RaaS(Robotics-as-a-Service) 비즈니스 모델이 확산되며, 이는 제조 설비의 새로운 수익 창출원이 된다.

로봇 융합과 자율 시스템은 AI의 지능을 물질에 각인하고 대량으로 복제하는 '현실화 장치'다. 신소재를 하루 만에 테스트하고, 그 테스트를 기반으로 로봇이 자율적으로 공정을 제어하는 시스템이야말로 AI, 소재, 로봇 융합의 완성이다. 이 자율 생산 공정을 선점하는 기업은 미래 제조업을 지배하고, 부의 독점적인 흐름을 창출하게 될 것이다.

'속도' 자체가 진입 장벽이다. AI 시뮬레이션 기술을 선점한 기업은 경쟁사가 접근할 수 없는 독점적인 '가상 검증 능력'을 보유하게 된다. 이는 경쟁사가 10년 걸려 검증할 소재를 하루 만에 통과시켜 시장에 내놓을 수 있음을 의미하며, 미래 첨단 소재 시장의 독점적 지위를 구축하는 결정적인 치트키다. 소재의 라이프사이클을 단축하는 '속도의 마법'은 곧 시장 선점과 부의 독점을 의미한다.

AI 기반의 초정밀 시뮬레이션은 소재 혁신의 '골든 타임'을 단축하고, 제조 혁신의 속도를 인류 역사상 유례없는 수준으로 끌어올리고 있다. AI, 소재, 로봇의 융합은 가상(시뮬레이션)과 현실(제조)의 경계를 허물며, 디지털 공간에서 검증된 미래 소재를 현실로 빠르게 소환하고 있다. 이 '속도의 마법'을 이해하고 활용하는 기업만이 다가오는 제조 대혁명 시대의 진정한 승자가 될 것이다.

돈이 되는 미래 소재 투자 포트폴리오

AI의 '속도의 마법'은 이제 미래 부의 지점을 명확히 알려주고 있다. 소재 혁신은 단순한 과학적 성취를 넘어, 수십 년간 인류가 직면했던 가장 큰 문제, 즉 기후 위기와 고령화를 해결하는 궁극적인 투자 포트폴리오가 됐다. 돈이 되는 소재는 더 이상 전통적인 금속이나 플라스틱이 아니다. 그것은 지속 가능한 에너지 혁명과 바이오 헬스케어 혁명을 이끌어갈 '전략적 핵심 물질'이며, AI의 초고속 발견 능력 덕분에 그 가치가 기하급수적으로 증폭되고 있다. 미래를 선점하고자 하는 투자자라면, 이 두 가지 핵심 분야를 관통하는 미래 소재의 흐름을 놓쳐서는 안 된다.

지속 가능 에너지 혁명-효율과 안전성을 극대화하는 소재

기후 변화 대응과 에너지 안보는 인류가 당면한 최대 과제이며, 그 해결책은 궁극적으로 소재 혁신에 달려 있다. AI는 이 분야의 '게임 체인저'를 발굴하며 투자 기회를 창출하고 있다. 2050년 탄소 중립 목표를 달성하기 위해서는 전 세계적으로 150조 달러 이상의 투자가 필요하며, 그 중심에는 반드시 혁신적인 에너지 소재가 자리 잡고 있다.

차세대 배터리 소재 : 리튬 이온을 넘어선 주도권 경쟁

전기차(EV)와 대규모 에너지 저장 시스템 시장의 폭발적인 성장은 더 안전하고, 더 오래가며, 더 빨리 충전되는 배터리 소재에 대한 수요를 낳았다. 2030년까지 글로벌 배터리 시장은 4,000억 달러 규모로 성장할 것으로 예측되며, 이 시장을 지배하는 것은 결국 소재 기술이다.

전고체 배터리의 고체 전해질 : 안전성의 혁명

기존 액체 전해질의 폭발 위험과 낮은 에너지 밀도를 해결할 '꿈의 배터리'는 전고체 배터리다. 여기서 핵심은 고체 전해질이다. AI는 수백만 개의 이온 전도성 고체 후보 물질을 시뮬레이션해, 초고속으로 리튬 이온을 이동시키면서도 화학적으로 안정적인 최적의 고체 세라믹 또는 고분자 소재를 찾고 있다.

일본의 토요타(Toyota)는 고체 전해질 분야에서 독보적인 특허를 보유하고 있으며, 2027년 상용화를 목표로 하고 있다. 미국의 스타트업 퀀텀스케이프(QuantumScape)는 AI 기반 시뮬레이션을 통해 계면 저항 문제를 해결할 새로운 고체 소재를 개발하며 수조 원대의 기업 가치를 인정받았다. 이들 기업이 고체 전해질 상용화에 성공하는 순간, 기존 리튬이온 배터리 시장은 순식간에 재편될 것이다.

전고체 배터리의 가장 큰 장점은 안전성이다. 액체 전해질은 고온에서 쉽게 발화하지만, 고체 전해질은 불연성이어서 화재 위험이 거의 없다. 또한 에너지 밀도를 현재보다 2배 이상 높일 수 있어, 전기차의 주행거리를 획기적으로 연장할 수 있다. 현재 평균 400~500km인 전기차 주행거리가 1,000km를 넘어서는 순간, 내연기관차는 완전히 시장에서 밀려날 것이다.

AI가 전고체 배터리 개발에 기여하는 방식은 놀랍다. 전통적 방법으로는 고체 전해질 후보 물질 하나를 검증하는 데 수개월이 걸렸지만, AI 시뮬레이션은 이를 며칠로 단축한다. 특히 리튬 이온이 고체 내부를 얼마나 빠르게 이동하는지를 예측하는 '이온 전도도 시뮬레이션'에서 AI의 정확도는 95%를 넘어섰다. 이는 실험실에서 직접 측정한 값과 거의 동일한 수준이다.

투자 관점에서 주목해야 할 기업은 퀀텀스케이프(미국) 외에도 솔리드파워(미국), 삼성SDI(한국), 무라타(일본) 등이 있다. 이들은 각기 다른 고체 전해질 소재(황화물계, 산화물계, 고분자계)를 개발하고 있으며, 누가 먼저 상용화에 성공하느냐에 따라 수백억 달러 시장의 주도권이 결정될 것이다.

나트륨, 칼륨 이온 배터리 소재 : 자원 민주화의 열쇠

리튬 자원의 편중과 가격 변동성 문제를 해결할 대안으로, 나트륨(Sodium)이나 칼륨(Potassium) 같은 저렴한 원소를 활용하는 배터리가 부상하고 있다. AI는 이들 이온의 큰 크기로 인해 발생하는 낮은 에너지 밀도와 짧은 수명을 해결하기 위한 혁신적인 전극 및 활물질 소재를 설계하고 있다. 이들 소재 기술은 자원 순환 경제와 배터리 가격 안정화라는 거대한 경제적 가치를 창출한다.

리튬은 주로 남미(칠레, 아르헨티나, 볼리비아)와 호주에 집중되어 있으며, 정제는 중국이 독점하고 있다. 이러한 공급망 집중은 지정학적 리스크를 키운다. 반면 나트륨은 바닷물에 무한정 존재하며, 칼륨도 전 세계적으로 고르게 분포한다. 나트륨 이온 배터리가 상용화되면, 개발도상국(이하 개도국)도 저렴한 배터리를 확보할 수 있어 전기차와 재생에너지 보급이 크게 가속화될 것이다.

AI는 나트륨 이온 배터리의 가장 큰 약점인 낮은 에너지 밀도를 해결하기 위해, 새로운 양극재와 음극재 조합을 탐색하고 있다. 예를 들어, 중국의 CATL은 AI를 활용해 나트륨 이온 배터리의 에너지 밀도를 160Wh/kg까지 끌어올리는 데 성공했다. 이는 리튬 이온 배터리의 70% 수준으로, 가격이 40% 저렴하다는 점을 고려하면 상당히 매력적인 대안이다.

투자자는 CATL, BYD(중국), 파라디온(Faradion, 영국 기업으로 이후

Reliance Industries에 인수됨), 나트론에너지(Natron Energy, 미국) 같은 기업에 주목해야 한다. 특히 대규모 ESS 시장에서는 에너지 밀도보다 가격과 안전성이 더 중요하기 때문에, 나트륨 이온 배터리가 빠르게 시장을 잠식할 가능성이 높다.

그린 수소 및 태양광 소재 : 효율의 한계를 돌파하다

재생에너지의 효율을 극대화하고, 궁극적인 청정 에너지인 수소 생산 비용을 낮추는 것 역시 소재 기술의 영역이다. 2050년 탄소 중립 시나리오에서 수소는 전체 에너지의 20%를 담당할 것으로 예측되며, 태양광은 가장 저렴한 에너지원으로 자리 잡을 것이다.

고효율 태양광 페로브스카이트 소재 : 실리콘의 한계를 넘어서

기존 실리콘 태양전지의 효율 한계를 돌파할 차세대 소재로 페로브스카이트(Perovskite)가 각광받고 있다. 이 소재는 유연하고 저렴한 제조가 가능하지만, 습기와 열에 취약해 수명이 짧다는 치명적인 약점이 있었다. AI는 이 소재의 화학적 불안정성을 극복할 수 있는 최적의 첨가제나 안정화 코팅 물질을 시뮬레이션하고 있다. 이 안정화 소재를 먼저 확보하는 기업은 글로벌 태양광 시장의 판도를 바꿀 수 있다.

페로브스카이트 태양전지의 가장 큰 장점은 제조 비용이다. 실리콘 태양전지는 고온(1,000도 이상)에서 제조해야 하지만, 페로브스카이트는 상온에서 용액 공정으로 만들 수 있다. 이는 제조 에너지를 90% 이상 절감하며, 생산 비용도 절반 이하로 낮출 수 있다. 또한 유연한 플라스틱 기판에도 제조할 수 있어, 건물 외벽, 자동차 지붕, 심지어 옷에도 부착할 수 있다.

실험실에서 페로브스카이트 태양전지의 효율은 이미 26%를 넘어섰다. 이는 상용 실리콘 태양전지(22~23%)를 뛰어넘는 수준이다. 페로브스카이트와 실리콘을 결합한 탠덤(Tandem) 구조는 효율 33%를 달성했으며, 이론적으로는 40%까지 가능하다.

문제는 내구성이다. 실리콘 태양전지는 25~30년 동안 작동하지만, 초기 페로브스카이트 태양전지는 몇 개월 만에 성능이 급격히 떨어졌다. AI는 이 문제를 해결하기 위해 수천 가지 캡슐화(Encapsulation) 소재와 보호막 조합을 시뮬레이션했다. 그 결과, 특정 고분자 코팅과 무기물 배리어를 결합하면 수명을 10년 이상으로 연장할 수 있다는 것을 발견했다.

영국의 옥스퍼드 PV는 페로브스카이트-실리콘 탠덤 태양전지를 2024년부터 상용 생산하기 시작했다. 폴란드의 사울테크놀로지스(Saule Technologies)는 잉크젯 프린팅 방식으로 페로브스카이트 태양전지를 대량 생산하는 기술을 보유하고 있다. 중국의 론지그린에너지테크놀로지(LONGi Green Energy)와 트리나 솔라(Trina Solar)도 막대한 투자를 하고 있다. 이들 중 누가 먼저 저렴하고 내구성 있는 페로브스카이트 태양전지를 양산하느냐가 향후 20년간 태양광 시장의 판도를 결정할 것이다.

이 경쟁에서 승자가 되기 위해서는 단순히 효율이 높은 제품을 만드는 것만으로는 부족하다. 페로브스카이트 태양전지의 가장 큰 약점인 습기와 열에 취약한 문제를 해결해야 한다. 실험실에서는 뛰어난 성능을 보이지만, 실제 옥외에서 20~30년간 안정적으로 작동해야 상용화가 가능하기 때문이다. 또한 생산 공정을 단순화하고 원자재 비용을 낮춰 기존 실리콘 태양전지보다 저렴한 가격으로 대량 생산할 수 있어야 한다. 현재 옥스퍼드 PV는 검증된 성능과 상용화 경험에서 앞서 있고, 사울테크놀로지스는 유연하고 가벼운 제품을 빠르게 만들 수 있는 기술력을 보유하고 있으며, 중국 기업들은 막강한 자본력과 대규모 생산 인프라를 바탕으로 빠르게 추격하고 있다. 결국 기술력, 내구성, 생산 비용이라는 세 가지 과제를 가장 먼저 해결하는 기업이 차세대 태양광 시장의 주도권을 잡게 될 것이다.

수전해 촉매 : 그린 수소 경제의 문을 여는 열쇠

물을 전기 분해해 수소(그린 수소)를 얻는 수전해(Water Electrolysis) 과정은 매우 비싸다. 이 비용의 대부분은 고가의 백금(Pt)과 같은 귀금속 촉매 때문이다. AI는 저렴하고 풍부한 원소(예 : 니켈, 철, 코발트)를 기반으로 백금만큼 효율적이거나 그 이상의 성능을 내는 신형 촉매 소재를 개발하는 데 집중하고 있다. 이 촉매 개발 성공은 그린 수소의 대중화를 이끌어 수십조 원 규모의 수소 경제를 여는 열쇠가 될 것이다. 현재 그린 수소 생산 비용은 kg당 58달러로, 천연가스에서 추출한 회색 수소(12달러)보다 훨씬 비싸다. 이 비용의 60% 이상이 촉매와 전기료다. 만약 촉매 비용을 90% 절감하고 효율을 20% 높인다면, 그린 수소 가격은 kg당 2~3달러로 떨어져 회색 수소와 경쟁할 수 있다.

AI는 이미 몇 가지 획기적인 촉매를 발견했다. 덴마크 공과대학(DTU)과 협력한 연구진은 AI를 활용해 니켈-철-코발트 합금 나노입자가 백금보다 20% 더 효율적으로 수소를 생성할 수 있다는 것을 발견했다. 이 촉매의 원가는 백금의 1% 미만이다. 미국의 블룸 에너지(Bloom Energy)는 고체 산화물 전해전지(SOEC) 방식의 수전해 시스템을 개발하고 있으며, AI가 설계한 세라믹 전극 소재를 사용해 효율을 90% 이상으로 끌어올렸다. 독일의 선파이어(Sunfire)도 유사한 기술을 보유하고 있다.

수소 경제가 본격화되면, 수전해 장치 시장은 2030년까지 연간 1,000억 달러 규모로 성장할 것이다. 이 시장을 장악하는 것은 결국 촉매 소재를 보유한 기업이다. 투자자는 넬 하이드로젠(Nel Hydrogen, 노르웨이), 아이티엠 파워(ITM Power, 영국), 플러그 파워(Plug Power, 미국), 현대로템(한국) 같은 수소 인프라 기업과 이들에게 촉매를 공급하는 소재 기업에 주목해야 한다.

기업 입장에서 보면, 수전해 장치 시장에서의 경쟁력은 단순히 설비를 만드는 기술을 넘어 핵심 소재의 자급 능력에 달려 있다. 현재 수전해에 필수적인 이리듐과 백금 같은 귀금속 촉매는 소수의 소재 기업이 공급을 독점하고 있어, 완제품 제조사들은 원가 부담과 공급망 리스크에 동시에 노출되어 있다. 이 때문에 넬 하이드로젠과 ITM 파워 같은 선도 기업들은 촉매 사용량을 줄이는 기술 개발에 집중하거나, 아예 소재 기업과의 전략적 제휴 또는 수직 계열화를 추진하고 있다. 특히 귀금속 촉매를 대체할 수 있는 비귀금속 촉매 기술을 확보한 기업은 원가 경쟁력에서 압도적 우위를 점할 수 있다. 따라서 투자자는 단순히 수전해 장치 생산 능력뿐만 아니라, 해당 기업이 핵심 소재를 자체 개발하거나 안정적으로 확보할 수 있는 전략을 갖추고 있는지를 면밀히 살펴봐야 한다. 결국 이 시장에서 살아남는 기업은 기술력과 소재 확보 전략을 모두 갖춘 곳이 될 것이다.

탄소 포집 소재 : 공기에서 돈을 뽑아내다

탄소 중립을 달성하기 위해서는 배출 감축만으로는 부족하다. 이미 대기 중에 있는 이산화탄소를 직접 제거하는 DAC(탄소 직접 공기 포집) 기술이 필수적이다. DAC의 핵심은 공기 중 미량의 CO_2(0.04%)를 효율적으로 포집할 수 있는 흡착 소재다. AI는 MOF(금속-유기 골격체)라는 다공성 소재를 설계해, 기존 아민(Amine) 기반 흡착제보다 10배 이상 효율적으로 CO_2를 포집할 수 있게 했다. 스위스의 클라임웍스(Climeworks)는 이 기술을 상용화해, 아이슬란드에 연간 4,000톤의 CO_2를 포집하는 시설을 운영 중이다. DAC가 탄소를 잡는 '거대한 기계'라면, MOF는 그 기계 안에서 탄소를 잡아두는 '초고성능 필터'다.

DAC는 대기 중의 이산화탄소를 직접 걸러내는 기술로, 마치 거대한 공기청정기처럼 팬으로 공기를 빨아들여 화학 물질로 탄소만 분리해낸다. 장점은 어디든 설치 가능하고 이미 배출된 과거의 탄소까지 제거할 수 있다는 점이지만, 대기 중 이산화탄소 농도가 매우 낮아(0.04%) 에너지와 비용이 많이 든다는 한계가 있다. 이 문제를 해결하는 핵심 소재가 바로 MOF다. MOF는 금속과 유기물이 레고처럼 결합된 나노 다공성 구조로, 1g에 축구장만 한 표면적을 가진 '초고성능 스펀지'다. 수많은 미세 구멍이 이산화탄소만 선택적으로 흡착하도록 설계할 수 있어, 기존 소재보다 훨씬 적은 에너지로 많은 탄소를 포집할 수 있다. 최근에는 AI를 활용해 수만 가지 MOF 구조 중 최적의 조합을 빠르게 찾아내는 연구가 진행되면서, DAC 기술의 상용화 가능성이 한층 커지고 있다.

탄소 포집 시장은 2050년까지 연간 1조 달러 규모로 성장할 것으로 예측된다. 특히 탄소 배출권 가격이 톤당 100달러를 넘어서면, DAC는 경제적으로도 수익성 있는 비즈니스가 된다. 미국의 카본 엔지니어링(Carbon Engineering), 캐나다의 카본 업사이클링 테크놀로지스(Carbon Upcycling Technologies)가 이 분야를 선도하고 있다.

탄소 포집 기술이 본격적으로 돈이 되는 시장으로 변하고 있다. 현재 유럽에서는 탄소 배출권 가격이 톤당 80~90달러 수준까지 올랐고, 각국 정부가 탄소 중립을 위해 규제를 강화하면서 2030년대에는 톤당 100달러를 넘어설 것으로 전망된다. 이렇게 되면 DAC로 대기 중 탄소를 포집해 배출권으로 판매하거나, 포집한 탄소를 콘크리트·플라스틱·연료 같은 제품의 원료로 재활용하는 사업이 충분히 수익을 낼 수 있다. 실제로 카본 엔지니어링은 포집한 탄소로 항공유를 만드는 기술을 개발 중이고, 카본 업사이클링 테크놀로지스는 탄소를 건축 자재에 혼합해 콘크리트 강도를 높이는 동시에 탄소를 영구적으로 저장하는 방식으로 상용화에 성공했다. 결국 탄소 포집은 단순히 환경을 지키는 기술을 넘어, 탄소 자체를 '자원'으로 만들어 새로운 수익을 창출하는 순환 경제의 핵심 축으로 자리 잡고 있다.

바이오 혁명 : 초개인화와 재생 의학을 가능하게 하는 소재

고령화 사회로의 진입은 질병의 예측, 진단, 치료를 혁신할 바이오 소재에 대한 투자를 가속화하고 있다. AI 기반 소재 발견은 생명 연장과 삶의 질 개선이라는 인류의 근본적인 욕구를 충족시키는 황금알을 낳는 거위다. 2030년까지 글로벌 바이오 소재 시장은 2,000억 달러를 돌파할 것으로 예상된다.

인체 삽입형 스마트 소재 : 진단과 치료의 경계를 허물다

인체에 삽입되어 스스로 기능을 수행하는 생체 적합(Biocompatible) 스마트 소재는 미래 헬스케어의 핵심이다. 이 소재들은 단순히 신체 조직을 대체하는 것을 넘어, 질병을 조기에 감지하고, 약물을 정밀하게 전달하며, 손상된 조직을 재생시키는 능동적 역할을 수행한다.

자가 분해성 및 생체 모방 소재 : 자연으로 돌아가는 의료

수술 후 일정 기간이 지나면 체내에서 녹아 사라지는 자가 분해성 소재(Biodegradable Materials)는 스텐트, 봉합사, 골절 고정 나사 등에 사용되어 2차 수술 부담을 제거한다. 더 나아가, AI는 인체의 세포외 기질(Extracellular Matrix, ECM)을 모방해 손상된 조직의 재생을 촉진하는 생체 모방성 하이드로겔(Hydrogels) 소재를 설계하고 있다.

전통적인 의료 임플란트(심장 스텐트, 정형외과 나사 등)는 영구적으로 체내에 남아 있어, 이물 반응, 감염, 장기적 부작용 위험이 있었다. 자가 분해성 소재는 치유가 완료되면 자연스럽게 분해되어 몸 밖으로 배출되므로, 이러한 문제를 원천적으로 해결한다.

AI는 분해 속도를 정밀하게 제어할 수 있는 소재를 설계한다. 예를 들어, 골절 치료용 나사는 뼈가 붙는 6~12개월 동안 강도를 유지하다가 그 이후 서서히 분해되어야 한다. AI는 폴리락틱애씨드(PLA), 폴리글리콜릭애씨드(PGA), 폴리카프로락톤(PCL) 같은 고분자의 조성 비율을 최적화해, 분해 속도를 원하는 대로 조절할 수 있게 했다.

생체 모방 하이드로겔은 더욱 혁신적이다. 인체의 ECM은 콜라겐, 라미닌, 피브로넥틴 같은 단백질로 구성되어 있으며, 세포가 부착하고 증식하는 발판 역할을 한다. AI는 이 ECM의 화학적 조성과 3차원 구조를 분석해, 합성 고분자나 천연 소재(히알루론산, 알지네이트)로 동일한 환경을 재현하는 하이드로겔을 설계했다.

미국의 3D 바이오프린팅 기업들은 AI가 설계한 세포 배양 환경을 위한 맞춤형 바이오 잉크 소재를 개발하고 있다. 이 잉크는 환자 본인의 세포와 완벽하게 반응해 인공 장기나 조직을 출력하는 데 사용되며, 장기 이식 시장의 패러다임을 혁신적으로 바꿀 잠재력을 가지고 있다.

오가노보(Organovo, 미국), 셀링크(CELLINK, 스웨덴 BICO그룹), 알레비(Allevi, 미국 3D Systems에 인수) 같은 기업들은 이미 바이오 잉크를 상용화했으며 간 조직, 피부 조직, 혈관 등을 프린팅하는 데 성공했다. 향후 10년 안에 신장, 심장 같은 복잡한 장기도 프린팅할 수 있을 것으로 예상된다. 전 세계적으로 10만 명 이상이 장기 이식 대기자 명단에 올라 있으며, 매년 수만 명이 장기를 받지 못해 사망한다. 바이오프린팅이 상용화되면, 이 문제를 근본적으로 해결하고 연간 수백억 달러 시장을 창출할 것이다.

초소형 진단 센서 및 약물전달시스템(DDS) 소재 : 정밀 의학의 핵심

혈액이나 체액 내의 특정 질병 마커를 실시간으로 감지할 수 있는 초소형 스마트 센서와 약물을 필요한 부위에만 정밀하게 전달하는 나노 DDS(Drug Delivery System) 소재가 주목받고 있다. AI는 센서의 민감도를 극대화하고, DDS 캡슐이 특정 암세포에만 결합하도록 설계된 표적 물질을 찾아내는 데 결정적인 역할을 한다. 이 소재 기술은 암 치료의 효율을 높이고 부작용을 최소화하는 미래 의학의 근간이 된다.

현재 암 치료의 가장 큰 문제는 항암제가 정상 세포까지 공격한다는 것이다. 이 때문에 구토, 탈모, 면역력 저하 같은 심각한 부작용이 발생한다. 나노 DDS는 항암제를 나노입자(직경 10~200nm) 안에 캡슐화하고, 표면에 암세포만 인식하는 리간드(Ligand)를 부착한다. 이렇게 하면 약물이 암세포에만 전달되어, 부작용을 90% 이상 줄이면서도 치료 효과는 10배 이상 높일 수 있다.

AI는 어떤 리간드가 특정 암세포 표면의 수용체와 가장 잘 결합하는지를 시뮬레이션한다. 폐암, 유방암, 대장암 등 암 종류마다 표면 마커가 다르므로, 각각 맞춤형 리간드가 필요하다. AI는 수백만 개의 후보 분자를 스크리닝해, 최적의 리간드를 몇 주 만에 찾아낸다.

MIT와 하버드의 연구진은 AI를 활용해 췌장암 세포에만 결합하는 나노입자를 개발했다. 이 나노입자는 췌장암의 생존율을 3배 이상 높이는 데 성공했다. 모더나(Moderna), 바이오엔테크(BioNTech) 같은 mRNA 백신 기업들도 나노 지질 입자(LNP)를 이용해 mRNA를 세포 안으로 전달하는 DDS 기술을 보유하고 있다.

진단 센서 분야에서는 그래핀, 탄소나노튜브, 금 나노입자 같은 나노 소재가 활용된다. 이들은 극미량의 질병 마커(암 표지자, 감염 단백질 등)도 감지할 수 있다. AI는 센서 표면에 부착할 항체나 앱타머(Aptamer)를 설계해, 특정 마커에만 반응하도록 한다.

애보트(Abbott, 미국), 로슈(Roche, 스위스), 덱스콤(Dexcom, 미국) 같은 기업들은 이미 연속 혈당 측정기(CGM)를 상용화했다. 향후에는 암, 심장질환, 알츠하이머 같은 질병도 웨어러블 센서로 조기 진단할 수 있을 것이다. 이러한 조기 진단 기술은 치료 성공률을 50% 이상 높이고, 의료 비용을 수조 원 절감할 수 있다.

뇌-컴퓨터 인터페이스의 핵심 소재 혁신

뇌-컴퓨터 인터페이스(BCI)는 마비 환자가 생각만으로 로봇 팔을 제어하거나 시각장애인이 시력을 회복할 수 있게 하는 기술이다. 과거 금속 전극은 뇌 조직과의 물성 차이로 면역 반응을 일으켜 몇 달 만에 기능을 상실했지만, AI가 설계한 전도성 고분자 소재가 이 문제를 해결했다. PEDOT 같은 소재는 금속 수준의 전기 전도성과 뇌 조직 수준의 유연성을 동시에 갖춰 장기간 안정적으로 작동한다.

뉴럴링크(Neuralink), 싱크론(Synchron), 블랙록 뉴로테크(Blackrock Neurotech) 등의 기업들이 BCI 시장을 선도하고 있으며, 뉴럴링크는 2024년 첫 인간 임상 시험에서 마비 환자가 생각만으로 컴퓨터 커서를 조작하는 데 성공했다. 전 세계 수천만 명의 마비 환자를 고려할 때, BCI 기술이 상용화되면 연간 수백억 달러 규모의 시장이 형성될 것으로 예상된다.

융합 지점에 자금을 투입하라 : 시너지 효과의 극대화

미래 소재 투자 포트폴리오는 단일 기술이 아닌 '융합 지점'을 중심으로 구성되어야 한다. AI의 속도와 로봇의 실행력이 결합될 때 소재의 가치가 폭발하기 때문이다. SDL 구축 능력이나 AI 기반 소재 시뮬레이션 플랫폼을 소유한 기업, 또는 이 기술을 활용해 배터리, 수소 촉매, 바이오 잉크 등 전략적 핵심 소재를 개발하는 스타트업에 집중해야 한다.

플랫폼 기업 : 소재 발견의 운영체제를 장악하라

AI 소재 발견 플랫폼은 마치 구글이나 애플의 운영체제와 같다. 한 번 구축하면, 무한히 많은 소재를 발견할 수 있는 '소재 생산 공장'이 된다. 이런 플랫폼을 보유한 기업은 단일 제품 기업보다 훨씬 높은 가치를 인정받는다.

시트린 인포매틱스(Citrine Informatics)는 AI 기반 소재 정보학 플랫폼을 제공하며, 파나소닉, 미쓰비시, 3M 같은 대기업이 고객이다. 머티리얼스 프로젝트는 오픈소스 방식으로 전 세계 15만 개 이상의 소재 데이터를 제공하며, 연간 수백만 명의 연구자가 활용한다.

케보틱스는 AI와 SDL을 결합한 '소재 자동 발견 플랫폼'을 구축했다. 이 플랫폼은 연간 1,000개 이상의 신소재 후보를 생성하고 검증한다. 이는 전통적 방법의 100배 이상 빠른 속도다.

투자자는 이런 플랫폼 기업이 (1) 얼마나 많은 데이터를 보유했는지, (2) AI 모델의 예측 정확도가 얼마나 높은지, (3) SDL이나 파트너 실험실과 연결되어 있는지, (4) 유명 대기업과 계약을 체결했는지를 확인해야 한다.

수직 통합 전략 : 원재료부터 완제품까지

중국 CATL과 한국 LG에너지솔루션의 성공 비결은 수직 통합이다. 이들은 리튬 광산 지분을 확보하고, 양극재·음극재·전해질·분리막 같은 핵심 소재를 자체 생산하거나 장기 계약으로 확보하며, 최종적으로 배터리 셀과 팩까지 생산한다.

이러한 수직 통합은 (1) 원가를 절감하고, (2) 공급망 리스크를 줄이며, (3) 소재부터 제품까지 최적화할 수 있어, 경쟁력을 극대화한다. 투자자는 단순히 소재만 개발하는 기업보다, 소재를 활용한 완제품까지 구상하고 있는 기업에 주목해야 한다.

지역별 클러스터 전략 : 생태계의 힘

소재 혁신은 고립된 기업 하나가 만드는 것이 아니라, 대학, 연구소, 기업, 정부가 협력하는 '혁신 클러스터'에서 나온다. 투자자는 이런 클러스터가 형성된 지역의 기업에 투자하는 것이 유리하다.

- **미국 실리콘밸리** : AI 기술과 벤처 캐피탈이 집중되어 있어, AI 소재 스타트업의 메카
- **독일 바덴-뷔르템베르크** : 화학 산업과 자동차 산업이 밀집되어 있어, 배터리와 경량 소재 혁신의 중심

이들 지역의 스타트업은 인재 확보, 협력 네트워크, 정부 지원에서 유리하므로, 성공 확률이 높다.

AI를 통해 획기적인 소재를 경쟁사보다 5년 빠르게 상용화하는 기업은 그 소재를 기반으로 한 완제품 시장(EV, ESS, 의료기기) 전체에서 독점적인 이익을 누리게 될 것이다. 이 소재가 바로 미래 경제를 지배하는 '황금열쇠'다. 지금 이 순간, 투자자의 선택이 향후 10년간의 부를 결정한다.

미래 소재 산업의
투자 포인트와 경제적 파급 효과

AI가 창조하는 '속도의 마법'은 경제적 가치로 직결된다. 생성형 AI 소재 과학 시장은 2024년 11억 달러에서 2034년 117억 달러로 연평균 26.4% 성장할 것으로 예측된다. AI 소재 발견 시장은 2024년 기준 제약 및 생명공학 분야가 26%의 최대 점유율을 차지했으며, 에너지 및 전력 부문이 가장 빠른 성장을 보일 것으로 전망된다. 미래 소재 산업은 단순한 기술 분야가 아니다. 이것은 글로벌 경제 패권과 지속 가능한 미래를 결정짓는 전략적 투자 영역이다. 지금 우리는 역사의 갈림길에 서 있다. AI가 소재 개발을 100배 가속화하는 이 시점에 어떤 소재에 투자하느냐가 기업과 국가의 운명을 좌우할 것이다.

지속 가능한 에너지와 바이오 혁명을 이끌 미래 소재 투자 포트폴리오

투자는 'AI 가속화'라는 렌즈를 통해 가장 큰 시장 잠재력을 가진 영역에 집중되어야 한다. 그 핵심은 에너지 전환과 생명 연장, 이 두 가지다. 투자의 관점에서 보면, AI가 촉발한 소재 혁명은 단순히 과학의 진보가 아니다. 그것은 경제 패권과 인류의 생존 방향을 동시에 결정짓는 전략적 영역이다. 앞으로의 투자는 'AI 가속화'라는 렌즈로 재편될 것이다. 즉, 어떤 산업이 AI의 속도를 가장 크게 흡수하느냐에 따라 시장의 승자가 갈린다. 그 중심에는 두 개의 거대한 축이 있다. 바로 지속 가능한 에너지 전환(Energy Transition)과 생명 연장 및 바이오 혁명(Bio Longevity)이다.

에너지 전환 소재 : 탄소 중립 시대의 핵심 열쇠

에너지 전환 소재는 탄소 중립 시대의 핵심 열쇠다. 2050년 탄소 중립 목표 달성을 위해서는 전 세계적으로 최소 150조 달러의 투자가 필요하며, 그중 30조 달러 이상이 소재 혁신에 집중될 것으로 예측된다. 이는 단순히 환경을 지키는 문제가 아니라, 새로운 산업 생태계를 창조하고 경제적 부를 재분배하는 역사적 전환점이다.

AI는 리튬이온 배터리의 전극 물질을 최적화하고, 전해질의 안정성을 예측하며, 수소 연료전지의 촉매 성능을 극대화한다. AI가 설계한 신소재는 기존 대비 개발 기간을 10분의 1 수준으로 단축한다. 지금까지 인류가 10년 걸리던 배터리 혁신을 이제는 1년 만에 이룰 수 있는 것이다. 이러한 속도의 혁명은 단순히 시간을 절약하는 것을 넘어, 시장 선점의 기회를 제공한다.

배터리 소재의 경제학 : 퍼스트 무버의 독식 구조

배터리 시장은 전형적인 '승자 독식(Winner-Takes-All)' 구조다. 성능이 10% 더 좋거나, 가격이 20% 더 저렴한 배터리를 먼저 출시하는 기업이 전체 시장의 60~70%를 장악한다. 자동차 제조사들은 장기 공급 계약을 체결하는 경향이 있고, 한번 특정 배터리 기술로 생산 라인을 구축하면 바꾸기 어렵기 때문이다.

CATL(중국)이 글로벌 배터리 시장의 37%를 점유하게 된 것도 이러한 메커니즘 때문이다. 이들은 AI를 활용해 리튬인산철(LFP) 배터리의 에너지 밀도를 지속적으로 개선하며, 가격 경쟁력까지 확보했다. 테슬라, BMW, 폭스바겐 등 주요 자동차 기업들이 CATL과 장기 계약을 체결하면서, 후발 주자들이 시장에 진입할 여지는 급격히 줄어들었다.

투자자는 이 점을 명심해야 한다. 배터리 소재 분야에서는 '2등'이 의미 없다. 1등 기업이 시장의 대부분을 가져가고, 2~3등은 틈새시장에서만 생존한다. 따라서 투자 시에는 기술력뿐만 아니라 상용화 속도, 주요 고객사 확보 여부, 생산 설비 투자 계획을 종합적으로 판단해야 한다.

2050년 11조 달러 규모의 수소 경제 전망

국제에너지기구(IEA)는 2050년 글로벌 수소 경제 규모를 11조 달러로 예측한다. 이는 현재 석유 산업(4조 달러)의 거의 3배에 달하는 규모다. 수소는 전기로 대체하기 어려운 철강, 화학, 장거리 운송, 항공 분야에서 핵심 에너지원이 될 것으로 기대된다.

하지만 수소 경제 실현을 위해서는 그린 수소 생산 비용이 현재의 1/3 수준으로 낮아져야 한다. AI가 설계한 촉매 소재가 이 문제의 해결책이다. 백금을 대체할 수 있는 저렴한 촉매가 개발되면 수전해 장치 비용이 절반 이하로 떨어지고, 그린 수소 가격도 kg당 2달러 이하로 낮아져 천연가스에서 추출한 회색 수소와 경쟁할 수 있게 된다.

투자 관점에서 주목할 만한 기업으로는 수전해 장치 제조사인 넬 하이드로젠(노르웨이), 아이티엠 파워(영국), 플러그 파워(미국)와 촉매 소재 개발 기업인 존슨 매티(Johnson Matthey, 영국), 헤레우스(Heraeus, 독일), 유미코아(Umicore, 벨기에)가 있다. 특히 AI 기반 촉매 설계 플랫폼을 보유한 하이드로젠 프로(HydrogenPro, 노르웨이), 일렉트릭 하이드로젠(Electric Hydrogen, 미국, EH2) 같은 스타트업은 향후 5년 내 기업 가치가 크게 상승할 가능성이 높다.

수소 경제가 본격화되면서 기업들 간 협력과 경쟁이 동시에 심화되고 있다. 수전해 설비 제조사들은 대형화를 통한 규모의 경제 달성에 집중하는 반면, 촉매 소재 기업들은 귀금속 사용량을 줄여 단가를 낮추는 기술 개발에 주력하고 있다. 특히, 넬 하이드로젠과 존슨 매티 같은 전통 강자들은 풍부한 실증 경험과 양산 노하우를 바탕으로 안정적인 시장 지배력을 유지하고 있으며, 유럽과 북미의 대형 그린 수소 프로젝트에서 주도적 역할을 수행하고 있다.

AI 기반 스타트업들의 등장은 수소 산업의 게임 체인저로 작용하고 있다. 일렉트릭 하이드로젠은 머신 러닝 알고리즘을 활용해 수천 가지 촉매 조합을 가상으로 시뮬레이션하고, 최적의 성능을 보이는 후보만 실제 실험실에서 검증함으로써 개발 비용과 시간을 획기적으로 단축하고 있다. 이러한 접근법은 전통적인 시행착오 방식보다 90% 이상 빠른 속도로 신소재를 발견할 수 있게 하며, 2030년까지 그린 수소 생산 비용을 kg당 1달러 수준으로 낮출 가능성을 보여주고 있다.

투자 관점에서 주목해야 할 점은 수소 경제의 성장 단계별로 수혜 기업이 달라진다는 것이다. 현재는 실증 프로젝트 단계로 설비 제조사들의 수주가 증가하는 시기이며, 2025년부터 2030년까지는 상용화 초기 단계로 촉매 및 소재 기업들의 매출이 급증할 것으로 예상된다. 2030년 이후 대량 보급 단계에 진입하면 AI 기반 최적화 솔루션을 보유한 기업들이 시장을 주도할 가능성이 높다. 따라서 장기 투자자라면 일렉트릭 하이드로젠 같은 기술 혁신 기업에, 안정적 수익을 원하는 투자자라면 존슨 매티나 플러그 파워 같은 기존 강자에 주목할 필요가 있다.

태양광 소재의 게임 체인저 : 페로브스카이트

태양광은 이미 가장 저렴한 전력원이 됐다. 태양광 발전 비용(LCOE)은 kWh당 35센트로, 석탄(68센트)이나 천연가스(5~7센트)보다 저렴하다. 하지만 효율을 더 높이고 설치 면적을 줄이려면, 차세대 소재가 필요하다.

페로브스카이트 태양전지가 상용화되면, 태양광 산업에 또 한 번의 혁명이 일어난다. 건물 외벽, 자동차, 심지어 옷에도 태양전지를 부착할 수 있어, '모든 표면이 발전소가 되는' 시대가 온다. 시장 조사 기관 IDTechEx는 페로브스카이트 태양전지 시장이 2035년까지 500억 달러 규모로 성장할 것으로 전망한다.

투자자는 옥스퍼드 PV(영국), Saule Technologies(폴란드), Swift Solar(미국), 론지그린에너지테크놀로지(중국) 같은 기업에 주목해야 한다. 이들 중 첫 번째로 10년 이상의 내구성과 25% 이상의 효율을 동시에 달성하는 기업이 시장을 지배할 것이다.

생명 연장의 영역 : AI 신약 소재가 여는 황금 시장

한편 생명 연장의 영역에서는 'AI 신약 소재'가 새로운 황금 시장으로 떠오른다. 단백질, 펩타이드, 나노입자 등 복잡한 생체분자를 AI가 분자 단위로 설계한다. 이로써 신약 후보 물질의 탐색 과정이 자동화되고, 부작용 예측의 정확도도 비약적으로 향상된다. AI는 인간의 건강 수명을 연장시키는 '디지털 연금술사'가 되어가고 있다.

신약 개발 비용의 혁명적 감소

전통적으로 신약 하나를 개발하는 데는 평균 26억 달러와 10~15년이 소요된다. 이 중 70% 이상의 비용이 초기 후보 물질 탐색과 전임상 단계에서 발생한다. AI는 이 단계를 극적으로 압축한다.

AI 신약 개발 기업 엑센티아(Exscientia)는 AI가 설계한 강박장애 치료제를 단 12개월 만에 세계 최초로 임상 1상에 진입시킨 선구적인 기업 중 하나다. 전통적 방법으로는 4~5년 걸리는 과정이다. 이들은 AI로 약 1,000만 개의 화합물을 스크리닝하고, 그중 가장 유망한 350개를 실험실에서 검증했다. 개발 비용은 전통 방식의 1/5 수준인 5억 달러에 불과했다. AI는 이제 약을 찾는 것이 아니라, 약을 설계(Design)하고 있다.

리커전 파마슈티컬스(Recursion Pharmaceuticals)는 자체 AI 플랫폼으로 주당 200만 개 이상의 세포 이미지를 분석하며, 약물이 세포에 미치는 영향을 실시간으로 모니터링한다. 이들은 바이엘(Bayer), 로슈와 20억 달러 규모의 공동 개발 계약을 체결했다.

이러한 AI 신약 기업들의 가치는 급등하고 있다. 리커전 파마 슈티컬스의 시가총액은 30억 달러를 넘어섰고, 엑센티아는 38억 달러 밸류에이션으로 나스닥에 상장했다. 아직 승인된 신약이 하나도 없는데도 말이다. 이는 투자자들이 AI가 가져올 '미래 가치'에 베팅하고 있다는 증거다.

개인 맞춤형 의학의 시대 : 나노 DDS 시장의 폭발

나노 약물 전달 시스템(DDS) 시장은 2024년 약 200억 달러에서 2035년 1,000억 달러 규모로 성장할 것으로 예측된다. 이는 연평균 15% 성장률로, 전체 제약 산업(5~7%)보다 2배 이상 빠르다.

나노 DDS의 가장 큰 시장은 암 치료다. 전 세계적으로 매년 2,000만 명 이상이 암 진단을 받으며, 암 치료 시장은 연간 2,000억 달러 규모다. 나노 DDS가 상용화되면, 항암제 효율을 10배 높이고 부작용을 90% 줄일 수 있어, 암 생존율을 현재의 50%에서 80% 이상으로 끌어올릴 수 있다.

모더나와 바이오엔테크가 COVID-19 mRNA 백신으로 증명했듯이, 나노 지질 입자 기술은 이미 상용화 단계에 있다. 이들은 이제 암 백신, 심혈관 질환 치료제로 응용 범위를 확대하고 있다. 모더나는 개인 맞춤형 암 백신 임상 시험에서 종양 재발률을 44% 감소시키는 성과를 거뒀다.

투자자는 모더나, 바이오엔테크뿐만 아니라, 나노입자 플랫폼을 제공하는 Precision NanoSystems, Acuitas Therapeutics 같은 기업에도 주목해야 한다. 이들은 '소재 공급자'로서 수많은 제약사에 기술을 라이선스하며, 안정적인 수익 구조를 만들고 있다.

재생 의학 : 10조 달러 시장의 태동

인류의 궁극적 꿈은 손상된 장기를 재생하거나 교체하는 것이다. 3D 바이오프린팅과 줄기세포 치료가 이를 가능하게 하고 있으며, 그 중심에는 바이오 소재가 있다.

2035년까지 재생 의학 시장은 1,000억 달러를 넘어설 것으로 예상되며, 장기적으로는 10조 달러 규모로 성장할 잠재력이 있다. 전 세계적으로 장기 이식 대기자는 매년 증가하고 있으며(미국만 10만 명 이상), 공급 부족으로 수만 명이 사망한다. 바이오프린팅으로 장기를 생산할 수 있다면, 이는 인류 역사상 가장 큰 의료 혁명이 될 것이다.

셀링크는 전 세계 연구소와 병원에 3D 바이오프린터와 바이오 잉크를 공급하며, 연 매출 1억 달러를 돌파했다. 오가노보는 간 조직을 프린팅해 신약 독성 테스트에 활용하고 있으며, 향후 이식용 간 생산을 목표로 한다.

누가 미래를 장악하는가?

2024년 북미는 36% 이상의 시장 점유율로 지배적인 지역으로 부상해 약 3억 달러의 수익을 창출했다. 이는 선도적인 기술 기업의 강력한 존재와 연구 개발에 대한 투자 증가로 뒷받침된다. 하지만 이 우위가 영원히 지속되리라는 보장은 없다. AI 소재 혁명은 지정학적 권력 균형을 재편하고 있으며, 각 지역의 전략과 실행력에 따라 판도가 바뀔 수 있다.

북미 : 기술과 자본의 결합으로 선두 유지

AI가 소재 개발을 가속화하면 공급망의 판도가 바뀔 수 있다. 핵심은 '대체 소재(Alternative Materials)'의 개발이다. 북미, 특히 미국의 가장 큰 강점은 AI 기술과 벤처 캐피탈이 결합된 생태계다. 오픈AI(OpenAI), 구글 딥마인드, 메타 AI 같은 AI 선도 기업들이 소재 과학으로 관심을 확대하고 있으며, Sequoia Capital, Andreessen Horowitz 같은 최상위 VC들이 AI 소재 스타트업에 막대한 자금을 쏟아붓고 있다.

미국 에너지부(DOE)는 'AI for Materials Science' 이니셔티브에 5년간 12억 달러를 투자한다. 이 프로젝트는 아르곤 국립연구소(ANL), 로렌스 버클리 국립연구소(LBNL) 등 17개 국립연구소와 MIT, 스탠퍼드, 카네기멜론 같은 대학들을 연결하는 네트워크를 구축한다. 이들은 SDL을 전국적으로 확산시키며, AI 소재 발견 속도를 10배 이상 높이는 것을 목표로 한다.

캐나다는 토론토대학과 맥길대학을 중심으로 AI 소재 연구를 강화하고 있다. 특히 양자컴퓨팅과 AI를 결합한 소재 시뮬레이션 분야에서 독보적인 위치를 점하고 있다. D-Wave Systems와 Xanadu 같은 양자컴퓨팅 기업들이 소재 과학 응용 프로그램을 개발 중이다.

북미의 약점은 제조 역량이다. 소재를 설계하는 것과 대량 생산하는 것은 전혀 다른 문제다. 미국은 반도체 파운드리(TSMC, 삼성)와 배터리 셀 생산(CATL, LG에너지솔루션)에서 아시아에 크게 의존하고 있다. 이를 극복하기 위해 바이든 행정부는 칩스법(520억 달러)과 인플레이션 감축법(3,690억 달러)을 통해 국내 생산 설비 구축을 지원하고 있지만, 실제 대규모 생산이 가동되기까지는 5~10년이 소요될 전망이다.

유럽 : 지속 가능성을 무기로 차별화

유럽은 EU 그린딜 정책을 중심으로 지속 가능 소재에 집중하고 있으며, 규제를 통한 시장 선점 전략을 구사하고 있다. EU는 2035년부터 내연기관 자동차 판매를 전면 금지하고, 2030년까지 탄소 배출을 55% 감축(1990년 대비)하는 목표를 설정했다. 이러한 강력한 규제는 친환경 소재 수요를 폭발적으로 증가시킨다.

독일은 프라운호퍼 연구소 네트워크를 통해 AI 소재 연구를 산업화하고 있다. 특히 바스프, Covestro 같은 화학 대기업들이 AI 소재 플랫폼에 수십억 유로를 투자하며, 전통 화학 기업에서 'AI 퍼스트' 기업으로 탈바꿈하고 있다.

스웨덴의 Northvolt는 유럽 최대 배터리 제조사로, AI를 활용해 배터리 재활용률을 95% 이상으로 끌어올리는 기술을 개발했다. 이들은 폭스바겐, BMW, 볼보에서 총 500억 달러 규모의 공급 계약을 확보했다.

영국은 케임브리지와 옥스퍼드를 중심으로 바이오 소재와 양자 소재 연구를 선도한다. 옥스퍼드 PV(페로브스카이트 태양전지), Nexeon(실리콘 음극재), Cambridge GaN Devices(질화갈륨 반도체) 같은 스타트업들이 글로벌 시장을 공략하고 있다.

유럽의 약점은 AI 인재 부족과 벤처 캐피탈 생태계의 취약성이다. 유럽의 AI 연구자들은 높은 급여와 연구 환경을 찾아 미국으로 이주하는 경우가 많다. 또한 유럽 VC들은 미국 VC들에 비해 위험 감수 성향이 낮아, 초기 단계 스타트업 투자가 부족하다.

아시아 : 제조 강국에서 기술 선도국으로 도약

아시아에서는 한국, 일본, 중국이 치열한 경쟁을 펼치고 있다. 특히 한국은 반도체·배터리·바이오 산업이 모두 AI 기반 소재 데이터 플랫폼과 맞물리면서 '산업 간 융합 생태계'를 가장 빠르게 구축하고 있다.

1. 중국 : 국가 주도의 전방위 공세

중국은 'AI+신소재 2030 계획'을 통해 연간 100억 달러 이상을 투자하며, 소재 자립과 AI 융합을 동시에 추진한다. 중국의 가장 큰 강점은 완전한 수직 통합 공급망이다. 리튬 광산(호주·칠레 광산 지분 확보)부터 정제(세계 점유율 60%), 양극재·음극재 생산(70%), 배터리 셀 제조(77%)까지 전 과정을 장악하고 있다.

중국의 약점은 AI 원천 기술이다. 미국의 엔비디아 GPU 수출 규제로 인해, 최첨단 AI 훈련에 제약받고 있다. 이를 극복하기 위해 화웨이, 바이두, 텐센트가 자체 AI 칩을 개발하고 있지만, 아직 엔비디아의 성능에는 미치지 못한다.

한국의 독특한 강점은 반도체(삼성, SK하이닉스), 배터리(LG에너지솔루션, 삼성SDI), 바이오(삼성바이오로직스, 셀트리온) 산업이 모두 세계 최고 수준이라는 것이다. 이들 산업이 AI 소재 플랫폼을 공유하면, 강력한 시너지 효과가 발생한다.

카이스, 포스텍, 서울대는 AI 소재 연구에서 세계 최고 수준의 논문을 발표하고 있다. 카이스트의 '소재 AI 연구단'은 삼성, LG, 현대자동차와 공동 연구를 진행하며, 산학 협력 모델을 구축했다.

한국 정부는 '소재·부품·장비 2.0 전략'에 20조 원을 투자하며, AI 기반 소재 개발을 핵심 과제로 선정했다. 특히 '소재 빅데이터 플랫폼 구축사업(1조 2,000억 원, 2025~2030)'은 국가 차원의 소재 데이터베이스를 만들어, 중소기업과 스타트업도 AI 소재 개발에 참여할 수 있게 한다.

한국의 약점은 원천 기술과 기초 연구 투자 부족이다. 응용 연구와 상용화에는 강하지만, 노벨상급 원천 기술 발견은 상대적으로 적다. 또한 대기업 중심 경제 구조로 인해, 스타트업 생태계가 미국이나 중국만큼 활성화되지 못했다.

3. 일본 : **장인 정신과 AI의 만남**

일본은 소재 분야에서 오랜 전통과 노하우를 보유하고 있다. 토요타의 전고체 배터리, 파나소닉의 리튬이온 배터리, 도레이의 탄소섬유 등이 대표적이다. 이들은 이제 AI를 결합해 제2의 도약을 준비하고 있다.

토요타는 2027년 전고체 배터리 상용화를 목표로, AI 시뮬레이션으로 1,000종 이상의 고체 전해질을 스크리닝했다. Preferred Networks는 AI 소재 발견 플랫폼을 개발해, 토요타, 파나소닉과 협력하고 있다.

일본의 약점은 속도다. 일본 기업들은 완벽을 추구하는 문화 때문에 상용화가 느린 경향이 있다. 반면 중국과 한국은 '80점 제품을 빠르게 출시하고 개선한다'라는 전략으로 시장을 선점하고 있다.

데이터가 새로운 금이다 : 소재 IP 전쟁의 본질

'21세기의 석유는 데이터다'라는 말이 있다. 소재 과학에서 이 말은 더 진실이다. AI가 소재를 설계하려면 방대한 데이터가 필요하다. 수백만 개의 소재 구조, 그들의 물리적·화학적 특성, 합성 방법, 실험 결과 등이다. 21세기의 석유가 데이터라면, 소재 과학에서 그 말은 진실 이상이다. AI가 새로운 물질을 만들어내려면 방대한 데이터가 연료처럼 필요하다. 수백만 개의 화합물 구조, 결정 패턴, 합성 조건, 실험 결과가 모두 학습 데이터로 축적된다. 결국 경쟁의 본질은 기술이 아니라 데이터의 깊이와 품질이다.

소재 데이터베이스 : 21세기의 금광

AI가 더 많은 실험 데이터를 학습할수록, 더 효율적인 소재 조합을 예측할 수 있다. 이는 곧 '소재 IP(지식재산)'의 가치 상승으로 이어진다. 미래의 부는 광산이 아니라 데이터베이스 속에서 채굴될 것이다.

머티리얼스 프로젝트는 현재 150,000개 이상의 무기 화합물 데이터를 보유하고 있으며, 이를 오픈소스로 공개한다. 이 데이터베이스는 전 세계 연구자들이 무료로 활용할 수 있어, 소재 연구의 민주화를 이끌고 있다. 하지만 동시에, 상업적으로 가치 있는 데이터를 비공개로 축적하는 기업들도 있다.

재료·화학(및 CPG) 제품 개발을 가속화하기 위해 AI를 적용한 데이터 중심 플랫폼을 제공하는 회사인 시트린 인포매틱스는 고객사(3M, 파나소닉, P&G)의 소재 실험 데이터를 수집하고 분석해, AI 모델을 지속적으로 개선한다. 이들의 데이터베이스는 수백만 개의 실험 결과를 포함하며, 이는 경쟁사가 쉽게 따라잡을 수 없는 '데이터 해자(Data Moat)'가 된다.

중국 정부는 '국가 소재 데이터베이스 프로젝트'를 추진하며, 모든 대학과 연구소의 소재 데이터를 중앙 집중식으로 수집한다. 이는 미국과 유럽의 분산형 접근 방식과 대조된다. 중국의 방식은 빠른 데이터 축적이 가능하지만, 데이터 품질과 신뢰성 문제가 있을 수 있다.

대체 소재의 부상 : 자원 독립의 경제학

이런 맥락에서 '대체 소재'의 등장은 단순한 기술 변화가 아니다. 희토류, 리튬, 코발트처럼 특정 국가가 독점하던 자원 의존도를 줄이고, AI가 설계한 새로운 합성 경로를 통해 자립적 공급망을 구축할 수 있다. AI가 자원의 개념 자체를 재정의하는 것이다.

예를 들어, 전기차 모터에 필수적인 네오디뮴(Nd) 희토류는 중국이 전 세계 생산의 85%를 장악하고 있다. 이는 심각한 공급망 리스크다. AI는 네오디뮴을 대체할 수 있는 철-질소(Fe-N) 합금 자석을 설계했다. 이 자석은 네오디뮴 자석의 80% 성능을 내면서도, 원가는 1/10 수준이다.

리튬 역시 마찬가지다. 나트륨 이온 배터리가 상용화되면, 리튬 의존도를 크게 줄일 수 있다. 코발트는 배터리 양극재에서 니켈과 망간으로 대체되고 있으며, 테슬라와 CATL은 이미 코발트 프리(Cobalt-Free) 배터리를 양산하고 있다.

대체 소재의 개발은 단순히 비용 절감이 아니라, 지정학적 자유를 얻는 것이다. 특정 자원을 독점한 국가에 의존하지 않고, 자국 내에서 소재를 생산할 수 있다면, 에너지 안보와 경제 안보를 동시에 확보하는 것이다.

폭발적 성장의 숫자 : 시장 규모와 투자 기회

북미는 전 세계 AI 소재 시장의 약 36%를 점유하며 선두를 달리고 있다. 미국은 오픈AI, 엔비디아, 마이크로소프트 같은 기술 기업이 연구 생태계와 인프라를 동시에 장악하고 있다. AI 연구와 소재 개발이 하나의 체계로 통합된 구조다. 약 3억 달러의 시장 수익은 그 자체로도 크지만, 무엇보다 중요한 것은 '속도의 주도권'이다.

AI 소재 과학 시장의 성장은 그야말로 폭발적이다. 2024년 11억 달러였던 시장은 5년 후인 2029년 53.5억 달러에 이를 전망이다. 이는 연평균 33.6%의 성장률로, 불과 5년 만에 4.9배 성장하는 셈이다.

이러한 폭발적 성장의 배경에는 여러 요인이 있다.

첫째, 컴퓨팅 파워의 기하급수적 증가다. AI 소재 시뮬레이션에는 막대한 컴퓨팅 자원이 필요하다. 엔비디아의 H100 GPU는 이전 세대(A100)보다 3배 빠른 연산 속도를 제공하며, 차세대 B200은 다시 2배 빨라진다. 이는 AI가 더 복잡한 소재를 더 빠르게 설계할 수 있게 만든다.

둘째, 알고리즘의 혁신이다. 구글 딥마인드의 GNoME(Graph Networks for Materials Exploration)는 220만 개의 새로운 결정 구조를 예측했다. 이는 인류가 지금까지 발견한 소재 수의 10배에 달한다. 이러한 알고리즘 혁신은 매년 가속화되고 있다.

셋째, 산업 수요의 급증이다. 전기차 시장은 2030년까지 연 5,000만 대 규모로 성장하며, 이를 위한 배터리 소재 수요는 폭발적으로 증가한다. 재생에너지 발전 용량은 2030년까지 현재의 3배로 늘어나며, 태양광·풍력 소재 수요도 급증한다.

10년 후 117억 달러 : 장기 전망과 시사점

2036년까지 시장은 117억 달러로 성장한다. 2026년 대비 10배 이상 성장하는 것이다. 이는 AI 소재 산업이 단순한 '틈새시장'이 아니라, 주류 산업으로 자리 잡는다는 의미다.

117억 달러 시장 중 제약·바이오가 약 35억 달러(30%), 에너지·전력이 40억 달러(34%), 반도체·전자가 25억 달러(21%), 기타(화학, 건설, 우주항공)가 17억 달러(15%)를 차지할 것으로 예측된다.

특히 주목할 점은 에너지 부문의 급성장이다. 2024년에는 제약·바이오가 최대 섹터였지만, 2030년대에는 에너지 부문이 1위로 올라선다. 이는 탄소 중립 목표 달성을 위한 전 세계적 투자가 본격화되기 때문이다.

경제적 파급력 : 산업 전반으로의 확산

경제적 파급력은 산업 전반으로 확산된다. 제약·바이오 분야에서는 신약 개발 리드타임이 10분의 1로 단축되고, 에너지 산업에서는 배터리 효율이 50% 향상된다. 정부와 민간이 함께 쏟아붓는 투자 규모도 2024년 약 40억 달러에서 2029년에는 200억 달러 이상으로 늘어날 것으로 예상된다.

이러한 투자는 직접적인 소재 개발뿐만 아니라, 주변 생태계도 키운다. AI 소재 플랫폼 기업, SDL 장비 제조사, 소재 시뮬레이션 소프트웨어 기업, 소재 데이터 분석 서비스 기업 등이 함께 성장한다.

특히 고용 창출 효과도 크다. AI 소재 산업은 고도로 숙련된 인력(박사급 연구자, AI 엔지니어, 소재 과학자)을 필요로 하며, 이들의 평균 연봉은 15만~30만 달러에 달한다. 2030년까지 전 세계적으로 50만 명 이상의 AI 소재 전문가가 필요할 것으로 예측된다.

국가 차원의 전략 경쟁 : 정부 주도 프로젝트의 각축장

AI 소재 산업은 단일 기업의 영역이 아니다. 각국 정부가 앞다투어 'AI+소재' 프로젝트를 국가 전략으로 격상시키고 있다. 이는 AI 소재 기술이 국가 경쟁력과 직결된다는 인식 때문이다.

미국 : 에너지부와 NSF의 12억 달러 프로젝트

미국은 에너지부(DOE)와 NSF가 공동으로 'AI for Materials Discovery' 프로젝트(특히 생성모델·강화 학습·고성능 컴퓨테이션를 활용해 새로운 재료를 빠르게 설계·검증하는 연구)를 추진하며 5년간 12억 달러를 투입한다. 이 프로젝트는 크게 세 가지 목표를 가지고 있다.

첫째, SDL 네트워크 구축이다. 전국 17개 국립연구소에 SDL을 설치하고, 이들을 고속 네트워크로 연결한다. 연구자는 어디서든 원격으로 실험을 요청하고, 결과를 실시간으로 받아볼 수 있다.

둘째, 소재 데이터베이스 통합이다. 각 연구소와 대학이 보유한 소재 데이터를 중앙 플랫폼에 통합해, 중복 연구를 줄이고 효율을 높인다.

셋째, AI 알고리즘 개발이다. 특정 산업(배터리, 반도체, 촉매) 전용 AI 모델을 개발해, 범용 AI보다 10배 이상 정확한 예측을 가능하게 한다.

이 프로젝트의 최종 목표는 2030년까지 미국을 'AI 소재 강국'으로 만들어, 중국과의 기술 격차를 벌리는 것이다.

유럽연합 : 그린 AI 소재 미션

유럽연합(EU)은 'Green AI Materials Mission'을 출범시켜 탄소중립 소재 연구를 집중 지원하고 있다. EU는 2021~2027년 동안 약 955억 유로가 투입되는 주요 연구·혁신(R&I) 재정지원 프로그램인 호라이즌 유럽(Horizon Europe)을 통해 2027년까지 50억 유로(약 55억 달러)를 투자할 계획이다.

EU의 독특한 전략은 순환 경제(Circular Economy)와의 결합이다. AI로 개발한 소재는 반드시 재활용 또는 생분해할 수 있어야 한다는 조건을 붙인다. 이는 단기적으로는 제약이지만, 장기적으로는 지속 가능한 경쟁력을 만든다.

EU는 또한 배터리 여권(Battery Passport) 제도를 도입했다. 2027년부터 EU에서 판매되는 모든 배터리는 탄소 발자국, 재활용률, 소재 출처 등의 정보를 담은 디지털 여권을 보유해야 한다. 이는 중국산 저가 배터리를 견제하고, 유럽 기업의 고품질 배터리를 보호하기 위한 전략이다.

중국 : AI+신소재 2030, 국가 주도 산업혁명의 청사진

중국의 'AI+신소재 2030 계획'은 단순한 산업정책을 넘어 글로벌 공급망 재편을 겨냥한 국가 전략이다. 연간 100억 달러 이상의 투자 규모는 미국 국립과학재단(NSF) 소재 연구 예산의 3배에 달한다. 이 계획의 핵심은 AI 기반 소재 설계 플랫폼 구축이다. 중국과학원은 이미 100만 개 이상의 신소재 후보를 AI로 스크리닝하는 '소재 게놈 프로젝트'를 가동 중이다. 칭화대와 베이징대는 딥러닝 알고리즘으로 전고체 배터리 전해질 개발 기간을 5년에서 18개월로 단축했다. 정부는 광저우, 선전, 쑤저우에 AI 소재 연구단지를 조성하고, 각 단지당 50억 위안(약 1조 원)의 인프라를 투입했다.

'국가 챔피언' 육성 전략은 가시적 성과를 내고 있다. CATL은 정부 보조금 6억 달러를 받아 나트륨 이온 배터리 상용화에 성공했고, 2024년 글로벌 배터리 시장 점유율 37%를 달성했다. 반도체 소재 분야에서는 상하이 실리콘 인더스트리 그룹(SSIG)이 12인치 웨이퍼 자급률을 40%까지 끌어올렸다. 희토류 분야의 차이나 노던 레어어스(China Northern Rare Earth)는 AI 기반 채굴 최적화로 생산 비용을 20% 절감하며 세계 공급량의 70%를 장악했다. 탄소섬유 제조사 중푸선잉(Zhongfu Shenying)은 항공우주급 T1000 섬유 국산화에 성공해 보잉과 에어버스 납품을 시작했다. 이들 기업은 매출의 15~20%를 R&D에 재투자하며, 이 중 정부 보조금이 평균 25%를 차지한다.

그러나 중국의 아킬레스건은 기초과학 역량이다. 2024년 기준 중국의 소재 과학 분야 노벨상 수상자는 전무하며, 네이처 인덱스 상위 10% 논문 비중은 미국(32%)의 절반 수준인 16%에 그친다. 이를 타개하기 위한 '천인계획'은 2008년 시작 이래 8,000명 이상의 해외 과학자를 유치했다. MIT 출신 재료공학자 리징(가명)은 연봉 50만 달러와 1,000만 달러 연구비 패키지로 베이징으로 이적했다. 중국 정부는 2030년까지 기초 연구 투자를 GDP의 0.3%에서 0.8%로 늘리겠다는 목표를 세웠다. 하지만 서구의 기술 통제 강화로 첨단 장비 도입이 어려워지면서, 자체 연구 인프라 구축에 예상보다 2~3년이 더 걸릴 것으로 전망된다.

한국 : 소재 빅데이터 플랫폼 구축

한국 역시 1조 2,000억 원 규모의 'AI 기반 소재 빅데이터 플랫폼 구축 사업(2025~2030)'을 가동하며 산업 경쟁력 강화를 위한 인프라를 마련 중이다. 이 사업의 핵심은 데이터 민주화다.

과거에는 삼성, LG 같은 대기업만 방대한 소재 데이터를 보유했지만, 이제는 중소기업과 스타트업도 국가 플랫폼을 통해 데이터에 접근할 수 있다. 이는 혁신의 속도를 높이고, 스타트업 생태계를 활성화한다.

한국 정부는 또한 소재·부품·장비(소부장) 2.0 전략을 추진한다. 일본의 수출 규제 이후, 한국은 핵심 소재의 국산화에 성공했지만, 이제는 한 단계 더 나아가 '세계 최고 기술'을 확보하는 것을 목표로 한다. 반도체 소재(포토레지스트, 고순도 불산), 배터리 소재(고니켈 양극재, 실리콘 음극재), 디스플레이 소재(OLED 발광 소재) 등이 집중 투자 분야다.

일본 : 소재 강국의 재도약

일본은 'Materials Integration Initiative'를 통해 AI 소재 연구를 재정비하고 있다. 일본의 강점은 오랜 소재 노하우와 장인 정신이다. 도레이의 탄소섬유, 신에쓰 화학(Shin-Etsu)의 실리콘, 스미토모 화학(Sumitomo Chemical)의 OLED 소재 등은 여전히 세계 최고 수준이다.

일본 정부는 이러한 전통 강점 분야에 AI를 접목해, 성능을 한 단계 더 끌어올리는 전략이다. 특히 탄소 중립 소재(수소 저장 소재, 탄소 포집 소재)와 양자 소재(초전도체, 위상 절연체)에 집중 투자하고 있다.

이러한 움직임은 단순한 연구비 지원이 아니다. AI 소재 생태계를 중심으로 산업 간 융합과 공급망 재편이 동시에 일어나는 것이다. AI 소재 혁명은 새로운 경제 질서를 만들고 있다. 과거의 산업경제가 물리적 자원과 노동력에 기반했다면, 미래의 경제는 데이터와 속도의 지배구조 위에 세워진다.

속도가 곧 경쟁력이다

AI가 만들어낸 소재는 단지 기술적 산출물이 아니라 경제 패권의 기초 단위가 된다. 한 국가가 얼마나 빠르게 AI 기반 소재를 설계하고 산업화하느냐가 그 나라의 경제적 자립과 성장률을 결정하게 된다. 이는 '산업 간 격차'가 아니라 AI 적용 속도의 격차로 변모하는 것이다. 결국, 속도를 통제하는 자가 시장을 지배한다. 이러한 속도 경쟁에서 승리하려면, 세 가지 요소가 필요하다.

첫째, 데이터 인프라다. 방대한 소재 데이터베이스와 고속 컴퓨팅 자원을 보유해야 한다.

둘째, AI 인재다. 소재 과학과 AI를 동시에 이해하는 융합 인재가 핵심이다.

셋째, 신속한 의사결정 구조다. 관료주의와 보수적 문화는 속도를 죽인다. 실패를 용인하고, 빠른 실험을 장려하는 문화가 필요하다.

초융합의 허브 : 소재가 모든 산업을 연결한다

소재가 반도체, 바이오, 에너지, 로봇 산업을 잇는 '초융합의 허브'로 변모하고 있다. 과거에는 각 산업이 독립적으로 발전했지만, 이제는 소재를 중심으로 융합된다.

예를 들어, 전기차 배터리는 화학(전해질), 재료공학(전극), 전자공학

(BMS), 기계공학(열 관리), AI(최적화)가 모두 결합된 초융합 제품이다. 하나의 산업만 잘한다고 해서 경쟁력을 가질 수 없다.

한국이 이러한 초융합에서 강점을 보이는 이유는 반도체·배터리·바이오·자동차 산업이 모두 세계적 수준이기 때문이다. 이들 산업이 AI 소재 플랫폼으로 연결되면, 다른 국가가 쉽게 따라잡을 수 없는 시너지가 발생한다.

AI 연구와 소재 개발이 하나의 체계로 통합된 구조다

약 3억 달러의 시장 수익은 그 자체로도 크지만, 무엇보다 중요한 것은 '속도의 주도권'이다. 유럽은 EU 그린딜 정책을 중심으로 지속 가능 소재에 집중하고 있으며, 아시아에서는 한국, 일본, 중국이 치열한 경쟁을 펼치고 있다. 특히 한국은 반도체·배터리·바이오 산업이 모두 AI 기반 소재 데이터 플랫폼과 맞물리면서 '산업 간 융합 생태계'를 가장 빠르게 구축하고 있다. 이제 글로벌 경쟁은 단순한 생산력의 싸움이 아니다. 데이터의 질과 AI의 설계 능력, 그리고 이를 바탕으로 한 소재 혁신 속도가 미래의 패권을 좌우할 것이다.

AI 소재 산업은 단일 기업의 영역이 아니다. 각국 정부가 앞다투어 'AI+소재' 프로젝트를 국가 전략으로 격상시키고 있다. 미국은 에너지부(DOE)와 NSF가 공동으로 'AI for Materials Discovery' 프로젝트를 추진하며 5년간 12억 달러를 투입한다. 유럽연합(EU)은 'Green AI Materials Mission'을 출범시켜, 탄소 중립 소재 연구에 집중 지원하고 있다. 중국은 'AI+신소재 2030 계획'을 통해 소재 자립과 AI 융합을 동시에 추진한다. 한국 역시 1조 2,000억 원 규모의 'AI 기반 소재 빅데이터 플랫폼 구축 사업(2025~2030)'을 가동하며 산업 경쟁력 강화를 위한 인프라를 마련 중이다.

이러한 움직임은 단순한 연구비 지원이 아니다. AI 소재 생태계를 중심으로 산업 간 융합과 공급망 재편이 동시에 일어나는 것이다. AI 소재 혁명은 새로운 경제 질서를 만들고 있다. 과거의 산업경제가 물리적 자원과 노동력에 기반했다면, 미래의 경제는 데이터와 속도의 지배구조 위에 세워진다.

AI가 만들어낸 소재는 단지 기술적 산출물이 아니라 경제 패권의 기초 단위가 된다. 한 국가가 얼마나 빠르게 AI 기반 소재를 설계하고 산업화하느냐가 그 나라의 경제적 자립과 성장률을 결정하게 된다. 이는 '산업 간 격차'가 아니라 AI 적용 속도의 격차로 변모하는 것이다. 결국, 속도를 통제하는 자가 시장을 지배한다. 소재가 반도체, 바이오, 에너지, 로봇 산업을 잇는 '초융합의 허브'로 변모하고 있다.

AI는 더 이상 인간의 조력자가 아니다. 이미 새로운 창조자로서 인류 문명의 다음 단계를 설계하고 있다. AI가 만드는 소재는 에너지 전환을 이끌고, 생명 연장의 가능성을 확장하며, 우주·로봇·국방 등 미래 산업의 근본을 재구성한다. 지금 이 순간, 우리는 '소재의 르네상스' 한가운데에 서 있다.

AI가 창조한 속도의 마법은 단지 기술혁신이 아니라, 경제적 주권의 재편을 의미한다. 어떤 국가와 기업이 이 혁명의 흐름을 먼저 포착하느냐에 따라 미래의 부와 권력이 결정될 것이다.

AI가 만들어내는 것은 단지 새로운 물질이 아니다.
그것은 미래의 질서 자체다.
그리고 그 질서의 첫 페이지는 지금, 우리 앞에서 쓰이고 있다.

제3장

융합의 시대

AI, 소재, 로봇이 만드는 신산업 지도

왜 지금 융합인가?
단일 기술의 한계와 시너지의 폭발

단일 기술 경쟁의 종말

2023년 독일 소재 기업의 파산이 보여준 '단일 기술 경쟁의 종말'은 2026년 현재, 산업 전반의 생존 공식으로 완전히 굳어졌다. 과거에는 특정 분야의 독보적인 원천 기술만으로도 시장 지배력을 유지할 수 있었으나, 이제는 AI 기반의 실시간 공정 지적화, 로봇 자동화, 그리고 데이터 통합 공급망이 결합된 '복합 기술 생태계'를 구축하지 못한 기업은 도태될 수밖에 없다.

단순히 '무엇을 만드느냐'를 넘어 '얼마나 지능적으로 생산하느냐'가 핵심 경쟁력이 되면서, 개별 기술의 우수성보다 기술 간의 융합과 운영 효율성이 기업의 생사를 가르는 결정적 잣대가 됐다.

같은 해, 세계 최대 산업용 로봇 제조사 중 하나는 예상치 못한 위기를 맞았다. 경쟁사가 AI를 탑재한 차세대 협업 로봇을 출시하면서 시장 점유율이 급격히 하락한 것이다. 단순히 정밀하게 움직이는 것만으로는 부족했다. 스스로 학습하고 판단하는 지능이 없는 로봇은 구시대 유물이 되어가고 있었다.

이러한 사례들이 우리에게 알려주는 교훈은 명확하다. 소재만으로, AI만으로, 로봇만으로는 더 이상 승리할 수 없다. 각 기술이 아무리 뛰어나더라도 단독으로는 한계에 봉착한다. 소재는 최적화된 생산 공정 없이는 경쟁력을 잃고, AI는 물리적 실행 수단 없이는 실험실에 갇히며, 로봇은 지능과 첨단 소재 없이는 도태된다.

그렇다면 융합은 어떤 마법을 만들어낼까? 삼성전자의 반도체 사업부는 이에 대한 흥미로운 답을 제시한다. 2024년 이들은 AI가 설계한 신규 식각 공정용 화학 소재를 로봇 자동화 라인에서 생산해 수율을 15% 향상시켰다. 한 가지 기술만 개선했다면 수율 향상은 기껏해야 3~5%에 그쳤을 것이다. 하지만 세 기술이 유기적으로 결합되자 시너지 효과는 예상을 뛰어넘었다. 이것이 바로 '1+1=10'의 법칙이다.

융합 실패 사례도 살펴볼 필요가 있다. 미국의 한 스타트업은 혁신적인 고체 전해질 소재를 개발했지만, 양산 공정 설계에 AI를 활용하지 못하고 전통적인 시행착오 방식을 고집했다. 결과는 참담했다. 제품화까지 5년이 걸렸고, 그사이 경쟁사들은 AI 기반 공정 개발로 2년 만에 시장에 진입했다. 뛰어난 소재 기술도 빠른 실행력 없이는 무용지물이었다.

반면 테슬라는 융합 성공의 교과서다. 배터리 소재 연구에 AI를 활용하고, 셀 생산은 자동화 로봇 라인으로 구축하며, 다시 AI가 전체 공정을 실시간 최적화한다. 이 완벽한 루프 덕분에 테슬라는 배터리 원가를 경쟁사 대비 30% 낮추면서도 성능은 우수하게 유지할 수 있었다.

융합의 3단계 진화 모델

기술 융합은 하루아침에 완성되지 않는다. 대부분의 기업은 세 단계를 거쳐 진화한다.

1단계 : 병렬 활용

초기 단계에서 기업들은 각 기술을 독립적으로 사용한다. 소재 개발팀은 전통적 방식으로 신소재를 연구하고, IT팀은 별도로 AI 모델을 개발하며, 생산팀은 로봇을 도입하지만, 각자의 영역에서만 작동한다. 이 단계에서는 융합의 효과가 미미하다. 한 글로벌 화학 기업의 CTO는 이렇게 토로했다.

"우리는 AI팀, 소재팀, 자동화팀을 모두 갖추고 있지만, 이들은 서로 다른 언어를 쓰는 것처럼 소통하지 못했습니다."

2단계 : 연쇄 통합

성숙 단계로 접어들면 한 기술의 결과가 다음 기술의 입력으로 활용된다. AI가 설계한 소재 후보군을 로봇 실험실이 자동으로 합성하고 테스트하는 식이다. 이 단계에서 개발 속도는 눈에 띄게 빨라진다. 일본의 한 소재 기업은 이 방식을 도입한 후 신소재 개발 기간을 3년에서 8개월로 단축했다. 하지만 여전히 각 기술 간 전환 과정에서 병목 현상이 발생하고, 데이터 손실도 불가피했다.

3단계 : 완전 융합

최고 단계에서는 세 기술이 하나의 통합 시스템으로 작동한다. AI는 소재의 물성을 예측하는 동시에 최적의 로봇 제조 공정까지 설계한다. 로봇은 생산하면서 수집한 데이터를 실시간으로 AI에 피드백하고, AI는 즉시 소재 설계와 공정을 개선한다. 이 단계에 도달한 기업은 극소수다.

바스프는 2025년 완전 융합 시스템을 구축한 대표 사례다. 이들의 '인텔리전트 머티리얼 플랫폼'은 AI가 고객의 요구사항을 분석해 맞춤형 화학 소재를 설계하면, 자동화 로봇 라인이 즉시 샘플을 생산하고, 생산 데이터는 다시 AI 모델을 훈련시키는 데 사용된다. 이 시스템 덕분에 바스프는 고객 맞춤 소재 개발을 기존 6개월에서 3주로 단축했다.

융합 기업의 경쟁 우위

완전 융합 단계에 도달한 기업들은 세 가지 압도적 우위를 확보한다.

기술 장벽의 기하급수적 상승

단일 기술은 모방이 비교적 쉽다. 뛰어난 AI 알고리즘도 논문으로 공개되면 6개월 내 경쟁사가 재현할 수 있다. 혁신 소재도 리버스 엔지니어링이 가능하고, 로봇 하드웨어는 구매할 수 있다. 하지만 세 기술이 완벽히 통합된 시스템은 복제가 거의 불가능하다. 각 요소뿐 아니라 그들 사이의 상호작용, 축적된 데이터, 조직의 운영 노하우까지 복사해야 하기 때문이다.

테슬라의 4680 배터리가 좋은 예다. 소재 구성은 분석할 수 있고, 제조 장비도 구매할 수 있다. 하지만 AI가 최적화한 제조 파라미터, 수천 번의 생산을 통해 학습한 불량 패턴, 로봇의 미세한 동작 제어 알고리즘까지 모두 재현하는 것은 전혀 다른 차원의 문제다. 이것이 중국 기업들이 테슬라 배터리를 완벽히 복제하지 못하는 이유다.

모방 불가능한 데이터-소재-제조 루프

융합 기업의 진정한 힘은 끊임없이 진화하는 선순환 구조에 있다. 생산 현장의 로봇은 매일 수천만 개의 데이터 포인트를 생성한다. AI는 이 데이터에서 패턴을 발견해 소재 배합을 개선하고, 개선된 소재는 더 나은 제품을 만들어내며, 이는 다시 더 많은 데이터를 생성한다.

경쟁사가 오늘 시점의 기술을 복제하더라도, 그사이 융합 기업은 수만 번의 개선 사이클을 돌며 더 앞서 나간다. 현대자동차의 한 엔지니어는 이렇게 설명한다.

"우리가 2024년에 개발한 배터리 관리 알고리즘은 2025년에 이미 구식입니다. 50만 대의 전기차가 매일 데이터를 보내오면서 AI는 매주 진화하거든요. 경쟁사가 우리 작년 기술을 모방할 때, 우리는 이미 차세대 기술을 양산하고 있습니다."

시장 선점 속도의 압도적 차이

융합 기업은 아이디어에서 제품 출시까지의 시간을 극적으로 단축한다. 전통 기업이 신제품 개발에 35년을 소요할 때, 융합 기업은 6개월, 1년이면 충분하다.

일본의 파나소닉과 중국의 CATL을 비교해보자. 파나소닉은 새로운 배터리 화학 구조를 개발할 때 실험실에서 수작업으로 수백 개 조합을 테스트하고, 유망한 후보를 선정해 파일럿 생산 라인을 구축하며, 여러 번의 공정 개선을 거쳐 양산에 들어간다. 전체 과정에 4~5년이 소요된다.

반면 CATL은 AI가 수만 개의 가능한 배터리 화학 조합을 시뮬레이션해 최적 후보 10개를 선정하고, 로봇 실험실이 24시간 무인으로 이들을 합성해 테스트하며, AI가 실시간으로 공정을 최적화한 생산 라인에서 바로 양산을 시작한다. 전체 과정이 12~18개월에 불과하다. 이 속도 차이가 2023년 CATL이 파나소닉을 제치고 세계 1위 배터리 제조사가 된 핵심 이유다.

시장 선점의 이점은 단순히 먼저 파는 것에 그치지 않는다. 먼저 시장에 진입한 기업은 고객 데이터를 먼저 확보하고, 이를 통해 제품을 더 빠르게 개선하며, 개선된 제품은 더 많은 고객을 확보한다. 후발주자는 더 나은 기술로도 이 격차를 따라잡기 어렵다. 애플이 아이폰으로 구축한 생태계를 삼성이나 화웨이가 뛰어난 하드웨어로도 넘어서지 못하는 것과 같은 이치다.

결국 기술 융합은 선택이 아니라 생존의 문제다. 단일 기술로 경쟁하는 기업은 점점 더 좁은 틈새시장으로 밀려날 것이고, 융합을 완성한 기업들은 산업 전체를 재편할 것이다. 다음 챕터에서는 이러한 융합이 각 산업에서 어떻게 구체적으로 전개되고 있는지 살펴보겠다.

전기차를 넘어 자율주행 로봇으로

배터리 혁명과 AI의 만남

2025년 1월, 테슬라는 놀라운 발표를 했다. 자사 전기차 배터리의 수명을 기존 예측보다 30% 연장할 수 있게 됐다는 것이다. 하드웨어를 바꾼 것도 아니었다. 단지 소프트웨어 업데이트를 통해 배터리 관리 시스템(BMS)의 AI 알고리즘을 개선한 것뿐이었다. 이것이 가능했던 이유는 전 세계 500만 대 테슬라 차량에서 수집한 배터리 사용 데이터를 AI가 학습했기 때문이다.

전통적인 BMS는 단순한 규칙 기반 시스템이었다. 배터리 온도가 일정 수준을 넘으면 충전을 멈추고, 전압이 특정 범위를 벗어나면 경고를 울리는 식이었다. 하지만 AI 기반 BMS는 완전히 다른 차원에서 작동한다.

먼저 개별 셀 단위의 맞춤 관리가 가능하다. 배터리 팩 안의 수천 개 셀은 제조 과정의 미세한 차이로 각기 다른 특성을 갖는다. AI는 각 셀의 고유한 특성을 학습해 충방전 전략을 개별 최적화한다. 어떤 셀은 급속 충전에 강하고, 어떤 셀은 저온 환경에 취약하다. AI는 이 모든 것을 고려해 배터리 팩 전체의 수명과 성능을 극대화한다.

예측적 열화 관리도 혁신적이다. 전통 BMS는 배터리가 손상된 후에야 대응한다. 하지만 AI는 운전 패턴, 충전 습관, 환경 데이터를 분석해 6개월 후 배터리 상태를 90% 이상의 정확도로 예측한다. 배터리가 문제를 일으키기 전에 운전자에게 충전 방식 변경을 권고하거나, 자동으로 충전 프로파일을 조정해 수명을 연장한다.

BYD는 한 걸음 더 나아갔다. 2024년 이들이 출시한 '블레이드 배터리 2.0'은 AI가 실시간으로 화재 위험을 감지하고 예방한다. 배터리 내부의 수백 개 센서에서 수집한 온도, 전압, 내부 저항 데이터를 초당 1,000회 분석해 열폭주 징후를 포착한다. 실제로 중국 선전에서 한 BYD 차량이 주행 중 배터리 이상 징후를 감지하고 자동으로 안전 모드로 전환해 화재를 예방한 사례가 보고됐다. 운전자는 이상을 전혀 인지하지 못했지만, AI는 0.01초 단위로 데이터를 분석해 위험을 차단했다.

현대차는 다른 접근을 택했다. E-GMP 플랫폼에 탑재된 AI BMS는 차량 수명 전체를 최적화하는 데 초점을 맞춘다. 단순히 배터리만 관리하는 것이 아니라 구동 모터, 인버터, 냉각 시스템까지 통합 제어한다. 예를 들어 장거리 고속 주행이 예상되면, AI는 배터리 충전 상태를 약간 낮춰두고 회생 제동 효율을 높이는 전략을 선택한다. 반대로 도심 주행이 예상되면 배터리를 완충해두고 가속 반응성을 최대화한다.

세 회사의 전략을 비교하면 흥미로운 차이가 드러난다. 테슬라는 데이터 규모에서 압도적이다. 500만 대가 넘는 차량이 매일 수십 테라바이트의 데이터를 생성하고, 이를 통해 AI 모델을 지속적으로 개선한다. BYD는 배터리 제조와 차량 생산의 수직 계열화를 강점으로 삼는다. 배터리 셀 단계부터 AI 최적화가 시작되므로, 차량 탑재 후 성능 예측 정확도가 높다. 현대차는 시스템 통합에 강점이 있다. 파워트레인 전체를 하나의 AI 시스템으로 제어해 에너지 효율을 극대화한다.

2026년 이후 배터리 AI 경쟁은 더욱 치열해질 전망이다. 차세대 전고체 배터리는 더 복잡한 충방전 특성을 갖기 때문에, AI 없이는 성능을 제대로 끌어낼 수 없다. 배터리 기술과 AI 기술을 동시에 선도하는 기업만이 차세대 전기차 시장을 지배할 것이다.

경량화 소재와 로봇 제조의 결합

전기차의 최대 적은 무게다. 배터리가 무거우면 주행거리가 줄고, 주행거리를 늘리려 배터리를 더 넣으면 차는 더 무거워진다. 이 악순환을 끊는 유일한 방법은 차체를 가볍게 만드는 것이다. 여기서 소재 혁신과 제조 혁신이 만난다.

탄소섬유 강화 플라스틱은 알루미늄보다 40% 가볍지만 강도는 더 높다. 문제는 가격과 생산성이었다. 탄소섬유는 킬로그램당 30~50달러로 강철의 10배 이상 비쌌고, 복잡한 형상을 만들기도 어려웠다. 하지만 AI와 로봇이 이 문제를 해결하고 있다.

BMW는 i7 전기 세단에 AI가 설계한 CFRP 루프를 적용했다. 전통 방식으로는 단순한 평면 형태만 만들 수 있었지만, AI는 수십만 번의 시뮬레이션을 통해 복잡한 리브 구조를 설계했다. 이 구조는 무게는 15% 더 가볍지만, 강성은 오히려 20% 높았다. 제조는 6축 로봇이 담당한다. 로봇 팔은 0.1mm 정밀도로 탄소섬유 프리프레그를 적층하고, 레이저로 즉시 경화시킨다. 전체 공정이 12분에 완료된다. 사람이 하면 2시간 걸릴 작업이다.

더 획기적인 것은 알루미늄 합금의 AI 설계다. 알루미늄은 탄소섬유보다 저렴하지만 강도가 약했다. 수십 년간 야금학자들은 강도와 가공성을 동시에 높이려 노력했지만, 두 특성은 서로 trade-off 관계였다. AI가 이 한계를 돌파했다. 미국 스타트업 시트린 인포매틱스는 머신 러닝으로 10만 개 이상의 알루미늄 합금 데이터를 학습하고, 기존에 시도되지 않은 원소 조합을 제안했다. 이들이 설계한 신합금은 강도는 7000계열 알루미늄과 비슷하지만, 주조성은 훨씬 우수했다. 자동차 업계는 즉각 주목했다. 주조가 쉽다는 것은 대량생산이 가능하다는 뜻이기 때문이다.

중국 업체들도 빠르게 따라잡고 있다. BYD, NIO, Xpeng 모두 기가프레스급 대형 주조 설비를 도입했다. 하지만 단순히 기계를 사는 것으로는 부족하다. AI 기반 공정 최적화 노하우가 없으면 불량률이 높아 경제성이 나오지 않는다. 이것이 테슬라가 여전히 제조 경쟁력에서 앞서는 이유다.

현대차는 다른 전략을 펼친다. 기가프레스 대신 멀티 머티리얼 구조를 선택했다. 응력이 집중되는 부분은 초고강도 강철을, 하중이 적은 부분은 알루미늄이나 CFRP를 쓴다. AI가 충돌 시뮬레이션을 수만 번 돌려 최적의 소재 배치를 찾아낸다. 제조는 로봇 용접 라인이 담당한다. 레이저 용접 로봇은 서로 다른 소재를 정밀하게 접합하고, 비전 시스템이 실시간으로 품질을 검사한다.

어떤 방식이 옳다고 단정할 수는 없다. 중요한 것은 소재 혁신과 제조 혁신이 분리될 수 없다는 사실이다. 아무리 뛰어난 경량 소재를 개발해도 양산할 수 없으면 무용지물이고, 아무리 정밀한 로봇이 있어도 가공할 소재가 없으면 의미가 없다. 소재와 로봇, 그리고 이 둘을 최적화하는 AI가 삼위일체를 이룰 때 비로소 진정한 혁신이 가능하다.

자율주행 : 센서 소재·AI 판단·로봇 제어의 3중주

자율주행은 단순히 소프트웨어 문제가 아니다. 센서가 세상을 정확히 인식하지 못하면 아무리 똑똑한 AI도 쓸모없고, AI가 완벽한 판단을 내려도 차량이 정밀하게 반응하지 못하면 사고가 난다. 센서 AI, 소재, 로봇 제어가 완벽히 조화를 이루어야 비로소 자율주행이 가능하다.

라이다(LiDAR)의 소재 전쟁부터 시작해보자. 라이다는 레이저를 쏘아 반사되는 시간으로 거리를 측정하는 센서다. 초기 라이다는 기계식 회전 방식으로, 크고 비싸고 내구성도 떨어졌다. 웨이모 차량 지붕의 버킷 모양 라이다는 대당 7만 달러가 넘었다.

혁신은 MEMS(미세전자기계시스템) 기반 고체 라이다에서 왔다. 실리콘 칩 위에 미세한 거울을 집적해 레이저 빔을 스캔하는 방식이다. 움직이는 부품이 최소화되어 고장이 적고, 대량생산이 가능해 가격도 수백 달러로 떨어졌다. 하지만 MEMS 거울의 성능은 소재에 달려 있었다.

질화알루미늄(AlN)과 질화갈륨(GaN) 같은 신소재가 게임 체인저가 됐다. 이 소재들은 압전 특성이 뛰어나 전기 신호로 정밀하게 제어할 수 있고, 빛 반사율도 높다. 중국 로보센스(RoboSense)와 미국 루미나(Luminar)는 AI를 동원해 이들 소재의 박막 증착 공정을 최적화했다. 두께, 조성, 결정 구조를 나노미터 단위로 제어하지 않으면 성능이 나오지 않는데, AI가 수천 번의 실험 데이터를 학습해 최적 조건을 찾아냈다.

레이더(Radar) 소재도 진화하고 있다. 차세대 77GHz 고해상도 레이더는 갈륨비소(GaAs)나 질화갈륨 기반 RF 칩을 사용한다. 이 소재들은 실리콘보다 고주파 특성이 우수해 더 정밀한 감지가 가능하다. 보쉬와 콘티넨탈은 AI를 활용해 레이더 신호 처리 알고리즘을 개선하고 있다. 다중 경로 반사, 간섭, 노이즈를 AI가 실시간으로 필터링해 악천후에서도 물체를 정확히 감지한다.

센서가 데이터를 수집하면 이제 AI의 차례다. 실시간 의사결정 AI는 자율주행의 두뇌다. 테슬라의 FSD 시스템은 8개 카메라에서 초당 2기가바이트의 영상 데이터를 받아들인다. 이 데이터를 분석해 주변 차량, 보행자, 신호등, 차선을 인식해 다음 동작을 결정하는 것은 고작 0.1초다.

자율주행차가 도로를 달리며 매 순간 내리는 판단은 인간의 상상을 초월하는 계산 속도를 요구한다. 시속 100km로 달리는 차는 1초에 약 28미터를 이동하는데, 이 짧은 시간 안에 수십 개의 카메라와 센서 데이터를 분석하고, 주변 차량과 보행자를 인식하며, 수백 가지 주행 시나리오를 시뮬레이션해야 한다. 일반적인 컴퓨터 칩으로는 이런 작업이 불가능하다. 여기서 등장한 것이 TOPS(Tera Operations Per Second)라는 개념이다. 'Tera'는 1조를 의미하므로, 1 TOPS는 1초에 1조 번의 계산을 한다는 뜻이다. 테슬라의 D1 칩은 약 362 TOPS, 엔비디아의 Drive

Thor는 무려 2,000 TOPS의 성능을 자랑한다. 이는 일반 노트북 CPU 보다 수천 배 빠른 속도다.

왜 자동차 회사들이 엔비디아 같은 기존 칩 제조사의 제품을 쓰지 않고 자체 칩을 개발할까? 답은 '맞춤형 최적화'에 있다. 범용 칩은 게임, 영상 편집, 과학 계산 등 다양한 작업을 처리할 수 있지만, 자율주행에 특화되지 않았다. 테슬라의 D1 칩은 카메라 영상에서 차선, 신호등, 보행자를 구분하는 비전 트랜스포머(Vision Transformer) 알고리즘을 처리하는 데 최적화됐다. 이 알고리즘은 사람의 눈처럼 이미지 전체의 맥락을 이해하는 방식으로, 기존 방식보다 훨씬 정확하다. 예를 들어, 비오는 밤에 검은 우산을 쓴 보행자를 인식하는 정확도가 기존 85%에서 98%로 향상됐다. 하지만 이 알고리즘은 연산량이 엄청나다. 1초 분량의 8개 카메라 영상을 처리하려면 약 10^{15}(1,000조) 번의 계산이 필요하다. 맞춤형 칩 없이는 실시간 처리가 불가능한 이유다.

이런 칩 경쟁은 자율주행 업계의 판도를 바꾸고 있다. 중국의 바이두는 자체 칩 '쿤룬(Kunlun)'으로 로보택시 운영 비용을 40% 절감했다. 반면 칩 개발 능력이 없는 중소 업체들은 엔비디아에 의존하며 칩 1개당 1,000~2,000달러를 지불한다. 흥미로운 인사이트는 '데이터 효율성'이다. 테슬라는 전 세계 500만 대 차량에서 매일 수십억 킬로미터의 주행 데이터를 수집하고, D1 칩으로 이를 학습한다. 이는 경쟁사보다 100배 많은 학습량이다. 결국 맞춤형 AI 칩은 단순히 빠른 계산기가 아니라, 데이터를 지식으로 바꾸는 '학습 가속기'인 셈이다. 2030년이 되면 자율주행차의 두뇌는 지금보다 10배 똑똑해질 것이고, 그 중심에는 이 작은 칩들이 있을 것이다.

AI가 "좌회전하라"라고 결정을 내리면, 마지막은 로봇 제어 시스템의 몫이다. 핸들을 얼마나 돌리고, 가속페달을 얼마나 밟으며, 브레이크를 언제 작동시킬지 밀리초 단위로 제어해야 한다. 이것은 본질적으로 로봇 공학 문제다. 자율주행차는 도로를 달리는 이동 로봇이기 때문이다.

승자의 조건

자동차 산업의 미래는 기술 내재화를 이룬 기업에 속할 것이다. 과거에는 완성차 기업이 설계와 조립에만 집중하고 핵심 부품은 외부에서 조달했다. 엔진은 보쉬, 변속기는 ZF, 타이어는 미쉐린에서 사오면 됐다. 하지만 전기차와 자율주행 시대에는 이 모델이 통하지 않는다.

배터리, 전력 반도체, AI 칩, 센서는 모두 깊은 기술적 통합이 필요하다. 배터리 성능을 극대화하려면 셀 화학부터 팩 설계, BMS 소프트웨어까지 일관되게 최적화해야 한다. 자율주행 시스템은 센서, AI, 차량 제어가 밀리초 단위로 유기적으로 작동해야 한다. 이런 통합은 단순한 부품 구매로는 불가능하다.

테슬라의 성공 비결은 바로 극단적 수직 통합이다. 배터리 셀(파나소닉과 협력하지만, 자체 개발도 병행), 전력 반도체(실리콘 카바이드 MOSFET 직접 설계), AI 칩(D1 칩 자체 개발), 심지어 시트까지 직접 만든다. 이 전략은 단기적으로는 막대한 투자가 필요하지만, 장기적으로는 기술 경쟁력과 원가 경쟁력을 동시에 확보할 수 있다.

반대 전략도 있다. 토요타는 수평 협력을 택했다. 배터리는 파나소닉·CATL·BYD 등 여러 업체에서 조달하고, 자율주행 기술은 오로라(Aurora), 포니에이아이(Pony.ai) 등과 협력한다. 리스크를 분산하고 각 분야의 최고 기술을 활용하겠다는 전략이다. 하지만 이 접근은 통합 최적화가 어렵고, 핵심 기술을 외부에 의존하게 된다는 약점이 있다. 2026년 자율주행 생태계를 요약하면 미래 차 산업의 분업화가 가속화되고 있다. 하드웨어라는 '몸체'는 현대·볼보가, 컴퓨팅이라는 '두뇌'는 엔비디아(Orin·Thor)가 제공하며, 그 두뇌를 깨우는 '지능'은 오로라와 포니에이아이 같은 소프트웨어 기업들이 채워나가고 있다. 결국 자동차 산업의 핵심 경쟁력이 하드웨어에서 소프트웨어로 전이됨에 따라, 전통적 부품사(Bosch, ZF)의 자리를 엔비디아, 포니에이아이 같은 자율주행 플랫폼 기업들이 대체하고 있다.

2030년 자동차 산업 지형도를 예측해보자. 세 그룹으로 나뉠 것이다.

첫 번째 그룹은 완전 통합형 테크 기업들이다. 테슬라, BYD, 그리고 애플이 진입한다면 애플이 여기 속한다. 이들은 소재부터 소프트웨어까지 대부분을 내재화하고, AI와 데이터를 핵심 경쟁력으로 삼는다.

두 번째 그룹은 선택적 통합형 전통 기업들이다. 현대차, GM, 폭스바겐 등이 여기 속한다. 핵심 기술(예 : 전기 파워트레인, ADAS)은 내재화하되, 일부 기술(예 : 배터리 셀)은 전략적 협력으로 확보한다.

세 번째 그룹은 조립 중심 기업들이다. 기술 내재화에 실패해 점점 더 부품 공급사에 의존하게 된다. 스텔란티스, 닛산 등이 위험하다. 브랜드 가치로 어느 정도 버티겠지만, 수익성은 계속 악화될 것이다.

승부는 이미 갈리기 시작했다. 지금 AI, 소재, 로봇 기술에 과감히 투자하고 통합하는 기업만이 2030년 승자가 될 것이다.

AI가 설계하고 로봇이 만드는 맞춤 치료제

신약 개발의 패러다임 전환

2024년 엑센티아가 증명했던 18개월의 기적은 2026년 현재, 제약 산업의 '기본 사양'으로 완전히 정착됐다. 과거 10년 이상 소요되던 신약 개발 주기가 AI 기반 시뮬레이션과 고속 대량 스크리닝 기술의 결합으로 인해 2년 미만으로 단축됐으며, 이는 단순한 속도전을 넘어 임상 성공률의 획기적 향상으로 이어졌다.

이제 신약 개발은 막대한 자본과 시간을 투입하는 '확률 게임'에서 벗어나, 데이터와 AI 알고리즘을 통해 부작용을 사전에 정밀 타격하고 효능을 극대화하는 '정밀 설계 공학'의 영역으로 진입했다.

AI가 분자를 설계하는 시대가 열렸다. 전통적인 신약 개발은 천문학적 시행착오의 과정이었다. 특정 질병에 효과가 있을 만한 화합물을 수만 개에서 수십만 개를 합성하고, 동물 실험을 거쳐 극소수만 임상 시험에 진입한다. 임상 1, 2, 3상을 통과하는 확률은 10%가 채 안 된다. 평균 개발 기간 1015년, 비용은 26억 달러에 달한다.

AI는 이 과정을 근본적으로 바꾸고 있다. 엑센티아의 플랫폼은 수십억 개의 가능한 분자 구조를 컴퓨터 시뮬레이션으로 스크리닝한다. 표적 단백질과의 결합력, 세포 투과성, 대사 안정성, 독성 등을 예측해 유망한 후보 수백 개를 추린다. 여기까지 걸리는 시간은 단 몇 주다. 전통 방식이라면 2~3년 걸릴 작업이다.

하지만 컴퓨터 예측만으로는 부족하다. 실제로 합성하고 테스트해봐야 한다. 여기서 로봇 실험실이 등장한다. 리커전 파마슈티컬스의 무인 실험실은 하루에 220만 개의 실험을 수행한다. 로봇 팔이 96웰, 384웰 플레이트에 화합물을 분주[5]하고, 세포에 처리하며, 현미경으로 세포 반응을 촬영한다. 이 과정이 24시간 쉬지 않고 돌아간다.

핵심은 AI와 로봇의 폐쇄 루프다. AI가 예측한 화합물을 로봇이 합성하고 테스트하면, 그 결과 데이터가 다시 AI 모델을 훈련시킨다. AI는 자신의 예측이 맞았는지 틀렸는지 학습하고, 다음 라운드에서는 더 정확한 예측을 한다. 이 사이클이 수백 번 반복되면서 AI는 점점 더 똑똑해진다.

결과는 극적이다. 엑센티아는 4개의 AI 설계 신약을 임상에 진입시켰고, 그중 하나는 이미 2상까지 진행됐다. 개발 기간은 평균 10년에서 2년으로, 비용은 26억 달러에서 5억 달러 수준으로 줄었다. 성공률도 높아졌다. AI가 설계한 약물은 임상 진입 전 단계에서 이미 충분히 검증됐기 때문에, 임상에서 실패할 확률이 낮다.

대형 제약사들도 이 흐름에 동참하고 있다. 화이자는 2023년 AI 신약 개발에 10억 달러를 투자했고, 바이오슈(BioSure)는 리커전 파마슈티컬스와 파트너십을 맺었다.

하지만 모든 게 장밋빛은 아니다. AI가 설계한 분자가 예상대로 작동하지 않는 경우도 많다. 생체 내 환경은 컴퓨터 모델보다 훨씬 복잡하기 때문이다. 또 규제 당국은 AI 설계 약물의 안전성을 어떻게 평가해야 할지 아직 명확한 기준이 없다. FDA는 2024년 AI 신약 개발 가이드라인 초안을 발표했지만, 여전히 논쟁이 많다.

그럼에도 방향은 명확하다. 2030년이 되면 신규 임상 진입 약물의 절반 이상이 AI 설계를 거칠 것이다. 전통적인 메디시날 케미스트(Medici-

---

5) 로봇 시스템은 사람의 손으로는 불가능한 오차 범위 내에서 나노리터(nL) 단위로 화합물을 분주한다. 384웰 플레이트를 사용함으로써 한 번의 실험에 들어가는 시약의 양은 최소화하면서도, 데이터 생산량은 96웰 대비 4배 이상 높였다.

nal Chemist, 의약화학자)의 역할을 '장인'에서 '데이터 아키텍트'로 완전히 바꾸어 놓았다. 수작업으로 분자를 그리는 대신, AI가 제안한 후보군을 평가하고 개선하는 역할로 전환될 것이다.

바이오 소재의 폭발 : 3D 프린팅 장기부터 나노 치료제까지

2025년 1월, 미국 웨이크 포레스트 의대 연구팀은 3D 프린팅으로 만든 인공 심장 판막을 성공적으로 이식했다. 환자 자신의 세포에서 추출한 줄기세포를 바이오 잉크에 혼합해 프린팅한 것이다. 이식 6개월 후, 판막은 정상적으로 기능하고 있으며 거부 반응도 없다. 맞춤형 장기 시대가 성큼 다가온 것이다.

바이오 잉크는 살아 있는 세포를 담을 수 있는 특수한 소재다. 세포에 독성이 없어야 하고, 프린팅 과정의 물리적 스트레스를 견뎌야 하며, 프린팅 후에는 적절한 강도를 유지해야 한다. 또 세포가 성장하고 조직을 형성할 수 있도록 생분해성이어야 한다. 이런 까다로운 요구사항을 모두 만족하는 소재를 개발하는 것은 지난 10년간 바이오 공학의 최대 난제였다.

셀링크는 조류에서 추출한 나노셀룰로오스와 알지네이트를 결합한 바이오 잉크를 개발했다. 이 소재는 프린팅 중에는 전단력으로 점도가 낮아져 노즐을 잘 통과하지만, 프린팅 후에는 즉시 겔 상태로 굳어 형태를 유지한다. 또 2주 후부터 천천히 분해되면서 세포가 자체 세포외기질(ECM)을 생성할 시간을 준다. 셀링크는 단순히 3D 바이오프린터를 만드는 회사를 넘어 '자동화된 바이오 생태계'를 완성하는 핵심 축으로 자리 잡고 있다.

더 획기적인 것은 나노 치료제다. 기존 항암제는 온몸에 퍼져 암세포뿐 아니라 정상 세포도 공격해 심각한 부작용을 일으켰다. 나노 약물전달시스템은 이 문제를 해결한다. 나노입자 표면에 암세포만 인식하는 항체를 부착해, 약물을 암세포에만 전달하는 것이다.

자동화된 제약 공장 : 로봇이 약을 만든다

전통적인 제약 공장은 배치(batch) 방식이었다. 거대한 반응기에서 며칠에 걸쳐 약물을 합성하고, 정제하며, 건조하고, 정제하는 과정을 순차적으로 진행한다. 한 배치가 끝나면 설비를 세척하고 다음 배치를 시작한다. 이 방식은 비효율적이고, 품질 편차도 크며, 규모 확장도 어렵다.

연속 제조(Continuous Manufacturing)가 대안으로 떠올랐다. 원료가 연속적으로 투입되고, 약물이 연속적으로 생산된다. 마치 자동차 공장의 컨베이어 벨트처럼 말이다. 반응, 정제, 건조, 제형화가 하나의 연결된 시스템에서 진행된다.

노바티스(Novartis : 플랫폼 기반의 정밀 의학 기업)는 2025년 뉴저지에 완전히 자동화된 연속 제조 공장을 가동했다. 이 공장은 전통적인 배치 공정 대비 90% 작은 공간에서 같은 양을 생산한다. 생산 시간은 30일에서 2일로 단축됐다. 품질도 더 균일하다. 배치 방식은 배치마다 조건이 약간씩 달라 품질 편차가 생기지만, 연속 공정은 조건이 일정해 제품 품질도 일정하다.

AI 기반 품질 관리가 핵심이다. 공정 전반에 설치된 수백 개의 센서가 온도, 압력, pH, 농도, 입자 크기 등을 실시간으로 측정한다. AI는 이 데이터를 분석해 이상 징후를 조기에 포착한다. 예를 들어 반응 온도가 설정값에서 0.5도만 벗어나도 AI는 경고를 울리고, 자동으로 보정한다.

더 나아가 AI는 공정을 실시간으로 최적화한다. 원료의 품질이 배치마다 약간씩 다를 수 있는데, AI는 이를 감지하고 반응 조건을 자동 조정해 일정한 품질의 제품을 만든다. 일라이 릴리[6]는 이 기술로 수율을 5% 향상시키고 불량률을 70% 낮췄다.

---

6) Eli Lilly : 시가총액 세계 1위 제약사의 자리를 굳건히 하며, 자동차 산업의 테슬라와 같은 파괴적 혁신을 바이오 분야에서 실현한다.

로봇 자동화도 필수다. 원료 투입, 샘플링, 품질 검사, 포장까지 모든 과정이 로봇으로 자동화된다. 화이자(Pfizer)의 모듈러 제약 공장은 40피트 컨테이너 크기의 모듈들로 구성되어 있고, 각 모듈은 완전 무인 자동화된다. 필요에 따라 모듈을 추가하거나 제거해 생산 규모를 유연하게 조절할 수 있다.

팬데믹 대응 속도에서 진가가 드러났다. 전통적인 제약 공장은 새로운 약물을 생산하려면 설비를 재구성하는 데 612개월이 걸린다. 하지만 모듈러 연속 제조 시스템은 24주면 충분하다. 소프트웨어 설정과 로봇 프로그래밍만 바꾸면 되기 때문이다.

모더나가 COVID-19 백신을 개발하고 생산 규모를 확대하는 속도가 놀라웠던 이유가 여기 있다. 이들은 처음부터 연속 제조를 염두에 두고 공정을 설계했다. 임상 시험이 진행되는 동안 동시에 생산 설비를 구축했고, 승인이 떨어지자마자 즉시 대량 생산에 돌입했다. 전통 제약사라면 불가능한 속도였다.

이 분야의 투자 기회

AI 신약 설계 플랫폼 기업 엑센티아는 가장 앞선 AI 신약 플랫폼을 보유하고 있다. 이미 4개의 파이프라인이 임상에 진입했고, 사노피[7]와 바이엘(Bayer : 디지털 트윈과 정밀 농업의 결합) 등과 대형 파트너십을 맺었다. 2024년 주가는 변동성이 컸지만, 장기적으로는 AI 신약 개발의 선두 주자로 자리 잡을 가능성이 높다.

리커전 파마슈티컬스는 독특한 접근을 택했다. 세포 이미징 데이터를 대규모로 수집해 AI 모델을 훈련시킨다. 2024년 로슈와 바이엘과 각

---

7) Sanofi : 암 및 면역 질환 분야에서 최대 15개의 후보 물질을 공동 개발 중이다.

각 50억 달러 규모의 파트너십을 체결하며 기술력을 인정받았다. 다만 아직 임상 3상을 통과한 약물이 없어, 실제 상용화까지는 시간이 더 필요하다.

슈뢰딩거(Schrödinger)는 컴퓨터 시뮬레이션 기반 약물 설계 소프트웨어로 시작해, 이제는 자체 파이프라인도 개발한다. 소프트웨어 라이선스 수익과 자체 신약 개발을 병행하는 하이브리드 모델이다. 비교적 안정적인 수익 구조를 갖췄다는 장점이 있다.

오가노보[8]는 3D 바이오 프린팅 조직을 약물 테스트용으로 판매한다. 동물 실험을 대체할 수 있는 인간 조직 모델이라는 점에서 시장성이 크다. 하지만 재무 상태가 불안정하고, 경쟁도 치열해지고 있다.

제약·바이오 산업의 융합 혁명은 이제 시작 단계다. 2030년이 되면 대부분의 신약 개발에 AI가 사용되고, 주요 바이오 의약품은 자동화 공장에서 생산될 것이다. 이 변화의 수혜자는 기술 융합을 선도하는 소수 기업이 될 것이다.

---

8) 오가노보 : 생체 모사 테스트 트랙의 독보적인 공급자다.

나노 소재와 극한 정밀 제조의 경계

무어의 법칙 너머 : 신소재가 여는 차세대 칩

2024년 12월, TSMC는 2nm 공정 양산 계획을 발표했다. 트랜지스터 크기가 불과 2나노미터, 즉 원자 10개 정도의 폭이다. 이 정도 스케일에서는 실리콘의 물리적 한계가 명확해진다. 터널링 효과로 전류가 새고, 발열 밀도는 태양 표면에 육박하며, 양자 효과가 예측 불가능한 동작을 일으킨다.

무어의 법칙은 18개월마다 칩의 트랜지스터 수가 2배로 늘어난다는 법칙으로 물리학의 벽에 부딪혔다. 하지만, 반도체 산업은 포기하지 않았다. 실리콘이 한계라면 실리콘을 넘어서면 된다.

탄소나노튜브가 가장 유망한 후보다. 탄소나노튜브는 실리콘 대비 전자 이동도가 100배 높고, 전력 소모는 10분의 1이다. 이론적으로는 실리콘보다 10배 빠르고 효율적인 칩을 만들 수 있다. MIT, 스텐포드, IBM 연구팀들이 CNT 트랜지스터를 시연했다. 문제는 제조다. CNT는 금속성과 반도체성이 섞여 자라기 때문에, 순수하게 반도체성 CNT만 분리하기가 극도로 어렵다. 또 CNT를 기판 위에 정렬하는 것도 난제다. 무작위로 놓이면 트랜지스터로 작동하지 않는다.

2025년, IBM 연구팀은 AI를 활용해 돌파구를 찾았다. CNT 성장 조건(온도, 압력, 촉매 조성)과 결과물의 특성을 머신 러닝으로 학습시켰다. AI가 제안한 새로운 성장 조건에서는 반도체성 CNT 비율이 99.9%에 달했다. 또 전기장을 이용한 정렬 기술도 AI가 최적화해, CNT가 거의 완벽하게 일렬로 배열되게 했다.

그래핀은 또 다른 가능성이다. 탄소 원자 한 층으로 이루어진 2차원 소재인 그래핀은 전기 전도도가 뛰어나고, 투명하며, 유연하다. 하지만 그래핀은 밴드갭이 없어 트랜지스터의 on/off를 명확히 구분할 수 없다는 치명적 약점이 있었다.

AI가 설계한 차세대 반도체 소재도 등장하고 있다. 구글의 딥마인드는 GNoME라는 AI 모델을 개발해, 220만 개의 새로운 결정 구조를 예측했다. 그중 38만 개가 안정적인 소재로 판명됐다. 이는 인류가 지난 수백 년간 발견한 안정 소재의 수를 단숨에 뛰어넘는 수치다.

이 소재들 중 일부는 반도체 특성이 뛰어나다. 예를 들어 AI가 예측한 특정 삼원계 화합물은 실리콘보다 밴드갭이 넓어 고온·고전압 환경에서 사용할 수 있고, 전자 이동도도 높다. 전력 반도체 시장을 혁신할 잠재력이 있다.

하지만, AI가 예측한 소재를 실제로 합성하는 것은 또 다른 도전이다. 로렌스 버클리 국립연구소[9]는 로봇 합성 시스템을 구축해 이 문제를 해결하고 있다. AI가 제안한 소재를 로봇이 자동으로 합성하고, 특성을 측정하며, 결과를 다시 AI에 피드백한다. 이 루프를 하루에 수십 번 돌릴 수 있어, 신소재 발견 속도가 100배 빨라졌다.

반도체 : 나노 세계의 지배자들

EUV를 넘어서 : 차세대 리소그래피와 소재 혁신

반도체 산업은 물리학의 한계에 도전하는 인류의 가장 야심 찬 프로젝

---

9) Lawrence Berkeley National Lab, LBNL : 국가 차원의 AI 및 컴퓨팅 허브 역할이다.

트다. 2026년 현재, EUV(Extreme Ultraviolet, 극자외선) 리소그래피는 이미 3나노 공정의 표준이 됐지만, 업계는 벌써 그 너머를 바라보고 있다.

High-NA EUV의 등장

ASML이 2023년부터 출하하기 시작한 High-NA(고개구율 극자외선, High Numerical Aperture) EUV 장비는 게임의 규칙을 바꾸고 있다. 기존 0.33 NA에서 0.55 NA로 개구수를 높인 이 장비는 8나노 해상도를 달성하며, 1나노대 공정으로 가는 길을 열었다. 즉, 반도체 제조 공정의 '물리적 한계'와 '경제적 한계'를 동시에 해결했다고 볼 수 있다.

그러나 High-NA는 새로운 도전을 가져온다. 장비 한 대당 가격이 4억 달러에 육박하고, 초점 심도가 얕아져 웨이퍼 평탄도 요구사항이 극도로 엄격해졌다. 기존 EUV 대비 처리량도 20% 감소했다. 쉽게 말하면 성능은 압도적이지만, 돈은 엄청나게 들고 다루기는 까다로우며 속도까지 느려진 '콧대 높은 장비를 울며 겨자 먹기로 써야 하는 상황이다. 그래야만 더 작고 강력한 최첨단 칩(2나노 이하)을 만들 수 있기 때문이다.

포토레지스트의 혁명

리소그래피(빛으로 회로를 그리는 작업)의 진화는 포토레지스트 없이는 불가능하다. 리소그래피가 진화할수록, 포토레지스트도 더 작고 민감한 입자로 바뀌어야 한다. 그래야만 초미세 회로를 뭉개짐 없이 선명하게 받아낼 수 있다. JSR, 도쿄 응화공업, 신에쓰화학 같은 일본 화학기업들이 이 분야를 장악하고 있지만, 한국의 동진쎄미켐과 미국의 듀폰도 맹추격 중이다.

차세대 포토레지스트는 세 가지 핵심 요구사항을 충족해야 한다.

첫째, EUV 광자의 확률적 효과(stochastic effect)를 최소화할 만큼 높은 감도.

둘째, 8나노 이하 패턴을 정확히 구현할 수 있는 해상도.

셋째, 패턴 붕괴를 방지하는 기계적 강도.

금속 산화물 레지스트가 차세대 유력 후보로 떠올랐다. 주석(Sn), 비스무스(Bi), 안티몬(Sb) 기반 레지스트는 기존 화학증폭형 레지스트보다 EUV 흡수율이 10배 이상 높다. 도쿄일렉트론은 이를 위한 전용 코팅 및 현상 장비를 개발 중이다. 하지만 금속 레지스트는 식각 저항성이 낮고 웨이퍼 오염 위험이 있다. 하이브리드 접근법도 연구되고 있다. 유기 베이스에 금속 나노입자를 분산시킨 레지스트는 두 세계의 장점을 결합한다.

AI가 공정을 최적화한다

반도체 제조는 수백 개 공정 단계로 이루어지며, 단계마다 수십 개의 파라미터가 있다. 전통적으로 공정 엔지니어들이 실험과 경험으로 최적 조건을 찾았지만, 이제 AI가 그 역할을 넘겨받고 있다.

삼성전자는 2024년부터 화성 캠퍼스에서 'AI 팹 브레인' 프로젝트를 가동했다. 이 시스템은 실시간으로 수천 개 센서 데이터를 모니터링하며, 공정 편차를 예측하고 자동으로 보정한다. 식각 깊이, 증착 두께, 이온 주입 농도 같은 핵심 파라미터의 변동성이 40% 감소했다.

TSMC는 한 걸음 더 나아갔다. 그들의 '스마트 제조 센터'는 강화 학습 알고리즘을 사용해 새로운 공정 레시피를 자동으로 개발한다. 엔지니어가 목표 스펙을 입력하면, AI가 시뮬레이션을 통해 수천 가지 조합을 테스트하고 최적 조건을 제안한다. 신규 공정 개발 기간이 6개월에서 2개월로 단축됐다.

인텔은 생성형 AI를 활용한다. 그들의 시스템은 과거 40년간 축적된 공정 데이터와 물리 시뮬레이션 결과를 학습했다. 새로운 소자 구조가 제안되면, AI가 그것을 실현할 공정 흐름을 자동으로 생성한다. 인간 엔지니어는 AI의 제안을 검토하고 개선하는 역할로 전환되고 있다.

로봇과 AI가 지배하는 팹

반도체 팹(Fab)은 지구상에서 가장 정밀한 제조 시설이다. 1세제곱미터당 수억 달러의 가치가 생산되고, 먼지 입자 하나가 수백만 달러의 손실을 야기한다. 이런 환경에서 완전 자동화는 필연이다.

무인 자동화 공장의 실현

2026년, TSMC의 타이난 팹 18은 세계에서 가장 자동화된 반도체 공장이다. 이 시설에서 인간은 주로 관리와 의사결정에 집중하고, 물리적 작업은 거의 전부 로봇이 맡는다.

팹 내부에서 웨이퍼는 전적으로 자동화된 물류 시스템(AMHS, Automated Material Handling System)을 통해 이동한다. 천장을 따라 설치된 OHT(Overhead Hoist Transport)가 웨이퍼 카세트를 장비 간에 운반한다. 지상에서는 AGV(Automated Guided Vehicle)가 화학 물질과 소모품을 공급한다.

인텔의 애리조나 신규 팹도 유사한 접근을 택했다. 인간 작업자가 접근하는 구역과 완전 자동화 구역을 물리적으로 분리했다. 자동화 구역에서는 로봇이 장비 유지보수까지 수행한다. 램리서치와 어플라이드 머티리얼즈가 개발한 자가진단(self-diagnostic) 기능이 탑재된 장비들이 스스로 문제를 파악하고, 로봇 팔이 모듈을 교체한다.

열 관리 소재의 중요성 급부상

AI 칩은 뜨겁다. NVIDIA의 H100 GPU는 700W를 소비하고, 차세대 칩은 1,000W를 넘어선다. 이 열을 효과적으로 제거하지 못하면 성능이

저하되거나 칩이 파괴된다.

열계면재료(TIM, Thermal Interface Material)가 병목이다. 칩과 히트 스프레더 사이의 미세한 공기층을 채워 열 전달을 개선하는 이 소재는, 과거에는 그리스나 패드 형태였다. 이제는 액체금속이나 탄소나노튜브 기반 TIM이 등장한다.

혼유라는 일본 기업이 개발한 액체금속 TIM은 80W/mK의 열전도도를 자랑한다. 전통적인 그리스의 10배다. 하지만 전기전도성이 있어 누출 시 쇼트 위험이 있다. 엄격한 실링(sealing) 기술이 필요하다.

보이드 다이아몬드 기판이 궁극의 솔루션으로 떠오른다. 다이아몬드는 2,000W/mK 이상의 열전도도를 가진 최고의 열전도체다. 일본의 아다만드 나미야와 미국의 디아몬드 파운드리가 CVD(Chemical Vapor Deposition) 기술로 대면적 다이아몬드 기판을 생산한다.

가격이 문제다. 100mm 웨이퍼급 다이아몬드 기판은 개당 수천 달러다. 그러나 AI 데이터 센터처럼 성능이 최우선인 곳에서는 이미 채택이 시작됐다. 규모의 경제가 작동하면 가격은 떨어질 것이다.

스마트 소재가 도시를 재구성하다

자가 치유 콘크리트와 탄소 포집 건축 소재

건설 산업은 오랫동안 혁신과 거리가 멀었다. 콘크리트는 로마 시대부터 큰 변화 없이 사용됐다. 그러나 2020년대 중반, 소재 과학과 생명공학의 융합이 이 보수적인 산업을 흔들고 있다.

균열을 스스로 메우는 바이오 콘크리트

콘크리트 구조물의 가장 큰 적은 균열이다. 물이 침투하면 내부 철근이 부식되고, 구조적 무결성이 약해진다. 보수는 비용이 많이 들고, 때로는 전체 구조물을 교체해야 한다.

델프트 공과대학의 헨크 용커스 교수가 개발한 바이오 콘크리트는 살아 있는 미생물을 활용한다. 콘크리트에 바실러스 속(Bacillus) 박테리아의 포자와 칼슘 락테이트를 캡슐에 넣어 혼합한다. 균열이 생기면 물과 산소가 침투하고, 박테리아가 활성화된다. 박테리아는 칼슘 락테이트를 대사하면서 석회암(탄산칼슘)을 생성한다. 이 석회암이 균열을 메운다. 실험실 테스트에서 0.8mm 너비의 균열이 3주 만에 완전히 메워졌다.

네덜란드의 바실리스크(Basilisk)사는 이를 상용화했다. 2024년 암스테르담 스키폴 공항 확장 공사에서 바이오 콘크리트가 사용됐다. 초기 비용은 전통 콘크리트보다 40% 높지만, 50년 생애주기 동안 유지보수 비용이 70% 절감될 것으로 예상된다.

미국의 스타트업 바이오메이슨(Biomason)은 다른 접근을 택했다. 그들은 콘크리트를 굽지 않고 박테리아로 '성장'시킨다. 스포로사르시나 파스퇴리(Sporosarcina pasteurii) 박테리아가 모래 입자 주변에 탄산칼슘을 침전시켜 단단하게 결합한다. '미생물을 일꾼으로 고용해 상온에서 단단한 돌을 만드는 기술'로, 건설 현장의 이산화탄소 문제를 해결하려는 혁신적인 바이오테크 기업이다.

이 바이오 시멘트는 전통적인 시멘트 생산에서 배출되는 CO_2를 80% 줄인다. 시멘트 산업은 전 세계 CO_2 배출의 8%를 차지하므로, 이는 엄청난 환경적 이득이다. 바이오메이슨은 2025년 샌프란시스코에 첫 상업 생산 시설을 열었다.

CO_2를 흡수하는 탄소 네거티브 시멘트

시멘트 생산은 이산화탄소를 배출하지만, 특정 소재는 오히려 CO_2를 흡수한다. 이것이 탄소 네거티브 시멘트의 원리다.

캐나다의 카본큐어(CarbonCure)는 가장 성공한 사례다. 그들의 기술은 간단하다. 콘크리트 제조 과정에서 포집된 CO_2를 주입한다. CO_2는 시멘트의 칼슘과 반응해 탄산칼슘 나노입자를 형성한다. 이는 콘크리트를 영구적으로 강화하며, CO_2는 암석처럼 광물화되어 절대 다시 배출되지 않는다.

카본큐어는 2023년까지 북미 600개 이상의 콘크리트 공장에 설치됐다. 아마존, 마이크로소프트, BMW 같은 기업들이 자사 건설 프로젝트에 카본큐어 콘크리트를 지정한다. 2025년까지 100만 톤 이상의 CO_2가 광물화됐다. 각 건설 현장의 습도, 온도, 재료 상태에 따라 AI가 탄소를 얼마나 주입할지 실시간으로 계산한다. 너무 많이 넣으면 반죽이 굳어 버릴 수 있는데, 이를 정밀 제어 장비가 조절해 완벽한 품질을 유지한다.

더 중요한 것은 경화 과정이다. 전통 콘크리트는 물과 반응해 굳지만, 솔리디아 콘크리트는 CO_2와 반응한다. 240kg의 CO_2를 1톤당 흡수한다. 이는 제조 과정의 배출을 상쇄하고도 남는다. 순 배출량이 마이너스인 것이다.

솔리디아는 2024년 텍사스에 첫 대규모 생산 시설을 가동했다. 초기에는 콘크리트 포장용 파이프와 블록에 집중하지만, 구조용 콘크리트로 확장할 계획이다.

AI가 설계한 초고강도·초경량 구조재

소재의 성능은 화학 조성뿐 아니라 미세구조에 달려 있다. AI는 이제 원자 수준에서 소재를 설계한다.

MIT의 재료공학 연구실은 생성형 AI로 새로운 콘크리트 배합을 설계한다. 그들의 시스템은 수천 가지 기존 배합 데이터를 학습했다. 목표 특성(강도, 내구성, 탄소 발자국 등)을 입력하면, AI가 최적 배합비를 제안한다.

스위스 연방 공과대학(ETH Zurich)은 3D 프린팅과 AI를 결합한다. 그들의 '스마트 다이나믹 캐스팅(Smart Dynamic Casting)' 시스템은 로봇이 복잡한 형상의 콘크리트 구조물을 인쇄한다. AI가 실시간으로 재료 흐름을 제어해, 각 지점에 필요한 만큼만 재료를 배치한다.

결과는 기존 공법으로 불가능한 유기적 형태의 구조물이다. 하중이 집중되는 곳은 두껍고, 그렇지 않은 곳은 얇다. 재료 사용량이 60% 줄어들고, 강도는 유지된다. 2025년 베니스 비엔날레에 전시된 DFAB HOUSE가 이 기술의 쇼케이스다. AI 설계, 로봇 제작, 친환경 소재 기술이 한데 어우러진 결정체였다. 미래의 집은 '짓는(Build) 것이 아니라, AI가 설계하고 로봇이 3D 프린팅하며 생물처럼 관리되는(Grow) 것'임을 전 세계에 선포한 자리였다.

건설 로봇의 부상 : 3D 프린팅으로 집을 짓는다

건설 산업은 노동 집약적이고 위험하다. 선진국에서는 숙련 노동자 부족이 심각하다. 로봇과 3D 프린팅이 이 문제의 해법으로 떠올랐다.

24시간 무인 건설 현장의 실현

텍사스 오스틴의 아이콘(ICON)은 건설 3D 프린팅의 선구자다. 그들의 벌컨(Vulcan) 프린터는 높이 8.5m, 폭 2.6m의 갠트리 시스템으로, 라바크리트(Lavacrete)라는 특수 콘크리트를 층층이 쌓아 벽을 만든다.

2023년, 아이콘은 텍사스 조지타운에 울프 랜치(Wolf Ranch)라는 100가구 커뮤니티 건설을 시작했다. 2026년 초 현재 80채 이상이 완공됐다. 각 주택은 3D 프린팅으로 벽체를 만들고 지붕, 전기, 배관은 전통 방식으로 시공한다.

놀라운 점은 속도다. 벌컨 프린터는 한 채 주택의 벽을 48시간 만에 완성한다. 전통 공법이라면 일주일 이상 걸린다. 인건비도 대폭 절감된다. 숙련 석공 팀 대신 오퍼레이터 1~2명이면 충분하다.

아이콘은 미 국방부와 협력해 군사 기지 건설에도 이 기술을 적용한다. 2024년 텍사스 포트 블리스에 3D 프린팅 막사 8동을 건설했다. 전시나 재난 상황에서 신속한 시설 구축이 가능하다는 점이 입증됐다. 러시아의 아피스 코르(Apis Cor)는 모바일 프린터로 차별화한다. 그들의 프린터는 컴팩트한 크레인처럼 생겼으며, 트럭으로 운반 가능하다. 현장에 설치하면 반경 8.5m 내에서 자유롭게 인쇄한다.

2024년 두바이에서 아피스 코르는 세계 최대 3D 프린팅 건물을 완공했다. 높이 3층, 연 면적 640m²의 이 구조물은 단 2주 만에 인쇄됐다. 두바이 정부는 2030년까지 신규 건물의 25%를 3D 프린팅으로 건설하겠다는 목표를 세웠다.

덴마크의 COBOD는 대형 건설에 집중한다. 그들의 BOD2 프린터는 모듈식으로 확장 가능해, 최대 15m 높이까지 인쇄한다. 독일에서는 이를 사용해 3층짜리 아파트 건물을 인쇄했다.

건설 기간 70% 단축, 인건비 50% 절감

3D 프린팅의 경제성은 이제 입증됐다. 아이콘의 데이터에 따르면, 울프 랜치 주택의 건설 비용은 평방피트당 평균 5달러가 절감됐다. 100채 규모에서 총 200만 달러가 절약이다.

시간 절감은 더 극적이다. 전통적으로 단독주택 한 채를 짓는 데 6~9개월이 걸리지만, 3D 프린팅은 기초 공사부터 입주까지 3개월로 단축한다. 이는 금융 비용을 줄이고, 주택 공급을 가속화한다.

노동력 의존도도 획기적으로 낮아진다. 전통 건설은 목수, 석공, 철근공, 배관공 등 다양한 기능공이 필요하다. 3D 프린팅 공정은 이를 프린터 오퍼레이터 몇 명으로 대체한다. 숙련 노동자 부족 문제를 우회하는 셈이다.

안전성도 향상된다. 건설 현장은 추락, 충돌, 무거운 자재 취급 등 위험이 많다. 로봇이 위험한 작업을 맡으면 사고율이 감소한다. 아이콘의 프로젝트에서는 주요 부상 사고가 단 한 건도 없었다.

설계 자유도가 늘어나는 것도 이점이다. 전통 공법은 직선과 직각에 최적화되어 있지만, 3D 프린팅은 곡선이나 복잡한 기하학을 추가 비용 없이 구현한다. 건축가가 상상하는 거의 모든 형태가 가능하다.

스마트 시티 인프라 : 센서 내장 소재와 AI 관리

미래의 도시는 단순한 건물과 도로의 집합이 아니다. 센서, 통신, AI가 통합된 살아 있는 유기체다.

도로·교량에 내장된 센서가 손상을 실시간 감지

인프라 노후화는 전 세계적 문제다. 미국토목학회(ASCE)는 미국 인 프라에 C- 등급을 주었고, 향후 10년간 2.6조 달러 투자가 필요하다고 평가했다. 한국도 1970~1980년대 건설된 대량의 인프라가 수명 말기에 접어들고 있다.

전통적으로 인프라 점검은 정기적인 육안검사에 의존했다. 그러나 이는 비용이 많이 들고, 눈에 보이지 않는 내부 손상을 놓친다. 스마트 소재가 해결책이다.

스위스의 센시리온(Sensirion)과 미국의 루나 이노베이션(Luna Innovations)은 콘크리트에 매립 가능한 광섬유 센서를 개발했다. 브래그 격자(Fiber Bragg Grating, FBG) 센서는 변형률, 온도, 균열을 감지한다. 수 킬로미터의 광섬유 케이블 하나로 수천 개 지점을 모니터링한다.

네덜란드에서는 2024년 A15 고속도로 교량에 이 시스템을 설치했다. 교량 전체에 10km의 광섬유 센서가 매립됐다. 데이터는 실시간으로 수집되며, AI가 이상 패턴을 감지한다.

첫 성과가 나왔다. 시스템은 교각 하부에서 미세한 변형률 증가를 감지했다. 조사 결과 지반 침하가 진행 중이었다. 육안검사로는 발견하지 못했을 문제를 조기에 파악해 보강 공사로 대형 사고를 예방했다.

AI 기반 예지 정비로 재난 예방

센서 데이터의 진정한 가치는 AI 분석에서 나온다. 수천 개 센서가 초당 수십 메가바이트의 데이터를 생성한다. 인간이 이를 모두 모니터링하는 것은 불가능하다.

예지 정비는 AI가 답이다. 이 시스템은 정상 상태의 센서 패턴을 학습한 뒤, 이상 징후를 자동으로 탐지한다. 더 나아가 미래의 고장 시점을 예측한다.

영국의 코스테인[10]과 IBM은 런던 지하철에 이를 적용했다. 터널과 역사의 수천 개 센서 데이터를 AI가 분석한다. 시스템은 터널 벽의 균열이 6개월 안에 위험 수준에 도달할 것으로 예측했다. 예방 보수로 터널 붕괴 위험을 제거했다.

예측 정확도는 계속 높아진다. 초기에는 오류가 많았지만, 현재는 85% 이상의 정확도를 보인다. 거짓 경보는 줄고, 놓치는 실제 문제는 거의 없다.

경제적 이득도 명확하다. 런던교통공사(TfL)는 AI 예지 정비로 연간 유지보수 비용을 3,500만 파운드를 절감했다. 긴급 보수가 줄어들고, 계획적 정비로 효율이 높아졌기 때문이다.

일본은 지진 대비에 집중한다. 교량과 건물에 설치된 가속도 센서는 진동을 실시간으로 모니터링한다. AI는 이 데이터로 구조물의 '건강 지수'를 계산한다. 지진 후 몇 분 만에 어느 구조물이 손상됐고, 어디를 우선 점검해야 할지 알려준다.

2024년 일본 혼슈 북부 지진(규모 6.8)에서 이 시스템이 위력을 발휘했다. 200개 이상의 교량이 자동으로 평가됐고, 구조물 중 3개가 긴급 보강이 필요하다고 식별됐다. 신속한 대응으로 추가 피해를 막았다.

싱가포르, 두바이, 서울의 스마트 인프라 프로젝트

세 도시는 각기 다른 동기로 스마트 인프라를 추진한다.

싱가포르는 국토가 좁아 효율성이 생존 문제다. 그들의 '버추얼 싱가포르(Virtual Singapore)' 프로젝트[11]는 도시 전체의 3D 디지털 트윈이다. 건물, 도로, 지하 유틸리티, 심지어 나무까지 센티미터 정밀도로 모델링됐다. 이 디지털 트윈은 실시간 센서 데이터로 업데이트된다. 교통

---

10) Costain : 단순한 건설 회사를 넘어, 첨단 기술과 디지털 솔루션을 인프라에 접목하는 '스마트 인프라 솔루션 기업'이다.

11) 단순한 3D 지도를 넘어, 국가 전체를 실시간으로 관리하는 '세계 최대 규모의 디지털 트윈' 프로젝트다.

흐름, 에너지 사용, 홍수 위험 등을 시뮬레이션한다. 새로운 건설 프로젝트의 영향을 미리 평가하고, 최적 도시 계획을 수립한다.

2025년 싱가포르는 센서 밀도를 대폭 높였다. 하수관에 수위 센서를, 도로에 교통 센서를, 건물에 에너지 모니터를 설치했다. 도시 전체가 하나의 거대한 센서 네트워크가 됐다. 결과는 인상적이다. 교통 체증이 18% 감소하고, 홍수 피해가 60% 줄었으며, 에너지 소비가 12% 하락했다. 싱가포르는 이 기술을 다른 도시에 수출하는 사업도 시작했다.

두바이는 '세계 최고'에 집착한다. 그들의 '두바이 10X(Dubai 10X)'는 경쟁 도시보다 10년 앞선 기술과 서비스를 지금 당장 구현하겠다는 야심 찬 전략이다. 스마트 인프라 구축이 그 핵심이다. 두바이는 2024년 'Smart Road' 프로젝트를 시작했다. 주요 고속도로 200km에 압전 센서, 태양광 패널, LED 조명을 매립했다. 도로 자체가 에너지를 생산하고, 교통 상황에 따라 차선과 속도 제한을 동적으로 변경한다.

AI가 교통을 최적화한다. 도로 표면의 압전 센서는 각 차량의 무게와 속도를 측정한다. 이 데이터로 AI는 신호등 타이밍을 실시간 조정한다. 통행 시간이 평균 23% 단축됐다. 두바이는 또한 '스마트 폴'을 수천 개를 설치했다. 이 가로등은 5G 기지국, Wi-Fi 핫스팟, 대기질 센서, CCTV를 통합한다. 도시 전체를 촘촘한 디지털 메시로 덮었다.

서울은 노후 인프라 관리에 초점을 맞췄다. 1970~1980년대 건설된 교량, 터널, 지하철이 많아 안전이 최우선이다. 서울시는 2023년부터 '스마트 시티 서울' 프로젝트를 진행한다. 주요 교량 50개에 구조 건전성 모니터링 시스템을 설치했다. 변형률, 진동, 균열 센서가 24시간 데이터를 수집한다.

AI가 이를 분석해 교량별 '안전 지수'를 매일 업데이트한다. 지수가 임계값 이하로 떨어지면 자동으로 정밀 점검 일정이 잡힌다. 2024년 한강대교에서 이 시스템이 교각 기초부의 이상을 조기 발견해 보강 공사를 실시했다.

탄소 중립을 현실로 만드는 융합 기술

그리드 전체를 최적화하는 AI

재생에너지의 가장 큰 문제는 변동성이다. 태양광은 밤에 발전하지 않고, 풍력은 바람이 불 때만 작동한다. 이는 전력 그리드에 엄청난 스트레스를 준다.

재생에너지 발전량 예측과 수요 매칭

AI가 게임을 바꾸고 있다. 기상 데이터, 역사적 발전 패턴, 실시간 센서 정보를 결합해 정확한 발전량을 예측한다. 영국의 내셔널 그리드 ESO(National Grid ESO)는 구글 딥마인드와 협력해 풍력 발전 예측 시스템을 개발했다. 이 시스템은 36시간 전에 풍력 발전량을 평균 오차 5% 이내로 예측한다. 기존 모델의 오차는 10~15%였다.

정확한 예측은 막대한 경제적 가치가 있다. 예측이 빗나가면 예비 화력 발전소를 급하게 가동하거나, 비싼 가격에 전력을 수입해야 한다. 예측 개선으로 내셔널 그리드(National Grid)는 연간 1,000만 파운드(약 166억 원)를 절감했다.

태양광 예측은 더 복잡하다. 구름의 이동이 발전량에 즉각 영향을 미친다. 미국의 클린 파워 리서치[12]는 위성 영상과 지상 센서를 결합한 솔

---

12) Clean Power Research : 영국의 딥마인드가 전력망 전체를 관리하는 것과 비슷하게, 태양광과 풍력이 얼마나 발전될지 현미경처럼 들여다보고 예측하는 데이터다.

라애니웨어(SolarAnywhere) 플랫폼을 운영한다. 위성으로 구름과 먼지를 24시간 감시해, 태양광 발전소가 한 달에 얼마를 벌지, 10분 뒤에 전기를 얼마나 만들지 정확한 숫자로 알려주는 '에너지 데이터 나침반'이라고 볼 수 있다. 이 시스템은 30분 전에 태양광 발전량을 5% 오차로 예측한다. 캘리포니아 ISO(Independent System Operator)는 이를 사용해 그리드를 안정화한다. 캘리포니아는 태양광 발전 비중이 30%를 넘어 예측 정확도가 생명이다.

수요 예측도 못지않게 중요하다. 전력 수요는 시간대, 요일, 날씨, 심지어 TV 프로그램 편성에도 영향을 받는다. AI는 이 모든 변수를 고려한다.

한국전력은 2024년 딥러닝 기반 수요 예측 시스템을 가동했다. 이 시스템은 5분 단위로 전국 전력 수요를 예측한다. 정확도는 98%를 넘는다. 이는 예비력을 줄여 발전 비용을 연간 2,000억 원 절감했다.

진정한 혁신은 발전과 수요를 동시에 최적화하는 것이다. 캘리포니아의 옴커넥트[13]는 가상 발전소(Virtual Power Plant, VPP) 개념을 구현한다. 옴커넥트는 수천 개 가정과 기업의 스마트 기기를 통합 제어한다. 전력 수요가 피크에 이르면, AI가 참여자들에게 신호를 보낸다. 에어컨, 온수기, 전기차 충전기가 자동으로 몇 시간 꺼지거나 줄어든다. 참여자는 금전적 보상을 받는다. 2025년, 옴커넥트는 캘리포니아 주 전역에서 500MW의 수요 감축 능력을 확보했다. 이는 중형 발전소 하나를 짓지 않아도 되는 규모다.

ESS의 충방전 최적화로 효율 30% 향상

에너지 저장 시스템(ESS)은 재생에너지의 핵심 동반자다. 발전량이 수요를 초과하면 충전하고, 부족하면 방전한다. 그러나 배터리는 충방전 횟

---

13) OhmConnect : 가전제품을 똑똑하게 관리해 전기를 안 쓰는 대가로 현금을 주는 '에너지 알뜰뱅크' 서비스다.

수가 제한되고, 비효율적인 운영은 수명을 단축한다.

AI가 ESS를 최적 운영한다. 미국의 Stem은 ESS 최적화 소프트웨어의 선두주자다. 그들의 아테나(Athena) 플랫폼[14]은 전력 가격, 날씨 예보, 건물 에너지 사용 패턴을 학습한다.

AI는 전력 가격이 낮을 때 충전하고, 높을 때 방전하도록 ESS를 제어한다. 또한 배터리 건강을 모니터링해 수명을 연장한다. 스템의 고객들은 평균적으로 전력 비용을 20~30% 절감하고, 배터리 수명은 15% 연장됐다. 인공지능 플랫폼 '아테나'를 사용하는 고객들은 단순히 전기를 쓰는 소비자를 넘어, 에너지를 지능적으로 관리해 수익을 창출하는 '에너지 프로슈머'들이다.

테슬라의 오토비더[15]는 대규모 ESS를 전력 시장에 참여시킨다. 호주 사우스오스트레일리아의 혼스데일 파워 리저브(Hornsdale Power Reserve)는 세계 최대급 리튬이온 배터리 ESS다. 오토비더는 이 ESS를 실시간 전력 시장에서 거래한다. AI가 주파수 조정 서비스(FCAS) 시장의 가격을 예측하고, 가장 수익성 높은 순간에 응찰한다.

가상 발전소(VPP)의 구현

VPP는 에너지 민주화의 상징이다. 수천 개의 작은 분산 자원(태양광 패널, ESS, 전기차, 스마트 기기)을 통합해 하나의 거대한 발전소처럼 운영한다.

독일의 넥스트 크라프트베르케(Next Kraftwerke)는 유럽 최대 VPP 운영사다. 그들은 10,000개 이상의 분산 에너지 자원을 통합한다. 풍력, 태양광, 바이오가스, ESS, 수요 반응을 모두 포함한다.

AI가 이 복잡한 포트폴리오를 최적화한다. 각 자원의 발전/소비 예측,

---

14) 인공지능 전문 기업인 스템(Stem, Inc.)이 운영하는 '에너지계의 가우디'와 같은 지능형 소프트웨어다.
15) Autobidder : 테슬라가 운영하는 AI 에너지 경매사다.

전력 시장 가격, 그리드 제약을 고려해 최적 운영 전략을 수립한다. 2025년 넥스트 크라프트베르케의 VPP는 총용량 10GW를 돌파했다.

오스트레일리아는 가정용 VPP를 선도한다. 사우스오스트레일리아 주 정부는 2024년 '가정용 배터리 지원 사업(Home Battery Scheme)'을 통해 50,000가구에 태양광+ESS를 보조금 지원했다. 이 가정들은 모두 VPP에 참여한다.

테슬라 에너지(Tesla Energy)와 리포짓 파워(Reposit Power)가 플랫폼을 제공한다. AI가 각 가정의 ESS를 원격 제어해, 그리드 안정화에 기여한다. 가정은 참여 대가로 전기 요금 할인을 받는다.

일본은 전기차를 VPP의 핵심으로 본다. V2G(Vehicle-to-Grid) 기술[16]로 전기차 배터리를 그리드 자원으로 활용한다. 닛산은 Leaf 전기차에 V2G 기능을 탑재했다. 2025년, 일본에는 200만 대 이상의 전기차가 있다. 각 차량이 평균 60kWh 배터리를 가진다면, 총 120GWh의 이동식 저장 용량이다. 이는 일본 전체 ESS 용량보다 크다.

도쿄전력은 'EV Power Station' 프로젝트[17]로 이를 활용한다. 참여하는 차주는 밤에 저렴한 요금으로 충전하고, 피크 시간에 그리드로 방전해 수익을 얻는다. AI가 각 차량의 충전 필요량과 그리드 수요를 조율한다.

탄소 포집의 경제학이 바뀌고 있다 : 비용이 핵심이다

전통적인 CO_2 포집은 아민 기반 용액을 사용한다. 발전소나 공장 배기가스를 이 용액에 통과시키면 CO_2가 화학 반응으로 포집된다. 문제는 이 과정이 엄청난 에너지를 요구한다는 점이다. 포집된 CO_2를 용액

---

16) 전기차를 단순한 이동 수단에서 '바퀴 달린 에너지 저장소'로 진화시킨 핵심 기술이다.
17) 전기차를 단순한 이동 수단이 아니라, 도시 전력망을 지탱하는 '달리는 보조 배터리'로 바꾸는 혁신적인 시도다.

에서 분리하려면 120~150°C로 가열해야 하는데, 이는 발전소가 생산하는 전력의 25~30%를 소비한다. 쉽게 말해, 석탄 발전소에 아민 포집 시스템을 설치하면 발전 효율이 30% 떨어진다는 뜻이다. 1,000MW 발전소를 기준으로 연간 CO_2 1톤을 포집하는 데 드는 비용은 60~100달러다. 이는 EU 탄소 배출권 가격(톤당 80~90유로)보다 비싸 경제성이 없다.

MOF가 게임 체인저로 떠오르는 이유는 '에너지 효율'과 '선택성'이다. MOF는 금속 이온과 유기 링커가 결합한 다공성 결정으로, 1그램의 MOF는 테니스 코트만큼의 표면적(약 $260m^2$)을 갖는다. 이 거대한 표면이 CO_2 분자를 스펀지처럼 빨아들인다. 버클리 국립연구소가 개발한 MOF-74는 CO_2를 질소보다 100배 강하게 흡착하는데, 이는 배기가스에 섞인 CO_2만 골라잡을 수 있다는 의미다. 더 중요한 것은 재생 온도다. MOF는 40~60°C의 낮은 온도에서 CO_2를 탈착할 수 있어 에너지 소비가 아민 용액의 절반 이하로 떨어진다. 톤당 포집 비용이 30~50달러로 낮아지며, 비로소 경제성이 보이기 시작한다.

스위스 클라임웍스는 이 기술로 대기 중 CO_2를 직접 빨아들이는 DAC 시설을 상용화했다. 아이슬란드의 오르카(Orca) 플랜트는 연간 4,000톤, 2024년 완공된 맘모스(Mammoth)는 연간 36,000톤의 CO_2를 포집한다. 클라임웍스는 마이크로소프트, 스트라이프와 10년간 CO_2 1톤당 600~800달러에 공급하는 장기 계약을 맺었다. 비싸 보이지만, 이는 '대기에서 직접' 뽑는 DAC 기술이라 농도가 400ppm(0.04%)에 불과한 CO_2를 잡아야 해 비용이 높다. 반면 발전소 배기가스는 농도가 10~15%로 높아 MOF를 쓰면 톤당 40달러까지 떨어진다.

한편 KAIST와 한국화학연구원은 제올라이트(zeolite)라는 더 저렴한 소재에 주목했다. 제올라이트는 화산암에서 추출하거나 인공 합성할 수 있는 다공성 광물로, MOF보다 생산 비용이 1/10 수준이다. 연구진은 제올라이트 표면에 아민 작용기를 도입해 CO_2 선택성을 10배 높였다. 흡착 용량은 MOF보다 20% 낮지만, 내구성이 뛰어나 10년 이상 재사용할 수 있다. 톤당 포집 비용은 25~35달러로, 현재 가장 경쟁력 있는 수준이다.

상용화 경쟁 : 누가 먼저 '돈 되는' 탄소 포집을 만드나

과거의 비즈니스가 지구의 자원을 캐내어 가치를 만드는 과정이었다면, 미래의 비즈니스는 인류가 뱉어낸 오염물질을 다시 가치로 되돌리는 '역(逆)생산'의 과정이 될 것이다. 그 중심에 탄소 포집 및 활용(CCU : Carbon Capture & Utilization)이 있다. 이제 기업에 탄소는 더 이상 벌금을 내야 하는 '부채'가 아니다. 가장 저렴하게 조달할 수 있는 '무한한 원자재'다.

전통적인 굴뚝 산업의 상징인 철강업계가 변하고 있다. 포스코는 2025년 포항제철소에 제올라이트 기반 포집 기술을 적용하며 '탄소 수익화'의 서막을 알렸다.

그들의 계산법은 명쾌하다. CO_2 1톤을 포집하는 데 드는 비용은 약 30달러. 하지만 이를 가공해 메탄올로 전환하면 50달러에 팔 수 있다. 톤당 20달러라는 확정적인 마진 구조를 찾아낸 것이다. 포스코가 2030년까지 포집량을 200만 톤으로 확대하면, 그저 공중으로 날려 보냈을 '연기'에서 매년 500억 원의 현금이 창출된다. 철강업은 이제 금속뿐만 아니라 화학 원료를 생산하는 '복합 소재 기지'로 재정의되고 있다.

중국의 CATL은 한발 더 나아가 탄소 포집을 '원가 절감'과 '규제 돌파'의 핵심 무기로 삼았다. 그들은 배터리 생산 과정에서 나오는 탄소를 MOF로 포집해, 배터리의 핵심 소재인 리튬 카보네이트 제조 공정에 재투입한다.

이 전략은 '일석삼조'의 효과를 거둔다.

첫째, 배터리 1kWh당 탄소 발자국을 35% 줄여 강화되는 글로벌 환경 규제를 무력화한다. 둘째, 리튬 정제 비용을 톤당 200달러를 아끼며 가격 경쟁력을 확보한다. 셋째, 순도 99.9%의 고순도 원료를 안정적으로 수급한다.

그들에게 탄소 포집은 단순한 환경 보호가 아니라, 경쟁사를 압도하기 위한 치밀한 '공정 최적화' 전략이다.

마지막으로 미국의 랜자테크(LanzaTech)는 기술에 '감성'과 '브랜딩'을 입혔다. 이들은 철강소의 배기가스를 먹고 에탄올을 뱉어내는 특수 미생물을 활용한다. 여기서 생산된 에탄올은 룰루레몬의 요가복이나 자라(ZARA)의 원피스가 된다.

흥미로운 지점은 '가격'이다. 톤당 전환 비용은 400달러지만, 소비자들은 '탄소로 만든 친환경 옷'이라는 스토리에 기꺼이 프리미엄을 지불한다. 판매가는 600달러, 마진율은 무려 50%에 달한다. 랜자테크는 탄소를 산업 원료를 넘어 '라이프스타일의 가치'로 격상시켰다. 2030년까지 전 세계 100개의 탄소 플랜트를 건설하겠다는 그들의 포부는 쓰레기에서 명품을 만드는 신인류의 탄생을 예고한다.

여기서 기업들이 얻을 인사이트는 명확하다. 첫째, 탄소 포집은 더 이상 '비용'이 아니라 '수익원'이 될 수 있다. 포집한 CO_2를 화학 원료, 건축 자재, 연료로 전환하는 'CCU' 시장은 2030년까지 연평균 18% 성장해 800억 달러 규모가 될 전망이다. 둘째, 기술 선택이 승패를 가른다. MOF는 고효율이지만 비싸고, 제올라이트는 저렴하지만 용량이 적다. 자사의 배기가스 농도, 처리량, 활용 방안에 따라 최적 기술을 선택해야 한다. 셋째, 탄소 포집은 '규제 대응'에서 '경쟁 우위'로 전환되고 있다. 유럽은 2026년부터 탄소국경조정제도(CBAM)로 탄소 배출량이 많은 제품에 관세를 부과한다. 탄소 포집 시스템을 갖춘 기업은 수출 경쟁력을 유지하고, 없는 기업은 시장에서 밀려날 것이다. 2030년 철강·화학·시멘트 업계의 승자는 탄소를 가장 많이 줄인 기업이 아니라, 탄소를 가장 싸게 포집하고 비싸게 파는 기업이 될 것이다.

로봇이 운영하는 무인 CCS 설비

CCS(Carbon Capture and Storage, 탄소 포집 및 저장) 플랜트는 화학 공장과 비슷하다. 압축기, 열교환기, 흡착탑, 재생탑 등 복잡한 장비가 24시간 가동된다. 인간 운전자가 필요하지만, 이는 비용이 많이 든다.

자동화가 답이다. 노르웨이의 노던 라이츠(Northern Lights) 프로젝트는 세계 최초의 상업적 CCS 체인이다. 유럽 각지의 산업 시설에서 CO_2를 포집해 배로 운송하고, 북해 해저 지층에 저장한다.

저장 시설은 무인 운영된다. 로봇이 파이프 연결, 밸브 조작, 장비 점검을 수행한다. AI가 주입 압력, 유량, 지질 데이터를 모니터링하며 최적 운영 조건을 유지한다.

인간 운영자는 오슬로의 관제 센터에서 원격으로 감독한다. 문제가 생기면 AI가 경고하고, 필요시 인간이 개입한다. 이는 운영 비용을 40% 절감하고, 안전성은 향상시킨다.

탄소는 어떻게 부채에서 자산으로 전환되는가

산업계의 진짜 혁명은 포집한 CO_2를 처리해야 할 '쓰레기'가 아닌 부가가치를 창출하는 '원료'로 바라보는 발상의 전환에서 시작된다. 그동안 탄소 중립은 기업에 막대한 비용을 발생시키는 규제이자 부담에 불과했다. 그러나 이제 탄소는 공중에 버려지는 오염물질에서 가장 저렴하게 조달할 수 있는 무한한 자재로 재정의되고 있다. 굴뚝에서 나오는 연기를 현금으로 바꾸는 이른바 '탄소 연금술'의 시대가 열린 것이다.

포스코는 이러한 패러다임 변화의 선두에 서 있다. 2025년 포항제철소에 도입한 제올라이트 기반 포집 시스템은 연간 10만 톤의 CO_2를 끌어모은다. 주목할 점은 그 이후의 행보다. 포집된 탄소의 60%는 탄산칼슘으로 변환되어 시멘트 회사의 원료로 판매되고, 나머지 40%는 메탄올로 전환되어 화학 공정의 핵심 원료가 된다. 환경을 지키기 위한 고육지책이 아니라, 공장 자체가 하나의 '원료 생산 기지'로 탈바꿈한 셈이다.

수익 구조 또한 명확하고 매력적이다. 포스코의 분석에 따르면 CO_2 1톤을 포집하는 데 드는 비용은 약 30달러 수준이지만, 이를 메탄올로 가공해 판매하면 50달러를 받을 수 있다. 톤당 약 20달러(2만 6,000원)의 순이익이 남는 구조다. 이는 단순한 이론이 아닌 실질적인 비즈니스 모델로, 2030년까지 포집량을 200만 톤으로 확대할 경우 연간 약 500억 원의 새로운 수익 창출이 가능해진다.

결국 미래의 승자는 탄소 배출권 가격을 걱정하는 기업이 아니라, 탄소를 가장 효율적으로 포집해 가장 비싼 값에 파는 기업이 될 것이다. 포스코의 사례는 탄소 중립이 더 이상 기업의 희생을 강요하는 '도덕적 의무'가 아니라는 사실을 증명한다. 이제 탄소 포집은 전 세계적인 환경 규제를 정면으로 돌파하는 동시에, 기업의 미래 곳간을 채우는 강력한 신성장 동력이자 고도의 '수익 사업'으로 진화하고 있다.

기업들이 지금 당장 알아야 할 세 가지

첫째, 탄소 포집은 '비용'에서 '수익원'으로 정체성이 바뀌고 있다. 포집한 CO_2를 화학 원료(메탄올, 에탄올), 건축 자재(탄산칼슘), 연료로 전환하는 CCU 시장은 2030년까지 연평균 18% 성장해 800억 달러(약 104조 원) 규모가 된다. 'CO_2=쓰레기'라는 고정관념을 버려야 한다. 이제는 'CO_2=미가공 원료'다.

둘째, 기술 선택이 승패를 가른다. MOF는 효율이 높지만 비싸고(톤당 40달러), 제올라이트는 저렴하지만 용량이 적다(톤당 30달러). 자사 공장의 배기가스 농도, 연간 배출량, 포집한 CO_2 활용 계획에 따라 최적 기술이 다르다. 철강·시멘트처럼 배출량이 많은 곳은 저렴한 제올라이트로 규모의 경제를 노리고, 화학·배터리처럼 고순도 CO_2가 필요한 곳은 비싸더라도 MOF로 품질을 높이는 게 낫다. 기술 컨설팅에 1억 원을 쓰면 향후 10년간 100억 원을 절약할 수 있다.

셋째, 탄소 포집은 '규제 대응'에서 '무역 경쟁력'으로 격상됐다. 유럽은 2026년부터 탄소국경조정제도로 탄소 배출이 많은 철강·알루미늄·시멘트·비료에 관세를 부과한다. 예를 들어 한국 철강 기업이 유럽에 철강 1톤을 수출할 때, 제조 과정에서 CO_2를 2톤 배출했다면 톤당 90유로 ×2톤 = 180유로(약 26만 원) 관세를 내야 한다. 반면 포스코처럼 CO_2 포집 시스템이 있으면 배출량을 0.8톤으로 줄여 관세를 72유로(약 10만 원)로 낮출 수 있다. 연간 100만 톤 수출 시 1,600억 원을 절약하는 셈이다. 탄소 포집은 이제 '있으면 좋은 것'이 아니라 '없으면 수출 못 하는' 필수 인프라다.

2030년 철강·화학·시멘트 업계 승자는 탄소를 가장 많이 줄인 기업이 아니다. 탄소를 가장 싸게 포집해서(제올라이트 25달러 vs 아민 100달러), 가장 비싸게 파는(메탄올 50달러, 에탄올 600달러) 기업이 이긴다. 탄소 포집은 이제 환경팀 업무가 아니라 CFO가 챙겨야 할 수익 전략이다.

순환 경제의 핵심 : AI가 쓰레기를 다시 자원으로 만든다

선형 경제는 종말됐다. 더 이상 '파고-만들고-버리기'는 불가능하다. 지금까지 인류는 '선형 경제' 모델로 살아왔다. 땅에서 광물을 파내고(채굴), 공장에서 제품을 만들고(제조), 쓰고 나면 버리는(폐기) 시스템은 지구가 무한한 자원 창고이고, 쓰레기장이라는 전제에서 작동한다. 하지만 현실은 다르다. 리튬은 2030년이면 수요가 공급을 40% 초과할 것으로 예측되고, 희토류는 중국이 전 세계 생산량의 70%를 장악해 언제든 공급을 끊을 수 있다. 반도체 핵심 소재인 갈륨과 게르마늄은 2023년 중국이 수출 통제로 가격이 3배 폭등했다. 게다가 전 세계가 매년 버리는 전자 폐기물은 5,400만 톤인데, 이 중 재활용되는 건 17%에 불과하다. 나머지 83%는 매립되거나 불법 소각되며 토양과 수질을 오염시킨다.

순환 경제는 이 선형 모델을 뒤집는다. 버려진 제품을 다시 자원으로 보고, 재사용(Re-use), 재제조(Re-manufacture), 재활용(Re-cycle)을 통해 끊임없이 순환시킨다. 예를 들어, 폐배터리에서 리튬·코발트·니켈을 뽑아내 새 배터리를 만들면 광산 채굴 없이도 소재를 확보할 수 있다. 맥킨지 분석에 따르면 순환 경제로 전환하면 2030년까지 원자재 비용을 연간 6,300억 달러(약 820조 원) 절감할 수 있다. 하지만 이 전환에는 거대한 기술적 장벽이 있다. 스마트폰 하나에는 60여 종의 원소가 들어가는데, 이를 수작업으로 분류하고 분리하는 건 사실상 불가능하다. 여기서 AI와 로봇이 게임 체인저로 등장한다.

AI와 로봇이 만드는 재활용 혁명 : 분당 1,000개 분류, 순도 99.9%

AI는 쓰레기 더미에서 가치 있는 소재를 찾아내는 '전자 눈'이 됐다. 미국 스타트업 AMP 로보틱스(AMP Robotics)는 컴퓨터 비전 AI로 컨베이어 벨트 위를 지나가는 폐기물을 실시간 식별한다. 플라스틱, 금속, 종이, 유리를 구분하는 것은 물론, 플라스틱 안에서도 PET(페트병), HDPE(세제통), PP(요구르트 병)를 1초에 80개씩 분류한다. 기존 사람이 수작업으로 분류하면 시간당 1,200개, 정확도 85%였는데, AMP 로봇은 시간당 6만 개, 정확도 99%를 달성한다. 2024년 기준 AMP 시스템은 전 세계 400개 재활용 시설에 설치됐고, 미국 재활용 업체 웨이스트 매니지먼트(Waste Management)는 이 시스템 도입 후 재활용률을 35%에서 65%로 끌어올렸다.

더 정교한 분리가 필요한 전자 폐기물에서는 AI와 화학이 결합한다. 애플은 2023년 '데이지(Daisy)'라는 아이폰 분해 로봇을 공개했다. 데이지는 시간당 200대의 아이폰을 분해하며, 각 부품에서 코발트, 리튬, 구리, 희토류를 분리한다. 여기서 핵심은 AI가 기기마다 다른 나사 위치, 접착제 종류, 부품 배열을 학습해 최적의 분해 순서를 결정한다는 점이다. 애플은 2022년 이 시스템으로 금 1톤, 구리 1,000톤을 회수했는데, 이는 광산 채굴 대비 탄소 배출을 95% 줄인 수치다.

배터리 재활용에서는 중국 GEM(格林美)이 선두다. GEM은 AI 기반 자동 분해 라인으로 연간 30만 톤의 폐배터리를 처리한다. AI는 배터리 종류(리튬이온, 니켈-망간-코발트, 리튬-철-인산)를 자동 식별하고, 로봇 팔이 각 타입에 맞는 파쇄·용해·추출 공정을 수행한다. 회수한 리튬의 순도는 99.9%로 채굴한 리튬과 동일하며, 톤당 가격은 1만 2,000달러로 채굴 리튬(1만 5,000달러)보다 20% 싸다. GEM은 2025년 CATL, BYD와 10년 공급 계약을 맺고 연간 15만 톤의 재활용 리튬을 공급한다. 2030년까지 재활용 리튬은 전 세계 리튬 공급의 30%를 차지할 전망이다.

순환 경제는 이제 '환경을 위한 착한 선택'이 아니라 '살아남기 위한 필수 전략'이 됐다. EU는 2027년부터 '디지털 제품 여권(Digital Product Passport)' 제도를 도입해, 모든 전자제품에 소재 구성, 재활용 방법, 탄소 발자국 정보를 의무 표기하도록 한다. 재활용하기 어려운 제품은 판매가 금지된다. 기업들이 지금 AI 기반 재활용 시스템에 투자하지 않으면, 5년 후에는 제품을 팔 수조차 없게 된다. 2030년 소재 산업의 승자는 광산을 가장 많이 소유한 기업이 아니라, 쓰레기에서 가장 효율적으로 자원을 뽑아내는 기업이 될 것이다.

폐배터리 자동 분해 및 소재 회수 로봇

전기차 확산으로 리튬이온 배터리 수요가 폭발한다. 2030년 전 세계에서 연간 1,000만 톤 이상의 폐배터리가 발생할 것으로 예상된다. 이는 자원이자 환경 위험이다. 배터리 재활용은 기술적으로 어렵다. 각 제조사가 다른 화학 조성, 셀 형태, 패키지 구조를 사용한다. 수동 분해는 위험하고 비효율적이다.

로봇이 해결책이다. 독일의 듀젠펠트(Duesenfeld)는 자동화 재활용 라인을 개발했다. 컴퓨터 비전으로 배터리 타입을 식별하고, 로봇 팔이 정밀하게 분해한다. 위험한 전해액은 격리 환경에서 처리된다. 핵심은 데이터베이스다. 듀젠펠트의 시스템은 수천 종류의 배터리 모델 정보를 학습했다. 새로운 배터리를 보면 AI가 구조를 추론하고 최적 분해 절차를 생성한다. 이 라인은 시간당 50개 배터리 팩을 처리한다. 인간 작업자라면 하루 종일 걸릴 일이다. 안전성도 획기적으로 개선됐다. 폭발이나 화재 위험이 거의 없다.

미국의 레드우드 머티리얼즈[18]는 다른 전략을 택했다. 그들은 배터리를 완전히 분해하지 않고, '블랙 매스(black mass)'로 분쇄한다. 이 검은 가루는 리튬, 코발트, 니켈, 구리가 혼합된 것이다. 여기서 습식 제련으로 각 금속을 분리한다. AI가 화학 공정을 최적화해 회수율을 높이고 에너지를 절감한다. 레드우드 머티리얼즈는 리튬 95%, 코발트 95%, 니켈 95%, 구리 99% 회수율을 달성했다. 이들은 폐쇄 루프를 구축했다. 회수한 금속으로 새 양극재를 제조해 배터리 제조사에 공급한다. 2024년 파나소닉과 장기 공급 계약을 체결했다. 재생 소재는 채굴 소재보다 저렴하고 탄소 발자국이 80% 낮다.

AI가 최적화하는 재활용 공정

재활용은 본질적으로 최적화 문제다. 다양한 폐기물 스트림, 변동하는 조성, 여러 공정 경로가 있다. 최대 가치를 추출하려면 실시간 의사결정이 필요하다. AI가 이를 가능케 한다. 스웨덴의 스웨렉(Swerec)은 전자 폐기물 재활용 공장을 운영한다. 그들의 AI 시스템은 들어오는 폐기물의 조성을 분광기로 분석한다. 배치마다 다른 금속과 플라스틱 비율을 갖는다.

AI는 이 정보로 공정 파라미터를 조정한다. 분쇄 강도, 자기 분리 세기, 부유 선별 조건을 실시간으로 최적화한다. 결과적으로 금 회수율이 92%에서 97%로 향상됐다. 1% 차이가 수백만 달러의 가치다.

---

18) Redwood Materials : 테슬라 공동창업자 J.B 스트로벨(JB Straubel)이 설립했다.

프랑스의 베올리아[19]는 플라스틱 재활용에 AI를 적용한다. 플라스틱은 종류가 많다(PET, HDPE, PVC, PP 등). 육안으로 구분하기 어렵지만, 섞여 재활용하면 품질이 떨어진다. 베올리아의 광학 선별 시스템은 컨베이어 벨트 위의 플라스틱 조각을 초당 수백 개를 스캔한다. 근적외선 분광기가 각 조각의 화학 조성을 식별하고, AI가 타입을 분류한다. 공기 제트가 밀리초 만에 조각을 해당 트레이로 분사한다. 이 시스템은 99% 정확도로 플라스틱을 선별한다. 인간 선별사는 70~80% 정확도에 시간당 수십 킬로그램만 처리한다. 로봇은 시간당 수 톤을 처리한다.

일본의 JX 금속[20]은 희토류 재활용에 AI를 활용한다. 희토류는 전기차 모터, 풍력 터빈, 전자기기에 필수지만, 채굴이 환경 파괴적이고 중국이 공급을 지배한다. 희토류 회수는 복잡하다. 17가지 희토류 원소가 화학적으로 매우 유사해 분리가 어렵다. 전통적으로 수십 단계의 용매 추출을 반복한다.

JX 금속의 AI 시스템은 각 단계에서 최적 조건을 계산한다. 용매 농도, pH, 온도를 실시간으로 조정해 목표 원소를 선택적으로 추출한다. 공정 시간이 30% 단축되고, 순도는 향상됐다.

리튬 회수율 95% 달성의 경제학, 채굴의 시대를 끝내는 순환의 논리

배터리 재활용이 '도시 광산'이라는 수식어를 넘어 실질적인 산업의 주류로 부상한 배경에는 비용 효율성의 임계점 돌파가 있다. 레드우드 머티리얼즈의 데이터에 따르면, 폐배터리 리튬 회수 비용(약 670만 원~930만 원/t)은 칠레 염호의 채굴 원가(약 530만 원~800만 원/t)에 육박할 만큼 근접했다. 단순 수치상으로는 채굴이 여전히 유리해 보일 수 있으

---

19) Veolia : 물, 폐기물 관리, 에너지 서비스를 통합 제공하는 세계 최대의 환경 서비스 전문 기업이다.

20) JX Nippon Mining & Metals : 반도체와 전기차 배터리라는 현대 산업의 양대 축을 지탱하는 초고순도 소재를 공급하며, 자원 순환을 선도하는 기업이다.

나, 탄소 규제와 지정학적 리스크라는 외부 효과를 내부화할 경우 경제적 저울추는 이미 재활용 쪽으로 급격히 기울고 있다.

첫 번째 결정적 요인은 압도적인 탄소 경쟁력이다. 전통적인 리튬 추출 방식은 18개월에 걸친 염수 증발 과정과 대규모 중장비 동원으로 인해 막대한 환경 비용을 지불한다. 반면 재활용은 이미 정제된 금속을 습식 제련을 통해 회수하므로 탄소 발자국을 채굴 대비 80% 이상 감축할 수 있다.

이는 향후 탄소국경조정제도 등 탄소세가 본격화되는 시점에서 채굴 리튬의 잠재적 비용을 높이는 반면, 재활용 리튬에게는 강력한 가격 방어력을 제공하는 핵심 기제가 된다.

두 번째 인사이트는 물류 최적화와 공급망의 단축이다. 호주나 남미에서 채굴된 광물이 중국을 거쳐 글로벌 제조 거점으로 이동하는 기존의 '롱테일 공급망'은 막대한 운송비와 시간적 리스크를 동반한다. 그러나 재활용 시설은 배터리 기가팩토리나 완성차 공장 인근에 위치하는 '온사이트(On-site)' 모델이 가능하다. 테슬라가 네바다 기가팩토리 옆에 직접 재활용 시설을 구축하는 이유는 단순한 환경 보호가 아니라, 물류 경로를 최소화해 재고 회전율을 극대화하려는 고도의 전략적 선택이다.

마지막으로 재활용은 자원 민족주의에 대응하는 최고의 안보 전략으로 기능한다. 칠레의 리튬 국유화 선언과 중국의 가공 공정 독점은 글로벌 배터리 공급망을 끊임없이 위협하고 있다. 이러한 상황에서 폐배터리 회수율 95%를 달성한다는 것은 국가 내부에서 자급자족이 가능한 '가상 광산'을 보유한다는 의미와 같다. 미국과 유럽이 재활용 산업에 파격적인 보조금을 투입하는 본질적인 이유는, 재활용이야말로 지정학적 도박에서 벗어나 에너지 주권을 확보할 수 있는 유일한 탈출구이기 때문이다.

95%의 의미 : 경제적 임계점을 넘어 '도시 광산'의 시대로

배터리 재활용 산업에서 '95% 회수율'은 단순한 수치 이상의 의미를 지닌다. 이는 재활용이 신규 채굴보다 경제적 우위에 서게 되는 '골든 크로스(Golden Cross)'의 지점이다. 과거 80% 수준의 회수율 체제에서는 유실되는 20%의 리튬으로 인해 원가 경쟁력을 확보하기 어려웠고, 결과적으로 대지를 파헤치는 채굴 방식이 여전히 유리했다. 하지만 95%라는 임계점에 도달하는 순간, 단위당 생산 비용은 급격히 하락하며 재활용은 선택이 아닌 필수적인 고수익 비즈니스로 변모한다.

이 지점에서 수익성을 극대화하는 핵심 동력은 리튬뿐만 아니라 코발트, 니켈, 구리 등 고가의 유가 금속을 동시에 회수하는 '다중 추출 구조'에 있다. 특히 톤당 3만 달러를 호가하는 코발트를 포함해 배터리 내 잠들어 있는 귀금속들을 한꺼번에 뽑아내는 과정은 마치 금광에서 금뿐만 아니라 은과 구리까지 동시에 채굴하는 것과 같은 폭발적인 부가가치를 창출한다. 개별 금속의 회수율이 높아질수록 배터리 한 대당 수익성은 기하급수적으로 배가된다.

이러한 혁신을 가능케 한 기술적 본질은 '습식 제련(Hydrometallurgy)'의 완성이다. 전통적인 건식 제련은 고온의 열을 가해 금속을 녹여내는 방식으로, 에너지 소모가 극심하고 미세한 회수율을 보장하기 어려웠다. 반면, 습식 제련은 정교한 화학 용액을 통해 금속을 선택적으로 추출한다. 특히 2024년 레드우드 머티리얼즈와 라이-사이클(Li-Cycle)은 AI를 활용해 용액의 농도를 실시간으로 조정하는 공정을 도입함으로써, 에너지 효율은 높이고 회수율은 극대화하는 기술적 정점에 도달했다.

이제 배터리 재활용 기업들은 각자의 전략적 포지셔닝을 통해 시장을 지배하고 있다. 레드우드 머티리얼즈가 재활용부터 핵심 부품 제조까지 수직 계열화한 '거대 제조 기업'을 지향한다면, 라이-사이클은 전국적인 수거망을 기반으로 효율적인 금속 추출에 집중하는 '스마트 도시 광산'의 모델을 보여준다. 결국 95%의 회수율은 자원 선순환의 도덕적 가치를 넘어, 폐배터리가 신규 광산보다 더 가치 있는 자산임을 입증하는 강력한 경제적 신호탄이 됐다.

제4장

기업의 생존 전략

융합 역량을 어떻게 확보할 것인가

*

"변화의 흐름에 올라타는 자가 아니라, 변화의 물길을 트는 자가 승리한다."

앞선 장들에서 우리는 AI, 소재, 로봇 융합의 기술적 가능성과 산업 변화의 방향을 살펴보았다. 하지만 아무리 훌륭한 비전이 있어도 실행하지 못하면 그림의 떡일 뿐이다. 이제 가장 중요한 질문을 던져야 할 때다.

"우리 회사는 어떻게 이 융합 역량을 확보할 것인가?"

이 장에서는 실전에서 즉시 활용할 수 있는 구체적인 전략과 로드맵을 제시한다. 자가 진단부터 조직 개편, 인재 확보, 투자 우선순위까지, 기업 규모와 상황에 맞는 맞춤형 솔루션을 제공할 것이다.

우리 회사는 어느 단계인가?

전쟁에서 가장 중요한 것은 자신의 위치를 정확히 파악하는 것이다. 기업의 디지털 전환도 마찬가지다. 현재 우리가 어느 지점에 서 있는지 정확히 알아야 다음 단계로 나아갈 수 있다.

기술 성숙도 평가 프레임워크

많은 기업이 "우리도 AI를 도입했다"라고 말하지만, 실상을 들여다보면 엑셀 대신 파이선을 쓰는 수준에 불과한 경우가 많다. 진정한 융합 역량을 갖추기 위해서는 단계별 발전 경로를 이해하고, 현재 위치를 객관적으로 평가해야 한다.

레벨 0 : 전통 제조(디지털화 이전)

이 단계의 기업은 여전히 종이 문서와 경험에 의존한다. 실험 노트는 수기로 작성되고, 생산 현장의 데이터는 체계적으로 수집되지 않는다. 베테랑 기술자의 노하우가 회사의 핵심 자산이지만, 그것은 오직 그 사람의 머릿속에만 존재한다. 국내 소재 중소기업의 약 40%가 여전히 이 단계에 머물러 있다. '우리는 30년 경력의 장인이 있으니 괜찮다'라는 안도감은 착각이다. 그 장인이 은퇴하는 순간, 회사의 핵심 역량도 함께 사라진다.

레벨 1 : 디지털 전환 초기(데이터 수집 단계)

ERP(전사적 자원관리), MES(제조 실행 시스템) 같은 기본적인 IT 시스템을 도입하고, 생산 데이터를 디지털로 기록하기 시작한다. 하지만 데이터는 수집되기만 할 뿐, 제대로 활용되지 못한다. 각 부서의 데이터는 여전히 사일로에 갇혀 있고, 서로 연결되지 않는다. 이 단계에서 많은 기업이 "비싼 돈을 들여 시스템을 깔았는데, 달라진 게 없잖아?" 하며 좌절한다. 하지만 이것은 필수적인 통과의례다. 데이터가 없으면 AI도 없다. 인내심을 갖고 데이터 품질을 높이고, 표준화하는 작업에 집중해야 한다.

레벨 2 : AI 도입기(예측·최적화 활용)

축적된 데이터를 바탕으로 AI 모델을 활용하기 시작한다. 불량 예측, 공정 최적화, 수요 예측 등 특정 문제에 머신 러닝을 적용한다. 하지만 이는 여전히 '부분 최적화'에 불과하다. AI는 기존 프로세스를 개선할 뿐, 근본적인 혁신을 만들어내지는 못한다. 이 단계에서 중요한 것은 '작은 성공'을 만들어내는 것이다. 전사적 AI 전환을 외치기보다, 명확한 ROI(투자 대비 수익률, Return on Investment)를 보여줄 수 있는 파일럿 프로젝트에 집중하라. 한 공정의 수율을 5% 개선했다면, 그것이 곧 다음 투자를 정당화하는 근거가 된다.

레벨 3 : 융합 시작기(AI, 소재, 로봇 중 2개 결합)

이제 AI와 로봇을 결합한 자동화 실험실을 운영하거나, 소재 개발에 생성형 AI를 활용하기 시작한다. 2개 이상의 기술 영역이 유기적으로 연결되면서 시너지가 발생한다. 일본의 한 화학기업은 AI 예측 모델과 로봇 실험 시스템을 결합해 촉매 개발 기간을 3년에서 6개월로 단축했다. 사람이 하루 3개 실험할 때, 로봇은 100개를 실행하고, AI는 그 결과를 분석해 다음 실험을 설계한다. 이것이 바로 융합의 힘이다.

레벨 4 : 완전 융합(세 가지 기술의 통합 시스템)

AI, 소재, 로봇이 하나의 통합 시스템으로 작동한다. 생성형 AI가 신소재 구조를 설계하면, 로봇이 자동으로 합성하고, 실시간 센서 데이터를 AI가 분석해 즉각 피드백한다. 인간은 전략적 의사결정과 창의적 문제 해결에 집중한다. 현재 이 수준에 도달한 기업은 전 세계적으로도 손에 꼽을 정도다. 테슬라, IBM, 일부 첨단 제약사 정도가 이 범주에 속한다. 하지만 2030년이 되면, 이것이 선도 기업의 표준이 될 것이다. 당신의 회사는 어느 단계인가? 솔직하게 평가하라. 그리고 1년 안에 한 단계 상승하겠다는 구체적인 목표를 세워야 한다.

경쟁사 벤치마킹 체크리스트

자기 평가만큼 중요한 것이 경쟁사와의 비교다. 시장은 절대평가가 아니라 상대평가의 세계다. 우리가 레벨 2에 있어도 경쟁사가 모두 레벨 1이라면 우위를 점할 수 있다. 하지만 우리가 레벨 3인데 경쟁사가 레벨 4라면, 위기다.

소재 혁신 속도 비교

신제품 출시 주기를 측정하라. 5년 전과 비교해 얼마나 빨라졌는가? 경쟁사는? 만약 경쟁사가 매년 신제품을 내놓는데 우리는 여전히 3년이 걸린다면, 곧 시장에서 밀려날 것이다. 특허 출원 추이도 중요한 지표다. 단순한 양이 아니라 AI 관련 특허, 공정 자동화 특허, 융합 기술 특허의 비중을 살펴보라. 테슬라는 2020년 이후 배터리 관련 특허의 60% 이상이 AI 또는 로봇 기술과 결합된 융합 특허다.

AI·데이터 인프라 수준

경쟁사의 채용 공고를 분석하면 많은 것을 알 수 있다. 데이터 과학자, 머신 러닝 엔지니어, MLOps(머신 러닝 운영) 전문가[21]를 대거 채용한다면, 그들은 이미 AI 인프라 구축에 본격 투자하고 있다는 신호다. 링크드인(LinkedIn)에서 경쟁사 직원들의 프로필을 살펴보라. 최근 1~2년간 AI·데이터 관련 백그라운드를 가진 인재가 대거 유입됐다면, 조직 내부에 큰 변화가 일어나고 있다는 뜻이다.

자동화·로봇화율

생산 현장의 자동화율은 공개 자료나 산업 보고서를 통해 추정할 수 있다. 하지만 더 중요한 것은 R&D 실험실의 자동화율이다. 경쟁사가 자동화 실험실을 구축했다는 뉴스가 나왔다면, 그들은 이미 당신보다 6개월~1년 앞서 있다. 전시회나 학회에 참석해 경쟁사의 발표를 주의 깊게 들어라. 'AI 기반 소재 스크리닝', '로봇 실험 플랫폼' 같은 키워드가 나온다면, 그들은 이미 레벨 3 이상에 진입했을 가능성이 크다.

융합 인재 보유 현황

기술의 경쟁은 결국 인재의 경쟁이다. 경쟁사가 MIT, 스탠퍼드 출신 AI 박사를 영입했다면, 그들은 최소 2~3년 뒤를 내다보고 준비하고 있다는 뜻이다. 더 중요한 것은 내부 인재의 재교육이다. 경쟁사가 전 직원 대상 AI 교육 프로그램을 운영한다는 소식을 들었다면, 그것은 단순한 홍보가 아니다. 조직 전체의 DNA를 바꾸겠다는 경영진의 의지다.

---

21) 반도체 공정, 에너지 전력망, 배터리 재활용 등 앞서 언급된 모든 첨단산업의 '지속 가능한 엔진'을 만드는 사람을 뜻한다.

위기 신호 감지하기

때로는 위기가 서서히, 조용히 다가온다. 다음 신호 중 하나라도 해당한다면, 당신의 회사는 이미 위험 구역에 진입했을 수 있다.

신호 1 : 신제품 출시 주기가 경쟁사보다 2배 이상 느림

시장은 기다려주지 않는다. 고객의 요구는 점점 빨라지는데, 우리의 개발 속도는 그대로라면 격차는 계속 벌어질 뿐이다. 한 국내 2차 전지 소재 기업은 이 신호를 무시했다가 큰 대가를 치렀다. 2019년 하이니켈 양극재 개발에 착수했지만, 전통적인 시행착오 방식을 고수하며 3년이 걸렸다. 그사이 중국 경쟁사는 AI 기반 스크리닝으로 1년 만에 제품을 출시했고, 시장 점유율 1위를 차지했다.

신호 2 : R&D 비용은 많지만 혁신 성과는 적음

매출 대비 R&D 비율이 10%가 넘는데도 신제품은 나오지 않고, 특허도 줄어들고 있다면, 그것은 R&D 프로세스 자체에 문제가 있다는 뜻이다. 돈을 더 쓴다고 해결되지 않는다. 같은 돈으로 10배 많은 실험을 할 수 있는 자동화 시스템, 실패 확률을 절반으로 줄여주는 AI 예측 모델이 필요하다. 투입을 늘릴 게 아니라, 생산성을 혁신해야 한다.

신호 3 : 핵심 인재의 이탈이 증가

최고의 과학자와 엔지니어는 가장 먼저 변화를 감지한다. 그들이 회사를 떠나 스타트업으로, 빅테크로 이직한다면, 그것은 단순히 연봉 때문이 아니다. '이 회사는 미래가 없다'라는 판단 때문이다. 한 화학기업의 CTO는 이렇게 말했다.

"우리 최고의 AI 연구자 3명이 작년에 모두 테슬라와 구글로 갔습니다. 그들은 더 이상 우리 회사에서 배울 게 없다고 느꼈죠. 더 큰 문제는,

그들이 떠난 뒤 누구도 그 자리를 메울 수 없다는 겁니다.”

신호 4 : 스타트업의 파괴적 혁신에 대응 불가

‘고작 직원 20명짜리 스타트업이 우리 시장을 위협할 리 없어.’

이런 생각이 든다면, 당신은 이미 늦었다. 한 글로벌 코팅 소재 기업은 MIT 출신 연구자들이 만든 스타트업을 비웃었다. 하지만 그 스타트업은 생성형 AI로 18개월 만에 기존 제품보다 성능이 2배 좋은 코팅재를 개발했다. 기업은 급히 방어에 나섰지만, 이미 핵심 고객 3곳을 잃은 뒤였다. 블록버스터가 넷플릭스를 무시했고, 노키아가 아이폰을 과소평가했으며, 코닥이 디지털 카메라를 외면했다. 역사는 반복된다. 당신의 산업에서도 지금 어딘가에서 파괴적 혁신이 태동하고 있다.

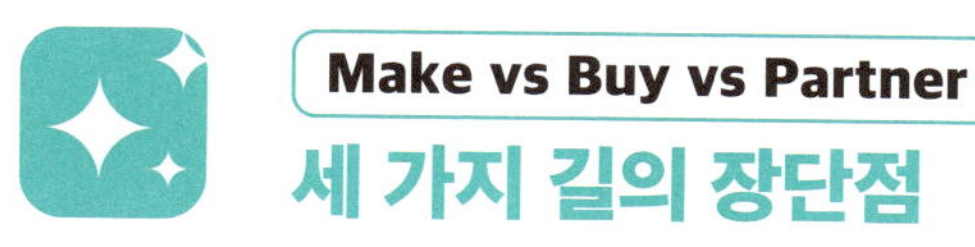

세 가지 길의 장단점

융합 역량을 확보하는 데는 세 가지 경로가 있다. 직접 개발하거나(Make), 인수하거나(Buy), 협력하거나(Partner). 정답은 없다. 당신 회사의 상황, 자원, 전략에 따라 최적의 조합을 찾아야 한다.

Make(자체 개발) : 언제 내재화해야 하는가

장점 : 핵심 경쟁력 확보, 장기적 원가 절감

자체 개발의 가장 큰 장점은 완전한 통제권이다. 기술을 내재화하면 그것은 누구도 빼앗을 수 없는 당신만의 자산이 된다. 외부 의존도가 낮아지고, 장기적으로는 비용도 절감된다. 테슬라가 배터리, AI, 로봇 기술을 모두 내재화한 이유가 여기 있다. 일론 머스크는 "우리가 직접 만들지 않으면, 공급사에 목줄이 잡힌 채 살아가야 한다"라고 말했다. 실제로 테슬라는 2022년부터 자체 4680 배터리 생산을 시작하면서 셀당 원가를 56% 낮췄다.

단점 : 막대한 초기 투자, 긴 개발 기간

하지만 대가는 크다. 자동화 실험실 하나를 구축하는 데 수십억 원, AI 플랫폼 개발에 수년이 걸린다. 그사이 시장은 변하고, 경쟁사는 이미 제품을 출시한다. 실패 위험도 모두 당신이 떠안아야 한다. 3년간 개발한 AI 모델이 실전에서 작동하지 않는다면? 수백억 원 투자한 로봇 라인이 기대만큼 효율적이지 않다면? 매몰 비용은 고스란히 당신의 부담이 된다.

적합 기업 : 대기업, 자금 여력 충분, 장기 전략

자체 개발은 대기업의 전략이다. 삼성, 현대차, LG 같은 글로벌 대기업은 10년, 20년 뒤를 내다보고 핵심 기술에 수조 원을 투자할 수 있다. 단기 수익보다 장기 경쟁력을 우선시할 수 있는 재무적 여력과 경영진의 의지가 있다.

사례 : 테슬라(배터리·AI·로봇 모두 내재화)

테슬라는 Make 전략의 교과서다. 2019년 맥스웰을 인수해 배터리 기술을 확보했고, 자체 AI 칩 개발에 뛰어들었으며, 휴머노이드 로봇 '옵티머스'까지 만들고 있다. "미친 짓"이라는 비판도 많았다. 하지만 일론 머스크의 판단은 옳았다. 2024년 테슬라는 자체 AI 칩 'D1'을 장착한 슈퍼컴퓨터 'Dojo'를 가동하면서, AI 학습 비용을 경쟁사 대비 1/10로 낮췄다. 완전 자율주행에 필수적인 기술을 누구에게도 의존하지 않고 확보한 것이다.

Buy(인수합병) : 시간을 돈으로 사는 전략

장점 : 즉각적 역량 확보, 인재·기술 동시 획득

M&A의 가장 큰 장점은 속도다. 5년 걸릴 개발을 단숨에 뛰어넘을 수 있다. 기술뿐 아니라 그것을 만든 인재, 축적된 노하우, 심지어 고객까지 함께 얻는다. 마이크로소프트는 2023년 오픈AI에 100억 달러를 투자하면서 생성형 AI 시장의 선두 주자가 됐다. 자체 개발했다면 10년 걸렸을

역량을 단번에 확보한 것이다. 덕분에 Bing, Office 365, Azure에 GPT 를 통합하며 구글을 위협하고 있다.

단점 : 높은 인수 비용, 통합 리스크

하지만 M&A는 도박이다. 프리미엄을 얹어 비싸게 사고도, 핵심 인재가 떠나거나 기술 통합에 실패하면 손해만 남는다. GM은 2016년 자율주행 스타트업 크루즈를 10억 달러에 인수했다. 하지만 2023년 안전 사고가 잇따르자 사업을 전면 중단했고, 누적 손실은 100억 달러를 넘어섰다. 인수는 끝이 아니라 시작일 뿐이다. 통합이 진짜 싸움이다.

적합 기업 : 현금 보유 기업, 빠른 시장 진입 필요

M&A는 현금이 풍부하고, 시급하게 역량 격차를 메워야 하는 기업에 적합하다. 특히 디지털 역량이 약한 전통 제조 기업이 AI 스타트업을 인수하는 경우가 많다.

사례 : GM의 Cruise 인수, 마이크로소프트의 오픈AI 투자

GM과 마이크로소프트의 사례는 M&A의 명암을 보여준다. 마이크로소프트는 성공했고, GM은 고전하고 있다. 차이는 무엇일까? 마이크로소프트는 오픈AI에 투자하되, 독립성을 보장했다. 샘 올트먼을 비롯한 핵심 인재가 떠나지 않도록 했고, 기존 마이크로소프트 조직과 무리하게 통합하지 않았다. 대신 API 형태로 기술을 활용하며 점진적으로 융합했다. 반면 GM은 크루즈를 완전히 통합하려 했고, 전통적인 자동차 안전 기준을 스타트업 문화에 강요했다. 결과는 혁신의 속도 저하와 인재 이탈이었다. 교훈은 명확하다. 인수는 쉽지만, 통합은 어렵다. 문화 충돌을 관리하고, 핵심 인재를 붙잡으며, 혁신의 동력을 유지하는 것이 M&A 성공의 열쇠다.

Partner(전략적 협력) : 위험 분산과 속도의 균형

장점 : 낮은 초기 비용, 상호 보완적 역량 결합

파트너십은 가장 유연한 전략이다. 거액을 투자하지 않고도 최신 기술에 접근할 수 있다. 실패해도 손실은 제한적이다. 서로 부족한 부분을 채우며 윈윈할 수 있다. 중견 소재 기업이 AI 스타트업과 협력해 신소재를 개발하는 경우를 생각해보자. 소재 기업은 도메인 지식과 데이터를 제공하고, 스타트업은 AI 알고리즘을 제공한다. 둘 다 혼자서는 불가능한 일을 함께 해낸다.

단점 : 통제력 부족, 파트너 의존도 증가

하지만 파트너십의 함정은 의존도다. 핵심 기술을 파트너에게 맡기면, 그들 없이는 아무것도 할 수 없게 된다. 파트너가 경쟁사와도 협력한다면? 계약이 끝나고 기술을 가져간다면? 한 국내 배터리 기업은 AI 최적화 솔루션을 외부 업체에 의존했다가 낭패를 보았다. 그 업체가 중국 경쟁사와도 계약을 맺었고, 결국 핵심 공정 노하우가 경쟁사에 유출되는 사태가 벌어졌다. 파트너십은 신뢰가 전제되어야 한다.

적합 기업 : 중견기업, 틈새시장 공략

파트너십은 중견기업에게 최적이다. 대기업처럼 모든 것을 내재화할 자원은 없지만, 중소기업보다는 협상력이 있다. 특정 영역에 집중하고, 나머지는 파트너와 협력하는 전략이 효과적이다.

사례 : 현대차·앱티브 합작(모셔널), 폭스바겐·퀀텀스케이프

현대차는 2020년 앱티브와 합작해 자율주행 합작사 '모셔널'을 설립했다. 현대차는 자동차 제조, 앱티브는 자율주행 소프트웨어를 담당한다. 각자 잘하는 것에 집중하며 완성차를 만든다. 폭스바겐은 차세대 고체 배터리 개발을 위해 스탠퍼드 출신 연구자들이 만든 퀀텀스케이프에 3억 달러를 투자했다. 지분 투자를 통해 기술 독점권을 확보하되, 개발 리스크는 분담한다. 이처럼 파트너십은 '함께 가면 빨리 가고, 멀리 간다'라는 원칙을 구현하는 전략이다.

하이브리드 전략 : 선택적 내재화

현실에서 대부분의 기업은 Make(자체 개발), Buy(인수 합병), Partner(협력)를 적절히 조합한다. 핵심 기술은 Make, 주변 기술은 Partner, 급한 역량은 Buy. 이것이 하이브리드 전략이다.

핵심 기술은 Make, 주변 기술은 Partner

당신의 경쟁 우위의 원천이 무엇인지 명확히 하라. 배터리 기업이라면 전극 소재 설계는 Make, AI 플랫폼은 Partner, 생산 설비는 Buy가 될 수 있다. 애플은 칩 설계는 내재화하지만(Make), 제조는 TSMC에 맡긴다(Partner). 핵심 경쟁력은 지키되, 모든 것을 직접 할 필요는 없다는 판단이다.

단계별 접근 : Partner → Buy → Make

처음에는 파트너십으로 시작해 시장을 테스트하고, 가능성이 확인되면 인수하며, 최종적으로 완전히 내재화한다. 이것이 리스크를 최소화하는 단계적 접근법이다. 구글은 딥마인드와 먼저 협력 관계를 맺었고(Partner), 잠재력을 확인한 뒤 2014년 5억 달러에 인수했으며(Buy), 이제는 구글 AI 연구의 핵심 축으로 완전히 통합했다(Make).

실전 의사결정 트리

다음 질문들에 답하며 당신의 전략을 정하라.

1. 이 기술이 우리의 핵심 경쟁력인가?

→ Yes : Make 고려, No : Partner/Buy

2. 5년 내 내재화가 필요한가?

→ Yes : Buy 고려, No : Partner 유지

3. 자체 개발 자원(인력, 자금)이 충분한가?

→ Yes : Make, No : Buy/Partner

4. 시장 진입 시급성이 높은가?

→ Yes : Buy, No : Make/Partner

5. 신뢰할 파트너가 있는가?

→ Yes : Partner, No : Make/Buy

이 다섯 가지 질문의 조합으로 당신만의 맞춤형 전략을 수립하라.

사일로를 허물고 융합 조직을 만들어라

기술은 준비했지만, 조직이 따라가지 못하면 아무 소용 없다. 융합은 단순히 신기술 도입이 아니라, 조직 전체의 작동 방식을 바꾸는 혁명이다.

전통적 조직 구조의 한계 : R&D·생산·영업 분리가 만드는 단절

대부분의 제조 기업은 기능 중심의 수직 조직이다. R&D는 신소재를 개발하고, 생산은 제조하며, 영업은 판다. 각 부서는 자기 KPI만 신경 쓴다. R&D는 논문 편수, 생산은 불량률, 영업은 매출액에 몰입한다. 문제는 융합 프로젝트는 이 모든 부서가 긴밀히 협력해야만 성공한다는 것이다. AI가 예측한 신소재를 로봇으로 합성하고, 즉각 양산 가능성을 검증하며, 고객 피드백을 실시간으로 반영하려면 벽을 허물어야 한다.

한 화학 기업의 R&D 팀장은 이렇게 토로했다.

"우리가 개발한 신소재를 양산하는 데 2년이 걸렸습니다. 생산팀은 '현장에 안 맞는다'라며 받지 않으려 했고, 영업팀은 '고객이 원하는 게 아니다'라고 했죠. 결국 시장 타이밍을 놓쳤습니다."

부서 이기주의와 융합 프로젝트 실패

더 큰 문제는 부서 간 이해관계 충돌이다. AI 프로젝트를 추진하려 해도 IT팀은 '보안 문제', R&D 팀은 '예산 부족', 생산팀은 '현장 혼란'을 이유로 반대한다. 누구도 책임지고 싶어 하지 않는다. 결국 융합 프로젝트는 '누구의 일도 아닌 일'이 되어 표류한다. 경영진은 혁신을 외치지만, 실무에서는 아무도 움직이지 않는다.

'우리는 소재 회사'라는 정체성의 덫

'우리는 소재 회사지, IT 회사가 아니다.'

이런 생각이 조직 곳곳에 뿌리 박혀 있다. 소재 전문가는 AI를 배우려 하지 않고, AI 엔지니어는 소재를 이해하려 하지 않는다. 하지만 미래의 소재 회사는 동시에 AI 회사이고, 데이터 회사이며, 자동화 회사다. 정체성을 재정의하지 못하면 살아남을 수 없다.

융합 조직의 세 가지 모델

조직 개편에는 정답이 없다. 기업의 규모, 문화, 전략에 따라 적합한 모델이 다르다.

모델1 : 태스크포스형(단기 프로젝트, 기존 조직 유지)

기존 조직 구조는 그대로 두고, 특정 융합 프로젝트를 위한 TF팀을 구성한다. 각 부서에서 베스트 멤버를 차출해 3~6개월간 집중한다. 프로젝트 종료 후에는 원래 부서로 복귀한다.

- **장점** : 리스크가 낮고, 기존 조직 저항이 적음. 빠르게 시작.
- **단점** : 일시적이고, TF 멤버의 이중 업무 부담. 종료 후 노하우 소실.

이 모델은 융합을 처음 시도하는 기업, 또는 특정 프로젝트의 타당성을 검증하는 단계에 적합하다.

모델 2 : 매트릭스형(기능 조직+프로젝트 조직 이중 구조)

기능 조직(R&D, 생산, 영업)은 유지하되, 수평적인 프로젝트 조직을 추가한다. 직원은 2개의 보고 라인을 갖는다. 기능 부서장과 프로젝트 리더다. 예를 들어, '차세대 배터리 소재 개발' 프로젝트에는 소재 연구원, AI 엔지니어, 로봇 전문가, 생산 기술자가 모두 참여한다. 그들은 각자의 부서에 소속되어 있지만, 프로젝트 리더의 지휘를 받는다.

- **장점** : 융합 프로젝트에 집중하면서도 전문성 유지. 자원의 유연한 배분.
- **단점** : 이중 지휘 체계의 혼란, 권한과 책임의 모호함, 갈등 관리 필요.

이 모델은 여러 융합 프로젝트를 동시에 추진하는 중대형 기업에 적합하다.

모델 3 : 수평 조직형(완전한 재편, 스타트업식 애자일 조직)

전통적인 부서 구조를 완전히 해체하고, 프로젝트(또는 제품) 중심의 스쿼드(Squad) 조직으로 재편한다. 각 스쿼드는 소재 전문가, AI 엔지니어, 로봇 전문가, 데이터 과학자를 모두 포함한 완결형 팀이다. 스포티파이, 넷플릭스 같은 테크 기업이 이 모델을 사용한다. 한 스쿼드가 하나의 작은 스타트업처럼 작동한다. 의사결정은 빠르고, 책임은 명확하다.

- **장점** : 최고의 융합 효율, 빠른 의사결정, 높은 동기부여.
- **단점** : 조직 전체의 대대적 개편 필요, 기존 직원의 강한 저항, 전문성 유지의 어려움.

이 모델은 스타트업이나 디지털 네이티브 기업, 또는 과감한 혁신을 감행할 수 있는 기업에 적합하다.

융합 조직 구축 5단계 로드맵

조직 개편은 하룻밤에 이루어지지 않는다. 단계적 접근이 필요하다.

1단계 : 경영진의 의지와 비전 선언

모든 변화는 위에서 시작된다. CEO가 "우리는 AI와 로봇을 활용하는 융합 소재 기업으로 거듭나겠다"라고 명확히 선언해야 한다. 말뿐이 아니라 예산, 인력, 권한을 실질적으로 배정해야 한다. 한 일본 화학기업의 CEO는 2022년 신년사에서 "향후 3년간 연 매출의 7%를 융합 R&D에 투자하고, 전 임직원의 30%가 AI 교육을 이수하도록 하겠다"라고 선언했다. 그리고 실제로 했다. 선언이 아니라 실행이 중요하다.

2단계 : 파일럿 프로젝트로 성공 사례 만들기

조직 전체를 바꾸기 전에, 작은 성공을 만들어라. 한 제품, 한 공정에서 융합 접근법이 효과가 있음을 증명한다. 한 도료기업은 AI 기반 색상 조합 최적화 프로젝트를 파일럿으로 시작했다. 3개월 만에 신제품 개발 기간을 40% 단축했고, 이 성공 사례가 전사 확산의 모멘텀이 됐다.

3단계 : 융합 전담 조직(C-level) 신설

융합이 '누구의 일도 아닌 일'이 되지 않으려면, 명확한 책임자가 필요하다. CDO(Chief Digital Officer), CTO(Chief Technology Officer), 또는 CDO(Chief Data Officer) 같은 C-level 임원을 임명하고, 실질적 권한을 부여한다. 이 임원은 CEO 직속이어야 하며, 예산 집행권과 인사권을 가져야 한다. 그래야 부서 간 칸막이를 뚫고 융합 프로젝트를 추진할 수 있다.

4단계 : 인사·평가·보상 시스템 전환

조직 구조만 바꾸고 평가 기준은 그대로면 아무것도 변하지 않는다. KPI를 개인 성과에서 팀 성과로, 단기 매출에서 혁신 성과로 전환한다. 예를 들어, 연구원 평가에 '논문 편수'뿐 아니라 '프로젝트 기여도', '타 부서 협업 점수'를 포함시켜라. 영업사원에게도 '신제품 피드백 제공'을 평가하라.

보상도 바꿔야 한다. 융합 프로젝트 성공 시 팀 전체에 인센티브를 주고, 핵심 인재에게는 스톡옵션을 제공하라.

5단계 : 전사 확산과 문화 정착

파일럿이 성공했다고 끝이 아니다. 이제 전사로 확산해야 한다. 성공 사례를 공유하고, 베스트 프랙티스를 표준화하며, 모든 직원이 융합 마인드를 갖도록 교육한다. 문화 변화가 가장 어렵다. '우리는 원래 이렇게 해왔다'라는 관성을 깨는 데는 최소 2~3년이 걸린다. 인내심을 갖고 지속적으로 메시지를 전달한다.

실패를 용인하는 문화 만들기

융합 프로젝트는 본질적으로 불확실하다. 10개를 시도해서 3개를 성공하면 대성공이다. 하지만 한국 기업 문화는 실패를 용납하지 않는다. '실패하면 인사 고과에 불이익'이라는 두려움이 혁신을 가로막는다.

빠른 실패·빠른 학습

실리콘밸리의 모토다. 실패 자체는 문제가 아니다. 오래 질질 끌다가 큰 손실을 내는 게 문제다. 빨리 시도하고, 안 되면 빨리 접고, 배운 것을 다음에 적용하라. 구글은 실패한 프로젝트를 공개적으로 축하한다.

구글 글래스, 구글+는 실패했지만, 거기서 배운 교훈이 구글 렌즈와 유튜브로 이어졌다.

실험 예산과 실패 허용 한도 설정

R&D 예산의 10~20%는 '실험 예산'으로 배정하라. 이 돈은 확실한 성공이 보장되지 않아도 과감히 새로운 시도에 쓸 수 있다. 대신 명확한 중단 기준을 세워야 한다. 3M은 연구원에게 근무 시간의 15%를 자유 연구에 쓰도록 한다. 포스트잇이 바로 이 시간에서 탄생했다.

아마존의 '2-way door' 의사결정 원칙 적용

아마존은 의사결정을 두 가지로 나눈다. '1-way door(한 번 나가면 되돌릴 수 없는 문)'와 '2-way door(다시 들어올 수 있는 문).' 융합 프로젝트 대부분은 2-way door다. 6개월 해보고 안 되면 중단하면 된다. 이런 결정은 빠르게, 과감하게 내려라. 모든 리스크를 제거하려다 기회를 놓친다. 반면 1-way door(대규모 설비 투자, M&A)는 신중하게 접근한다.

융합 인재를 어떻게 찾고 키울 것인가

기술도, 조직도 결국은 사람이 만든다. 융합 시대의 경쟁은 인재 확보 전쟁이다.

융합 인재의 정의 : T자형에서 π자형으로. 단일 전문성의 시대는 끝났다

과거에는 '한 분야의 세계 최고 전문가'면 충분했다. 하지만 융합 시대에는 그것만으로는 부족하다. 소재만 아는 과학자는 AI를 활용할 수 없고, AI만 아는 엔지니어는 소재의 복잡성을 이해하지 못한다.

최소 2개 이상 분야의 깊은 전문성 + 넓은 시야

미래의 인재는 π자형이다. 2개 이상의 분야에서 깊은 전문성을 갖추고, 동시에 다른 분야에 대한 폭넓은 이해가 있는 사람. 소재 과학 박사이면서 파이선으로 머신 러닝 모델을 짤 수 있는 사람. 로봇 공학자이면서 화학 반응 메커니즘을 이해하는 사람. 이들이 융합의 핵심 인재다.

소재 과학자이면서 AI 엔지니어, 로봇 공학자이면서 데이터 과학자

시트린 인포매틱스의 CTO는 재료공학 박사이면서 동시에 머신 러닝 전문가다. 그는 "소재 데이터의 특수성을 모르면 제대로 된 AI 모델을 만들 수 없다"라고 말한다. 테슬라의 배터리 팀에는 전기화학 박사이면서 로봇 제어 시스템을 설계할 수 있는 엔지니어들이 있다. 이들이 4680 배터리의 자동화 생산 라인을 가능하게 했다.

'당신의 난제 3가지는 무엇인가', 스펙의 시대를 끝내는 머스크의 질문

AI, 소재, 로봇 융합의 시대, 한국 인재가 마주한 '존재 증명'의 과제

일론 머스크가 연달아 태극기를 올린 날, 많은 사람들은 그저 또 하나의 '머스크식 퍼포먼스' 정도로 받아들였다. 그러나 곧이어 등장한 한 줄의 문장이 분위기를 완전히 바꾸어 놓았다. "살면서 해결한 가장 어려운 기술적 난제 세 가지를 써내라." 화려한 스펙도, 그럴듯한 직함도, 유명 대학도 아닌 단 하나의 질문. 이 한 문장은 지금 우리가 어디쯤 와 있는지, 그리고 앞으로 무엇을 준비해야 하는지를 적나라하게 드러내는 시대의 진단서다.

질문이 아니라, 난제를 요구하는 시대

머스크가 한국 반도체·AI 인재에게 던진 건 '지원 자격'이 아니라 '존재 증명'에 가깝다. 어떤 난제를 만났고, 어떻게 버텼으며, 무엇을 배웠는지 말해보라는 요구다. 질문의 형식은 간단하지만, 실제로는 네 가지를 동시에 묻는다.

첫째, 당신은 정말로 어려운 문제와 맞붙어 본 적이 있는가. 둘째, 그 과정에서 스스로 문제를 정의하고 구조화할 수 있는가. 셋째, 시행착오와 실패를 견디며 끝까지 버티는 힘이 있는가. 넷째, 그 경험을 자신의 언어로 설명할 만큼 소화했는가.

이 기준으로 걸러 보면, '스펙이 좋은 사람'과 '난제를 끝까지 해결해

본 사람'의 집합은 놀라울 만큼 다르게 나타난다. 이력서에는 화려한 수상 경력과 프로젝트 목록이 빼곡할지 모른다. 그러나 "정말로 잠을 설쳐가며 붙들었던 문제 세 가지를 말해보라"라고 물으면, 갑자기 말문이 막히는 경우가 적지 않다. 이제는 시험 문제를 잘 푸는 사람이 아니라, 시험지 밖의 문제를 만들고 해결하는 사람이 필요한 시대다.

AI, 소재, 로봇 : 융합 혁명의 세 축

지금 벌어지는 변화는 단순한 '4차 산업혁명'이라는 낡은 구호로는 설명되지 않는다. 실제 현장에서는 세 가지 흐름이 서로 엮이며 전혀 새로운 게임의 판을 짜고 있다. 바로 AI, 첨단 소재, 그리고 로봇이다.

AI는 더 이상 소프트웨어에 머물지 않는다. 초거대 모델, 자율주행, 생성형 AI는 모두 데이터센터 벽 안이 아니라 물리적 세계로 쏟아져 나오고 있다. 문제는 계산능력과 전력이다. 결국 이 병목을 뚫는 열쇠는 반도체 아키텍처와 소재, 패키징, 제조 공정에 있다. 다시 말해, AI의 한계는 알고리즘이 아니라 물질과 공정이 결정하는 시대가 되고 있다.

소재는 로봇과 에너지, 반도체를 잇는 숨은 인프라다. 고내열·고효율 소재 없이 로켓도, 전기차도, 초저전력 AI 칩도 존재할 수 없다. 배터리, 전력반도체, 센서, 구동계에 이르기까지 소재는 성능과 수명을 규정하는 보이지 않는 변수다.

로봇은 이 모든 것을 '형태'로 구현하는 최종 단계다. 공장 바닥의 산업용 로봇에서, 물류창고의 AMR, 병원의 서빙·보조 로봇, 그리고 휴머노이드에 이르기까지, 로봇은 AI와 소재, 제어와 네트워크, 메카트로닉스를 하나의 시스템으로 묶어낸다. 로봇이 고도화될수록 'AI+소재+제조+제어' 역량의 통합이 필수적이 된다.

머스크가 노리는 것도 결국 이 세 축의 결합이다. AI를 테슬라의 두뇌로, 로봇과 전기차를 몸으로, 반도체와 소재를 그 몸을 움직이는 신경과 근육으로 보는 시각이다. 그리고 그 전체를 한 회사 안에 집어넣으려 한다. 우리는 이걸 '융합 혁명'이라고 부를 수 있다.

한국은 어디에 서 있는가

돌이켜 보면, 한국은 이 세 축의 상당 부분에서 결코 약하지 않다. 반도체·디스플레이·배터리·조선·자동차라는 제조 인프라, 로봇과 자동화 설비를 굴리는 현장의 노하우, 세계 최고 수준의 통신·인프라, 그리고 최근 빠르게 성장한 AI 인재 풀까지. 종합 세트만 놓고 보면, 머스크가 태극기를 연달아 올린 이유는 충분히 설명된다.

문제는 '조각'이 아니라 '연결'이다. 우리는 반도체는 반도체대로, 소재는 소재대로, 로봇은 로봇대로, AI는 소프트웨어대로 따로따로 성장시켜왔다. 각 분야는 세계 1, 2위를 다투는데, 이들이 서로 섞여 새로운 시장을 만드는 사례는 아직 많지 않다. 부품 강국과 장비 강국, 공정 강국이라는 타이틀은 많지만, '이 모든 걸 엮어 새로운 게임의 법칙을 만든다'라는 사례를 떠올리면 갑자기 조용해진다.

머스크의 한마디는 그래서 더 아프다. 한국의 AI·반도체·로봇 인재를 '한 몸'으로 엮어 자신이 그리는 융합 혁명의 엔진으로 쓰겠다는 선언이기 때문이다. 우리가 제대로 할 수 있는 일을, 남의 비전 아래 모여서 실현하라는 초대장이기도 하다.

더는 '질문'을 미룰 수 없다

이번 일에서 가장 인상적인 지점은, 머스크가 '지금까지 쌓아온 성취를 나열하라'라고 묻지 않았다는 점이다. 대신 '살면서 해결한 가장 어려운 기술적 난제 세 가지를 써내라'라고 요구했다. 질문은 하나인데, 이 질문은 지원자의 과거·현재·미래를 동시에 비춘다.

여기에서 거울을 우리 쪽으로 돌려보자. 우리는 교육과 연구, 산업현장에서 사람들에게 어떤 질문을 던지고 있는가. 아직도 "어느 대학을 나왔냐?", "어떤 스펙을 쌓았냐?"라는 질문에만 집착하고 있지는 않은가.

정작 "당신이 끝까지 붙들었던 문제는 무엇인가?", "그 문제를 통해 무엇을 배웠는가?"를 묻는 시스템은 몇 개나 되는가.

AI, 소재, 로봇이 이끄는 융합 혁명은 결국 '문제를 복합적으로 보는 눈'을 가진 사람들의 시대다. 전력 효율이 떨어지는 AI 칩을 보며 단순히 알고리즘을 고도화할지, 패키징과 냉각, 전력전자, 소재, 공정까지 아우르는 관점으로 재설계할지에 따라 완전히 다른 결과가 나온다. 그러나 이런 관점은 시험 문제를 풀어서는 얻을 수 없다. 난제를 끝까지 붙들어본 경험에서만 생긴다.

결국 우리에게 필요한 것은 "너는 무엇을 아는가?"라는 질문이 아니라 "너는 어떤 난제를 끝까지 포기하지 않았는가?"라는 질문이다. 머스크는 이를 인재 선발의 전면에 내걸었고, 우리는 아직 그것을 입시·채용 R&D 시스템의 주변부에만 배치해두고 있지 않은지 돌아봐야 한다.

융합 혁명의 시대, 우리가 던져야 할 질문

이제는 머스크의 질문에 답하는 데서 그칠 때가 아니다. 우리 스스로에게, 그리고 우리 사회와 조직, 기관에 되물어야 할 질문들이 있다. 이를 세 가지로 정리해볼 수 있다.

첫째, 우리는 난제를 허용하는가. 실패하고, 돌아가며, 시간이 오래 걸리는 문제를 붙들 수 있는 제도적 여유와 문화가 있는가. 아니면 빠른 성과와 단기 지표를 강요하며, 난제를 선택하는 사람을 '비효율적'이라고 낙인찍고 있지는 않은가.

둘째, 우리는 난제를 공유하는가. AI, 소재, 로봇이 융합되려면, 한 분야의 난제가 다른 분야의 기회가 되는 구조가 필요하다. 그러나 대부분의 조직은 난제를 숨기고, 문제를 쪼개어 관할 부서별로 나누어버린다. 그러면 그 문제는 결코 융합의 출발점이 되지 못한다.

셋째, 우리는 난제를 기록하는가. 논문과 특허, 실적과 성과만 남기고, 그 뒤에 있었던 실패와 시행착오의 이력을 남기지 않는다면, 한 세대의 경험은 다음 세대에 제대로 전수되지 않는다. 개인에게 "난제 세 가지를 적어보라"라고 요구하는 것만큼이나, 조직과 국가 역시 '우리가 끝까지 붙들었던 난제의 역사'를 정리해야 한다.

AI, 소재, 로봇이 이끄는 융합 혁명의 시대에, 질문은 더 이상 선택 사항이 아니다. 묻지 않으면, 남이 묻고 남이 데려간다. 우리는 지금 묻혀 가는 인재를 안타까워할 여유가 없다. "당신이 해결한 가장 어려운 기술적 난제 세 가지는 무엇인가?"라는 질문을, 이제 우리 스스로의 언어로 다시 던져야 할 때다.

그 질문을 받아 적는 순간, 우리는 비로소 남의 공고문이 아니라, 우리의 미래를 쓰기 시작하게 된다.

융합의 핵심 자산을 구축하라

왜 데이터가 융합의 시작점인가

"우리는 10년간 수천 번의 실험을 했습니다. 그런데 그 데이터가 연구원 개인 노트에만 있었죠. AI를 도입하려고 보니 활용할 수 있는 데이터가 거의 없더군요."

한 소재 기업 R&D 센터장의 고백이다.

AI는 데이터 없이 작동할 수 없다. 아무리 정교한 알고리즘이라도 학습할 데이터가 없으면 무용지물이다. 특히 소재 분야에서는 실험 데이터가 곧 경쟁 우위의 원천이다. 수십 년간 축적된 실험 노하우, 실패 사례, 미세한 공정 조건 변화가 모두 데이터로 전환될 때 비로소 AI는 인간을 뛰어넘는 예측력을 발휘할 수 있다.

데이터 선순환 구조를 구축하는 것이 핵심이다. 실험을 통해 데이터를 축적하고, 이 데이터로 AI를 학습시켜 새로운 소재를 예측한다. 예측된 소재로 다시 실험하고, 그 결과가 데이터베이스에 추가되면서 AI는 더욱 정교해진다. 이 순환이 빠르게 돌아갈수록 기업의 혁신 속도는 가속화된다.

소재 데이터베이스 구축 전략

데이터베이스 구축은 과거, 현재, 미래의 세 방향으로 동시에 진행되어야 한다. 우선 과거의 자산을 디지털화해야 한다. 연구원들이 작성한 실험 노트, 연구 보고서, 품질 검사 기록이 종이나 개인 컴퓨터에 흩어 져 있다면 이를 체계적으로 수집하고 표준화된 형식으로 변환해야 한 다. 이 과정에서 OCR(광학 문자 인식) 기술과 자연어 처리를 활용하면 효율을 높일 수 있다.

현재 진행 중인 실험에서는 IoT 센서를 통한 실시간 데이터 수집이 필 수다. 온도, 압력, 혼합 속도, 반응 시간 등 모든 공정 변수를 자동으로 기 록하는 시스템을 구축하면 인간의 기억이나 수기 기록에 의존하지 않아 도 된다. 이는 재현성 확보에도 결정적이다.

미래를 위해서는 외부 데이터 확보가 중요하다. 머티리얼스 프로젝트, 시트린 인포매틱스 같은 글로벌 데이터베이스에서 필요한 데이터를 구매 하거나 라이선스를 취득할 수 있다. 신소재 개발 방식을 '실험'에서 '데이 터와 AI'로 완전히 뒤바꾼 신소재 업계의 구글과 오픈AI 같은 존재다. 또 한 대학, 연구소와 협력해 상호 데이터를 공유하는 컨소시엄을 구성하면 개별 기업이 감당하기 어려운 규모의 데이터에 접근할 수 있다.

데이터 품질 관리

"쓰레기가 들어가면 쓰레기가 나온다(Garbage in, garbage out)."

데이터 과학의 가장 오래된 격언이다. 아무리 많은 데이터를 모아도 품질이 낮으면 AI는 잘못된 예측을 내놓는다. 결측치와 이상치를 처리하 는 명확한 프로토콜이 필요하다. 어떤 경우에 데이터를 제거할 것인지, 어떤 경우에 보간법으로 채울 것인지 미리 정해두어야 한다. 실험 실패 데이터도 귀중한 자산이므로 함부로 삭제해서는 안 된다.

메타데이터 표준화는 데이터의 생명력을 좌우한다. FAIR 원칙에 따라 데이터를 찾을 수 있고(Findable), 접근 가능하며(Accessible), 상호 운 용 가능하고(Interoperable), 재사용이 가능하도록(Reusable) 관리해야 한다. 누가, 언제, 어떤 장비로, 어떤 조건에서 실험했는지 메타데이터로 상세히 기록되어야 5년 후에도 그 데이터를 신뢰하고 활용할 수 있다.

데이터 큐레이션 전담팀을 운영하는 것도 고려할 만하다. 연구원들이 실험에 집중하는 동안 이들은 데이터의 일관성, 완결성, 정확성을 책임진다. 초기에는 비용으로 느껴질 수 있지만, 장기적으로는 AI 프로젝트 성패를 가르는 투자가 된다.

클라우드 vs 온프레미스

데이터를 어디에 저장하고 관리할 것인가는 단순한 IT 결정이 아니라 전략적 선택이다. 클라우드의 가장 큰 장점은 확장성과 접근성이다. 데이터 양이 급증해도 즉시 저장 공간을 늘릴 수 있고, 전 세계 어디서든 협업이 가능하다. AWS, Azure, 구글 클라우드는 AI 학습을 위한 고성능 컴퓨팅 자원과 사전 학습된 AI 서비스를 제공해 초기 진입 장벽을 낮춰준다.

반면 온프레미스는 보안과 통제력에서 우위를 점한다. 핵심 소재 배합비나 공정 조건 같은 민감한 데이터는 외부로 유출될 위험이 없는 자체 서버에 보관하는 것이 안전하다. 또한 장기적으로는 클라우드 구독료보다 자체 인프라 구축이 비용 효율적일 수 있다.

현실적인 해법은 하이브리드 전략이다. 특허 출원 전 핵심 데이터, 미공개 신소재 정보는 온프레미스에 보관하고, 외부 파트너와 공유하는 데이터나 공개된 연구 자료는 클라우드에서 관리한다. 이를 통해 보안과 협업, 두 마리 토끼를 모두 잡을 수 있다.

데이터 보안과 IP 보호

데이터는 이제 소재 기업의 생명 줄이다. 한 번의 유출이 수십 년간 쌓은 경쟁력을 무너뜨릴 수 있다. 접근 권한 관리는 기본 중의 기본이다. 누가 어떤 데이터에 접근할 수 있는지 역할 기반으로 세밀하게 통제하고, 모든 데이터는 암호화해 저장해야 한다. 전송 중인 데이터도 TLS/SSL(전송 계층 보안) 같은 프로토콜로 보호해야 한다.

최근에는 블록체인을 활용한 데이터 출처 추적 시스템도 주목받고 있다. 데이터가 생성된 순간부터 수정, 활용, 공유된 모든 이력을 블록체인에 기록하면 위변조가 불가능하고 책임 소재가 명확해진다. 특히 공동 연구나 데이터 거래 시 신뢰 문제를 해결하는 강력한 수단이 된다.

내부자 유출을 방지하는 시스템도 필수다. 대용량 데이터 다운로드를 모니터링하고, 퇴사 예정 직원의 접근 권한을 사전에 제한하며, 데이터에 워터마크를 삽입해 유출 경로를 추적할 수 있도록 해야 한다. 데이터 보안은 기술만이 아니라 조직 문화와 프로세스의 문제이기도 하다.

한정된 자원을 어디에 쏟을 것인가

기업 규모별 투자 전략

"우리도 AI 하고 로봇 도입하고 싶지만, 돈이 어디 있나요?"

중소 소재 기업 대표들이 가장 많이 하는 말이다. 융합 기술은 매력적이지만, 투자 규모가 만만치 않은 것도 사실이다. 그러나 규모에 맞는 전략을 세우면 누구나 시작할 수 있다.

대기업

공격적으로 투자해야 한다. AI 플랫폼 내재화에 30~50억 원, 로봇 자동화 라인 구축에 생산 라인당 100억 원 이상을 투자해야 한다. 여기에 전략적 M&A를 위한 예비비 1,000억 원 이상을 확보해두면 유망 스타트업이나 기술을 적기에 확보할 수 있다. 이 정도 규모의 투자는 대기업에는 생존 전략이지 선택 사항이 아니다.

중견기업

선택과 집중이 답이다. 연 매출의 3%를 집중 투자하되, 모든 것을 자체 구축하려 해서는 안 된다. 파트너십 중심 전략으로 SDL이나 AI 플랫폼을 공동 활용하면 비용을 절반 이하로 줄일 수 있다. 로봇 자동화도 전체 공정이 아니라 병목 구간이나 품질에 결정적인 핵심 공정에만 도입한다. 정부 R&D 과제를 적극 활용하면 개발비의 50%를 지원받을 수 있어 재무 부담을 크게 낮출 수 있다.

중소기업

틈새 기술에 집중해야 한다. 대기업과 정면 승부하는 것은 자살 행위다. 대신 대기업이 관심 없는 특수 소재, 소량 다품종 시장, 극한 환경용 소재처럼 틈새시장을 공략한다. 기술 투자는 오픈소스 AI 도구를 최대한 활용해 무료~저비용으로 시작한다. Python, TensorFlow, PyTorch 같은 오픈소스 생태계는 중소기업에 거대 기업과 동등한 출발선을 제공한다. 대학, 정부출연 연구소와 협력 연구를 추진하면 고급 인력과 장비를 활용할 수 있다. 인프라는 클라우드 기반으로 구축해 초기 투자를 최소화하고, 성장에 따라 단계적으로 확장한다.

투자 ROI 평가 프레임워크

융합 기술 투자는 3~5년 후에야 본격적인 수익이 나타나는 장기 프로젝트다. 그러나 그렇다고 성과 측정을 미룰 수는 없다. 명확한 평가 프레임워크가 없으면 투자는 블랙홀이 된다.

정량 지표부터 설정해야 한다. 신소재 개발 기간이 얼마나 단축됐는가? 원자재 비용이나 불량률이 얼마나 감소했는가? 생산 수율이 몇 퍼센트 향상됐는가? 이런 지표는 재무제표에 직접 반영되므로 경영진을 설득하기 쉽다.

정성 지표도 중요하다. 특허 출원 수는 기술 경쟁력의 지표다. 국제 저널 논문 발표 수는 연구 수준을 보여준다. 우수 인재 유입 현황은 조직의 흡인력을 나타낸다. 고객이나 파트너로부터의 긍정적 피드백도 정성 지표에 포함된다.

단계별 게이트를 6개월마다 설정해 프로젝트를 재평가해야 한다. 목표 대비 진척도는 어떤가? 당초 가정했던 전제들이 여전히 유효한가? 외부 환경이나 기술 트렌드에 변화가 있는가? 이런 질문을 정기적으로 던지면서 투자 방향을 수정해나가야 한다. 융합 기술 투자는 일직선이 아니라 나선형으로 진화한다.

실패 프로젝트 조기 종료 기준

투자에서 가장 어려운 결정은 시작이 아니라 중단이다. 특히 이미 수십억 원을 쏟아부은 프로젝트를 포기하는 것은 심리적으로 매우 힘들다. 그러나 매몰 비용의 덫에 빠지면 더 큰 손실을 초래한다.

명확한 중단 기준을 미리 정해두어야 한다. 18개월 안에 가시적 성과가 나타나지 않으면 중단을 진지하게 검토해야 한다. 물론 기초 연구는 더 긴 호흡이 필요하지만, 상용화를 목표로 한 프로젝트라면 1년 반이면 최소한의 개념 증명(PoC)은 나와야 한다.

'이미 50억 원을 투자했으니 조금만 더 해보자'라는 생각이 가장 위험하다. 과거에 쓴 돈은 이미 돌이킬 수 없다. 중요한 것은 앞으로 추가로 투입될 자원 대비 기대 효과다. 이 비율이 좋지 않다면 과감히 중단해야 한다.

실패한 프로젝트를 끝낼 때는 반드시 철저한 사후 분석을 진행해야 한다. 왜 실패했는가? 기술적 한계 때문인가, 시장 예측이 잘못됐는가, 팀 구성이나 실행력 문제인가? 이 분석 결과를 조직 전체가 공유하면, 실패도 값진 학습 자산이 된다. 실패를 숨기는 조직은 같은 실수를 반복하지만, 실패를 공개하고 분석하는 조직은 빠르게 진화한다.

융합 기술 투자는 결국 확률 게임이다. 10개 프로젝트 중 3개만 성공해도 전체적으로는 큰 수익을 낼 수 있다. 중요한 것은 실패를 두려워하지 않으면서도, 실패의 피해를 최소화하는 시스템을 갖추는 것이다. 빠른 실험, 명확한 평가, 과감한 중단, 철저한 학습. 이 네 가지가 한정된 자원으로 최대의 혁신을 만들어내는 비결이다.

제5장

정부와 정책

국가 차원의 융합 생태계 조성

왜 시장은 답을 주지 못하는가

시장 실패의 본질과 국가 개입이 불가피한 이유

2025년 어느 소재 기업 CEO가 투자 설명회에서 이런 말을 했다.
"AI 기반 신소재 개발에 500억 원을 투자하면 10년 후 5,000억 원의 매출을 만들 수 있습니다."

이에 투자자들의 반응은 냉담했다.
"10년은 너무 길다. 3년 안에 수익이 안 나오면 투자할 수 없다."

이것이 융합 기술이 직면한 시장 실패의 본질이다

융합 기술 개발에는 높은 초기 투자 비용과 극심한 불확실성이 따른다. 자율 연구 개발 실험실(SDL) 하나를 구축하는 데만 수백억 원이 들고, AI 모델 개발과 검증에 수년이 걸린다. 게다가 성공 확률은 10~20%에 불과하다. 민간 기업 입장에서는 당연히 투자를 꺼릴 수밖에 없다.

회수 기간의 문제는 더 심각하다. 신소재 개발은 연구실 실험에서 상업화까지 평균 10~15년이 소요된다. 배터리 소재, 반도체 소재, 바이오 소재처럼 안전성 검증이 필수인 분야는 더 길어진다. 상장 기업이라면 분기마다 실적을 보고해야 하는데, 10년 후의 성과를 약속하는 프로젝트에 대규모 투자를 결정하기란 거의 불가능하다.

기초 연구와 인프라는 전형적인 공공재다. 한 기업이 막대한 비용을 들여 소재 데이터베이스를 구축하고 AI 플랫폼을 개발해도, 그 기술이 논문으로 발표되거나 인력 이동을 통해 경쟁사에 흘러가는 것을 막을 수 없다. 경제학에서 말하는 '무임승차(free rider)' 문제다. 모두가 혜택을 누리지만 아무도 비용을 부담하려고 하지 않는다.

외부 효과는 더욱 흥미롭다. 한 기업이 AI 기반 촉매 개발에 성공하면, 그 기술은 화학 산업 전체의 효율을 높이고 환경 오염을 줄이며 에너지 비용을 절감한다. 사회 전체로는 수조 원의 편익이 발생하지만, 개발 기업이 가져가는 수익은 그중 일부에 불과하다. 개별 기업의 투자 유인은 사회적 최적 수준에 비해 항상 과소하다.

시장은 효율적이지만 만능은 아니다. 특히 장기적이고 불확실하며 공공재적 성격이 강한 융합 기술 분야에서는 시장의 손만으로는 충분한 투자가 일어나지 않는다. 이것이 바로 정부 개입이 필요한 이유다.

정부의 역할은 민간이 할 수 없거나 하지 않으려는 일을 대신하는 것이다. 기초 연구에 투자하라. ROI는 낮지만, 사회적 가치는 크다. 10년, 20년 후를 내다보며 인내할 수 있는 주체는 정부밖에 없다. 인프라를 구축하라. SDL 네트워크, 데이터 플랫폼, 표준화 시스템은 개별 기업이 감당하기 어렵다. 위험을 분담하라. 실패 가능성이 높지만 성공하면 산업 전체를 바꿀 도전적 과제에 과감히 투자하라. 생태계를 조율하라. 대학, 연구소, 대기업, 중소기업, 스타트업이 서로 협력하도록 플랫폼을 만들고 표준을 제정해야 한다.

세계는 이미 움직이고 있다. 미국의 DARPA는 고위험·고수익 프로젝트에 과감히 투자해 인터넷, GPS, 음성인식 같은 혁명적 기술을 탄생시켰다. 독일의 프라운호퍼 연구소는 산업 현장의 문제를 직접 해결하는 응용 연구로 제조업 강국의 기반을 다졌다. 이스라엘의 요즈마 펀드는 정부와 민간이 합동으로 벤처 캐피탈을 조성해 세계적 스타트업 국가로 도약했다. 싱가포르의 A*STAR는 국가 연구기관이 직접 기술을 상업화해 바이오·소재 산업을 육성했다.

한국도 이제 선택해야 한다. 시장에 맡겨두고 뒤처질 것인가, 아니면
국가가 나서서 융합 생태계를 조성할 것인가.

현실 진단과 핵심 과제 도출

세계 10위권 경제 대국이면서도 노벨 과학상은 단 한 명도 배출하지 못했다. 반도체 세계 1위, 배터리 세계 1위, 조선 세계 1위인데 원천 기술은 대부분 외국에서 수입한다.

우선 강점부터 정확히 인식하자. 우리는 세계적인 제조 역량을 갖추고 있다. 반도체, 배터리, 바이오, 자동차, 디스플레이 모두 글로벌 톱 5 안에 든다. '빨리빨리' 문화로 조롱받기도 하지만, 이 빠른 실행력은 기술 상용화에서 엄청난 경쟁력이다. 중국이나 미국 기업이 2년 동안 걸릴 일을 한국 기업은 1년 만에 해낸다. 대규모 설비 투자 능력도 탁월하다. 삼성전자는 반도체 공장에 20조 원을 투자하고, LG에너지솔루션은 배터리 라인에 10조 원을 쏟아붓는다. 이런 규모의 투자를 결정하고 실행할 수 있는 나라는 세계에 몇 없다.

산학연의 물리적 거리가 가깝다는 것도 숨은 장점이다. 판교 테크노밸리에는 IT 기업과 스타트업이 밀집해 있고, 대덕연구단지에는 정부출연 연구소와 대학이 모여 있으며, 포항에는 포스텍과 포스코가 협력한다. 서울에서 대전까지 차로 1시간, 대전에서 포항까지 2시간이면 닿는다. 실리콘밸리나 보스턴처럼 자연스러운 협력 네트워크가 형성될 잠재력이 충분하다.

그러나 약점은 더 뚜렷하다.

첫째, 기초 연구와 원천 기술이 부족하다. 노벨상급 발견이 적다는 것은 단순한 자존심 문제가 아니다. 그것은 새로운 패러다임을 여는 혁신적 발견이 없다는 뜻이다. 한국의 R&D 투자는 GDP 대비 세계 2위지만, 전체 R&D의 70% 이상이 응용 연구에 집중되어 있다. 기업은 3년 안에 제품화할 수 있는 연구만 하고, 대학은 정부 과제 따내기에 급급하다. 10년, 20년 후를 내다보는 장기 기초 연구는 누구도 하지 않는다. 대학의 연구 자율성은 낮고 단기 성과 압박은 높다. 교수들은 매년 논문 몇 편, 특허 몇 건, 연구비 몇억 원을 실적으로 평가받는다. 이런 환경에서 10년 걸리는 도전적 연구를 시작할 수 있는 사람이 몇이나 될까? 대신 안전한 주제, 빠르게 논문을 낼 수 있는 주제만 선택한다. 혁신은 안전지대에서 나오지 않는다.

둘째, 융합 인재가 절대적으로 부족하다. 한국 대학은 학과 간 장벽이 너무 높다. 화학 공학과 학생이 컴퓨터 공학 수업을 듣기 어렵고, 기계 공학과 학생이 AI 연구실에 들어가기 힘들다. 융합 전공을 만들어도 형식적인 경우가 많다. AI와 로봇 공학 전공자는 미국의 1/10 수준에 불과하다. 전 세계가 AI 인재를 모셔가려고 난리인데, 한국은 공급 자체가 턱없이 부족하다. 기업 내 재교육 인프라도 미흡하다. 20년 경력의 화학 엔지니어에게 갑자기 "이제 AI를 배워서 써야 합니다"라고 하면 어떻게 될까? 대부분은 당황하거나 저항한다. 체계적인 재교육 프로그램이 없으니 중견 인력은 새 기술을 익히지 못하고, 신입은 현장 지식이 부족하다. 세대 간, 전공 간 융합이 일어나지 않는다.

셋째, 벤처 생태계가 취약하다. 미국에서는 실패한 창업가가 "한번 실패했으니 이제 뭘 하면 안 되는지 안다"라며 다시 투자를 받는다. 한국에서는 한번 실패하면 재기가 거의 불가능하다. 신용불량자가 되고, 사회적 낙인이 찍힌다. 초기 단계 투자도 턱없이 부족하다. 시드 단계나 시리즈 A에 투자하는 벤처 캐피탈은 손에 꼽을 정도다. 대부분은 이미 매출이 증명된 후기 단계에만 투자한다. 아이디어와 열정만으로는 한 푼도

받기 어렵다. Exit 시장도 협소하다. IPO는 수년이 걸리고 요건이 까다롭다. M&A는 대기업들이 기술 인수보다는 인재 빼가기에만 관심 있다. 창업가 입장에서는 10년을 고생해도 출구가 보이지 않는다.

넷째, 규제와 관료주의가 혁신을 가로막는다. 신기술을 실증 테스트하려면 수십 개 부처의 허가를 받아야 한다. 자율주행 로봇을 공장에서 테스트하려면 산업안전, 도로교통, 전파 인증 등 최소 5개 부처를 거쳐야 한다. 심사 기간만 6개월에서 1년이다. 그사이 기술은 낡아간다. 정부 R&D 과제의 행정 부담은 연구자들을 지치게 만든다. 계획서, 중간 보고서, 결과보고서, 회계 감사, 성과 평가까지 서류 작업이 연구 시간의 30%를 잡아먹는다. "연구하려고 교수가 됐는데, 행정 직원이 된 기분" 이라는 푸념이 나온다. 부처 간 칸막이도 문제다. 융합 프로젝트는 과학 기술정보통신부, 산업통상자원부, 교육부가 모두 관련되는데, 각 부처가 자기 영역만 챙기고 협력하지 않는다. 똑같은 주제로 세 부처에서 따로 과제를 내고, 연구자는 같은 내용을 다른 양식으로 세 번 제출한다.

우리에게 없는 것은 명확하다. 장기 안목, 융합 인재, 실패를 용인하는 문화, 유연한 시스템. 우리에게 필요한 것도 분명하다. 과감한 투자, 교육 혁신, 생태계 재설계, 규제 개혁. 이제 구체적인 해법을 찾아야 할 시간이다.

연구의 경계를 허물다

국가 융합 소재 연구 네트워크 구축 전략

"우리 회사 연구소에는 UV-Vis 분광기가 없습니다. 10억 원짜리 장비를 1년에 몇 번 쓰자고 살 수는 없거든요. 그래서 분석이 필요하면 서울대 연구실에 부탁합니다. 샘플을 보내고 결과를 받는 데만 2주 걸립니다."

경기도의 한 소재 스타트업 대표의 말이다.

비효율의 극치다. 서울 모 대학의 연구실에는 같은 장비가 3대나 있는데 대부분 시간에는 놀고 있다. 부산의 한 연구소에는 더 최신 장비가 있지만, 이 회사는 그 존재조차 모른다. 전국에 흩어진 고가 장비와 인력을 공유할 수만 있다면 혁신 속도는 10배 빨라질 것이다. 이것이 바로 국가 융합 소재 연구 네트워크가 필요한 이유다.

비전은 명확하다. 전국을 하나의 거대한 SDL로 만드는 것이다. 5대 권역-수도권, 충청, 호남, 영남, 강원-에 각각 거점 SDL을 구축한다. 각 거점에는 자동화 실험 로봇, AI 예측 플랫폼, 첨단 분석 장비가 모두 갖춰진다. 여기까지는 기존 연구 인프라와 비슷하다.

진짜 혁신은 연결에 있다. 5개 거점을 초고속 데이터 네트워크로 연결해 24시간 원격 실험을 가능하게 한다. 부산에 있는 연구자가 새벽 2시에 아이디어가 떠올랐다면, 집에서 노트북으로 서울 SDL에 접속해 실험을 설계하고 로봇에게 명령을 내린다. 로봇이 실험을 수행하고, 결과 데이터는 실시간으로 연구자의 화면에 나타난다. 아침에 출근하면 이미 10가지 조건을 테스트한 결과가 기다리고 있다.

대학, 국공립 연구소, 민간 기업 모두가 이 네트워크를 활용할 수 있다. 사용료는 차등제로 운영한다. 대기업은 시장 가격 수준을 내고, 중소기업과 스타트업은 50% 할인을 받으며, 대학과 정부출연 연구소는 거의 무료로 이용한다. 이를 통해 중소기업도 대기업과 동등한 연구 인프라를 확보한다.

예산은 10년간 총 5조 원이다. 장비 및 시설 구축에 3조 원, 운영 및 인건비에 1조 5,000억 원, 통합 데이터 플랫폼 구축에 5,000억 원을 배정한다. 1년에 5,000억 원이면 한국 전체 R&D 예산의 1.5% 수준이다. 결코 작은 돈은 아니지만, 효과를 고려하면 충분히 정당화된다.

기대 효과는 세 가지다. 첫째, 소재 개발 기간이 극적으로 단축된다. 현재 평균 5년이 걸리는 신소재 개발을 6개월로 줄인다. 병렬 실험과 AI 예측을 결합하면 불가능하지 않다. 둘째, 중소기업과 스타트업도 최첨단 연구 인프라를 활용할 수 있다. 진입 장벽이 낮아지면 더 많은 혁신이 일어난다. 셋째, 네트워크 효과가 발생한다. 연간 500개 이상의 신소재가 발견되고, 그 데이터가 다시 AI를 학습시키며, 다음 발견은 더 빨라진다.

물론 '정부가 직접 운영하면 비효율적이지 않을까?'라는 우려도 있다. 맞는 지적이다. 그래서 운영은 민간 전문 기관에 위탁한다. 한국과학기술연구원(KIST)이나 한국화학연구원 같은 정부출연 연구소가 총괄하되, 각 거점 SDL은 해당 지역 대학이나 기업 컨소시엄이 관리한다. 정부는 예산만 대고 실제 운영은 현장에 맡긴다.

'데이터 보안은 어떻게 하나?' 이것도 중요한 질문이다. 기업의 핵심 데이터가 유출되면 안 된다. 해법은 다단계 보안 체계다. 일반 데이터는 공유하지만, 민감한 배합비나 공정 조건은 암호화해 해당 기업만 접근할 수 있게 한다. 블록체인으로 데이터 출처와 사용 이력을 추적해 무단 유출을 원천 차단한다.

한국은 이미 국가 슈퍼컴퓨터 센터, 광대역 통합 연구망(KREONET) 같은 공공 인프라를 성공적으로 운영한 경험이 있다. 소재 연구 네트워크도 같은 방식으로 구축하면 된다. 기술적으로 충분히 가능하고, 경제적으로 타당하며, 정치적으로도 여야 모두 지지할 수 있는 정책이다.

지금 시작하면 5년 후에는 한국이 세계에서 가장 빠르게 신소재를 개발하는 나라가 될 것이다.

인재를 다시 정의하다

융합형 인재 양성, 교육 시스템의 대전환

어느 대학 입학설명회에서 학부모가 물었다.

"AI 소재 융합 대학원이 뭔가요? 아이가 화학과를 가려는데 진로에 도움이 될까요?"

교수는 답했다.

"10년 후 화학 엔지니어 중 AI를 못 다루는 사람은 직업이 없을 겁니다."

냉정하지만 사실이다. 미래의 소재 연구자는 화학, 물리, AI, 로봇 공학을 모두 알아야 한다. 그런 사람을 어떻게 키울 것인가? AI, 소재, 로봇 융합 대학원을 5개 권역에 신설하는 것이 첫 번째 해법이다. 기존 학과 체계를 뛰어넘는 완전히 새로운 교육 모델이다.

교육 과정은 3~4년으로 설계한다. 1년 차에는 AI, 소재 과학, 로봇 공학의 기초를 전 과목 이수한다. 화학과 출신이라도 파이선 프로그래밍과 머신 러닝을 배우고, 컴퓨터 공학과 출신이라도 결정 구조와 상평형도를 배운다. 처음에는 고통스럽다. 하지만 이 1년이 융합 사고의 기반을 만든다.

2년 차에는 융합 프로젝트를 수행한다. 삼성전자, LG화학, 포스코 같은 기업이 실제 현장 문제를 가져온다. '배터리 수명을 20% 늘릴 방법을 찾아달라', '반도체 공정에서 결함률을 절반으로 줄여달라' 같은 과제다. 학생들은 4~5명이 팀을 이루어 AI로 후보 물질을 예측하고, 로봇으로 실험하며, 결과를 분석한다. 기업 엔지니어가 공동 지도해 현장 감각을 익힌다.

K-12 교육 개혁은 가장 장기적이지만 제일 중요한 투자다. 초등학생, 중학생, 고등학생 때부터 융합적 사고를 키워야 한다. 고등학교 선택 과목에 'AI와 소재 과학'을 신설한다. 교과서는 딱딱한 이론이 아니라 실생활 사례로 구성한다. '스마트폰 배터리는 왜 리튬 이온을 쓸까?', 'AI는 어떻게 신약을 개발할까?' 같은 질문에서 출발해 화학, 물리, 수학, 컴퓨터과학을 통합적으로 배운다.

영재고와 과학고에는 융합 트랙을 운영한다. 2년 동안 한 가지 융합 프로젝트를 완성하는 과정이다. 예를 들어 '미세먼지를 90% 제거하는 필터 소재 개발'을 주제로 잡으면 화학(소재 합성), 물리(기공 구조 설계), AI(성능 예측), 기계(필터 제작)를 모두 배운다. 이런 경험을 한 학생은 대학에 가서도, 기업에 가서도 문제 해결자로 성장한다.

교육 개혁은 돈만으로 되지 않는다. 교사를 먼저 교육해야 하고, 교육 과정을 개편해야 하며, 입시 제도도 바꿔야 한다. 쉽지 않다. 하지만 시작하지 않으면 계속 20년 후에도 같은 문제로 고민한다. 지금 초등학교 1학년이 대학을 졸업할 2042년에는 이 아이들이 융합 기술의 주역이 되어야 한다.

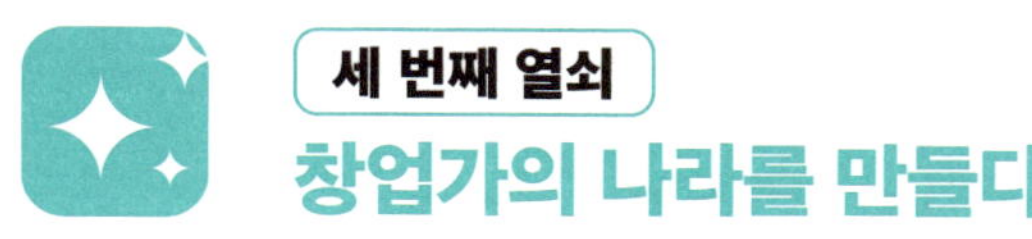

창업가의 나라를 만들다

융합 기술 기반 창업 생태계 혁신 방안

"한국에서 실패한 창업가는 재기할 수 없습니다. 첫 회사가 망하면 신용불량자가 되고, 두 번째 기회는 오지 않아요."

2025년 어느 스타트업 포럼에서 한 창업가가 한 말이다. 객석에 앉은 예비 창업가들은 고개를 끄덕였다.

실리콘밸리와 한국의 가장 큰 차이는 실패에 대한 태도다. 미국에서 실패는 배움이고, 한국에서 실패는 낙인이다. 이 문화를 바꾸지 않으면 융합 기술 스타트업은 절대 활성화되지 않는다.

정부 주도 모태 펀드 10조 원 조성이 첫 번째 돌파구다. 규모부터 파격적이다. 정부가 5조 원을 출자하고, 민간이 5조 원을 매칭한다. 민간은 연기금, 은행, 대기업 벤처 캐피탈 등이 참여한다. 정부 자금이 마중물 역할을 해서 민간 투자를 끌어내는 구조다. 펀드 배분은 단계별로 차등화한다. 시드 단계에 2조 원, 시리즈 A에 3조 원, 성장 단계에 5조 원을 배정한다. 매우 위험하지만 가장 중요한 초기 단계에 집중 투자한다. 현재는 거꾸로다. 대부분 투자가 후기 단계에 몰려 있고, 시드 단계는 거의 사막 수준이다.

투자 대상은 세 가지로 한정한다. AI 소재 플랫폼 기업, 로봇 자동화 솔루션 기업, 융합 기술 기반 제조 스타트업이다. 단순 유통이나 서비스

스타트업은 제외한다. 이 펀드는 한국의 제조업 경쟁력을 높이는 데 목적이 있다.

성과 목표도 명확하다. 10년간 유니콘(기업 가치 1조 원 이상) 30개를 배출한다. 글로벌 시장에 진출하는 기업 100개를 만든다. 일자리 10만 개를 창출한다. 달성 가능한가? 이스라엘은 인구 900만 명에 유니콘이 70개다. 한국은 인구 5,000만 명인데 유니콘이 20개도 안 된다. 제대로 된 생태계만 만들면 충분히 가능하다.

창업 생태계 활성화는 단순히 스타트업을 돕는 것이 아니다. 대기업이 놓친 틈새를 찾고, 파괴적 혁신을 시도하며, 경제 전체의 다이내믹함을 유지하는 것이다. 한국이 다음 삼성, 다음 LG를 만들고 싶다면, 지금부터 10년간 창업가들에게 과감히 베팅해야 한다.

세계 무대의 룰 메이커가 되다

국제 협력 강화와 글로벌 표준 선점 전략

"우리는 늘 남이 만든 규칙으로 게임을 했습니다. 반도체 장비는 미국 규격, 화학 물질 안전성은 EU 기준, 품질 인증은 일본 표준을 따랐죠. 이제는 우리가 룰 메이커가 되어야 합니다."

국제 소재 학회에서 한 한국 과학자의 발표였다.

기술 경쟁의 최종 단계는 표준 선점이다. 표준을 장악하면 시장을 지배한다. USB를 만든 인텔, 블루투스를 만든 에릭슨, CDMA를 만든 퀄컴이 증명한다. 융합 소재 기술에서도 같은 원리가 적용된다. 한-미-EU 융합 소재 연구 동맹은 전략적 포석이다. 중국의 기술 굴기에 대응하고 공급망 안정성을 확보하려면 자유 진영의 연대가 필수다.

협력 내용은 세 가지다.

첫째, 소재 데이터를 상호 공유한다. 물론 모든 데이터를 공개하는 것은 아니다. 보안 등급을 나눠서 일반 데이터는 공유하고, 민감한 군사·반도체 관련 데이터는 제한한다. 하지만 공유되는 데이터만으로도 AI 학습 속도가 2배 이상 빨라진다.

둘째, SDL 네트워크를 국제적으로 연결한다. 한국의 SDL이 미국 MIT, 독일 막스플랑크 연구소, 프랑스 CEA와 실시간으로 연동되면 어떻게 될까? 서울에서 설계한 실험을 보스턴에서 수행하고, 뮌헨에서 분석하며, 파리에서 검증한다. 24시간 연구가 멈추지 않는다.

셋째, 공동 표준을 제정한다. ISO(국제표준화기구)와 ASTM(미국재료
시험협회)에 함께 제안서를 낸다. 한국 혼자서는 영향력이 약하지만, 미
국·EU와 연합하면 중국을 견제할 수 있다.

국제 표준 선점 전략은 세 가지 영역에 집중한다

첫째, AI 소재 예측 모델의 검증 표준이다. 'AI가 예측한 소재가 정말
신뢰할 만한가?'를 평가하는 기준을 만든다. 예측 정확도, 재현성, 안전
성을 어떻게 측정할 것인지 명확히 정의한다. 이 표준을 한국이 주도하
면, 전 세계 AI 소재 플랫폼이 한국 기준을 따라야 한다.

둘째, SDL 운영 및 데이터 포맷 표준이다. 실험 데이터를 어떤 형식으
로 기록하고 공유할 것인가? 메타데이터는 어떤 항목을 포함해야 하는
가? 이게 표준화되면 전 세계 SDL이 서로 호환된다. 한국 기업이 독일
SDL 데이터를 아무 문제 없이 활용할 수 있다.

셋째, 융합 기술 제품 안전성 평가 기준이다. AI로 개발한 신소재가 인
체에 안전한지, 환경에 무해한지 어떻게 평가할까? 기존 화학 물질 규제
는 AI 시대에 맞지 않는다. 새로운 기준을 만들어야 하고, 그 기준을 한
국이 제시해야 한다.

기대 효과는 명확하다. 한국 기술이 글로벌 표준이 되면 시장을 선점
한다. 다른 나라 기업들은 한국 표준에 맞춰 제품을 만들어야 하니, 한
국 기업이 먼저 출발한다. 표준 특허로 로열티 수입도 창출된다. 삼성
이 CDMA 특허로 수조 원을 번 것처럼, 소재 표준 특허도 거대한 수익
원이 된다. 심지어 무역 장벽으로도 활용 가능하다. "우리 표준을 안 따
르면 수입 안 할게"라고 말할 수 있다. 개도국 기술 이전 및 ODA 연계
는 장기 전략이다. 베트남, 인도네시아, 인도 같은 개도국에 한국의 융
합 기술을 이전한다.

SDL 구축을 지원하고, 인재 교육 프로그램을 제공하며, 공동 연구 프

로젝트를 추진한다. 단기적으로는 비용이지만, 장기적으로는 우호적 시장을 확보하는 투자다. 베트남에서 한국식 SDL로 훈련받은 엔지니어들은 10년 후 그 나라의 R&D 리더가 된다. 그들은 한국 장비를 선호하고, 한국 기업과 협력하며, 한국 표준을 따른다.

ODA(공적 개발 원조) 예산을 융합 기술 분야에 집중 배정하면 일석이조다. 개도국은 기술을 얻고, 한국은 미래 시장을 얻는다. 중국이 일대일로로 인프라를 깔았다면, 한국은 기술과 교육으로 인적 네트워크를 만든다.

글로벌 표준 전쟁은 이미 시작됐다. 중국은 국가 주도로 표준화 기구에 인력을 대거 투입하고 있다. 미국은 민간 기업이 사실상(de facto) 표준을 만들고 있다. EU는 규제를 통해 표준을 강제한다.

미래 시나리오

2030년과 2040년, 세상은 어떻게 바뀌는가

*

미래를 예측하는 것은 위험한 일이다. 하지만 예측하지 않는 것은 더 위험하다. 융합 기술의 발전 속도를 고려할 때, 우리는 10년 후, 20년 후를 상상하고 준비해야 한다. 이 장에서는 두 개의 시간 지점 ─ 2030년과 2040년 ─ 을 중심으로 가능한 미래를 그려본다.

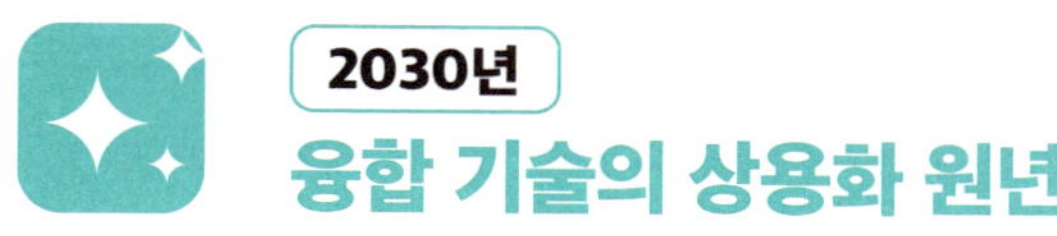

2030년
융합 기술의 상용화 원년

2030년, 우리는 융합 기술이 실험실을 벗어나 일상으로 들어오는 결정적 전환점을 맞이한다.

자동차 : 완전 자율주행 상용화

서울 도심 한복판, 핸들 없는 택시가 승객을 태우고 복잡한 교차로를 능숙하게 빠져나간다. 레벨 4 자율주행은 더 이상 시험 단계가 아니다. 전고체 배터리를 탑재한 전기차는 한 번 충전으로 1,000km를 달린다. 로봇이 조립하고 AI가 설계를 최적화한 덕분에 차량 가격은 2020년대 대비 30% 하락했다. 더 중요한 변화는 소유 개념의 붕괴다. '차를 산다'라는 말이 '구독한다'로 바뀌었다. 필요할 때 앱으로 호출하고, 용도에 맞는 차량이 3분 내 도착한다. 주차장은 공원으로, 차고는 거실로 재탄생한다.

헬스케어 : 개인 맞춤 의료 시대

당신의 유전자, 생활 습성, 환경 데이터를 분석한 AI가 당신만을 위한 신약을 설계한다. 암 환자 김 씨는 자신의 종양 세포에만 작동하는 맞춤

항암제를 처방받았다. 부작용은 최소화되고 효과는 극대화된다. 3D 프린팅으로 제작된 인공 간이 간경화 환자에게 이식된다. 거부반응 없이, 평생 면역억제제를 먹을 필요 없이. 손목의 웨어러블 센서는 혈액 성분을 실시간 분석하며 암세포 하나, 혈전 하나도 놓치지 않는다. 조기 발견율이 급상승하면서 평균 수명은 85세를 넘어선다.

제조 : 완전 자동화 공장 확산

전자제품 공장. 조명이 꺼진 어두운 작업장에서 로봇들이 묵묵히 일한다. 인간 관리자 한 명이 사무실에서 모니터를 확인할 뿐이다. 주요 산업의 70% 이상이 이미 로봇화됐다. 패러다임이 바뀌었다. 소품종 대량생산의 시대는 끝났다. 이제는 다품종 맞춤생산이다. 소비자가 앱에서 원하는 스펙을 입력하면, AI가 설계하고 로봇이 그 자리에서 제작한다. 하나만 만들어도 대량생산과 비용이 비슷하다. 리쇼어링이 가속화된다. 베트남, 방글라데시의 인건비 우위가 무의미해졌기 때문이다. 공장이 본국으로 돌아온다. 하지만 일자리도 함께 돌아오지는 않는다. 제조업 일자리는 30% 감소했지만, 로봇 엔지니어, AI 트레이너, 시스템 설계자 같은 고숙련 일자리가 증가한다.

에너지 : 재생에너지 50% 돌파

태양광 패널의 발전 단가가 화석연료의 3분의 1 수준으로 떨어진다. 지붕, 창문, 도로에 설치된 페로브스카이트 태양전지가 도시 전체를 발전소로 만든다. 풍력 터빈은 소재 혁신으로 더 가볍고 효율적이며 저렴해진다. 그린 수소 경제가 본격화된다. 물을 전기분해하는 비용이 kg당

2달러 수준으로 떨어지면서, 수소는 석유를 대체할 현실적 대안이 된다. 화물차, 선박, 항공기가 하나둘 수소 연료로 전환된다. 각 가정에는 에너지 저장 시스템이 설치된다. 낮에 태양광으로 만든 전기를 저장했다가 밤에 쓴다. 전기 자급자족이 가능한 집이 늘어난다. 전력망은 중앙집중식에서 분산형으로 재편된다.

사회 변화 : 새로운 균형점을 찾아서

생산성이 급증하면서 주 4일 근무제가 확산된다. 프랑스, 독일, 한국 등 여러 나라에서 법제화 논의가 활발하다. 일하는 시간은 줄지만, 생산량은 늘어난다. 인간은 창의적 사고와 전략 수립에, 나머지는 기계에 맡긴다. 하지만 새로운 갈등도 생긴다. 'AI와 로봇도 세금을 내야 하는가?' 로봇 세금 논의가 본격화된다. 인간 노동자는 줄고 기업 이익은 늘어나는데, 세수는 감소한다. 정부는 새로운 과세 방식을 모색한다. 기본소득 실험이 여러 도시, 여러 나라로 확대된다. 핀란드, 스페인에 이어 한국의 몇몇 지자체도 시범 사업을 시작한다. 찬반 논쟁은 격렬하지만, 기술 실업에 대한 사회적 안전망 필요성에는 공감대가 형성된다. 융합 기술의 혜택은 고르게 분배되지 않는다. 선진국과 개도국의 격차가 벌어진다. 미국, 중국, 유럽은 빠르게 앞서가고, 아프리카와 남아시아 일부는 뒤처진다. 국가 간, 계층 간, 세대 간 양극화가 심화된다.

일상의 변화

아침의 풍경 : 2030년 서울 강남구

오전 6시 30분. 정희 씨의 침실 창문이 서서히 투명해진다. 스마트 글라스 소재로 만들어진 창문이 체내 멜라토닌 수치를 감지하고 자연광을 모방한 빛을 점진적으로 늘린다. 알람 소리는 없다. 생체 리듬에 맞춘 자연스러운 각성이다.

욕실 거울에 오늘의 건강 정보가 표시된다. 어젯밤 수면 질 85점, 혈당 수치 정상, 스트레스 호르몬 약간 상승. AI 건강 비서가 제안한다.

"오늘은 오메가3 보충제를 드시고, 점심 식사 시 탄수화물을 20% 줄이세요. 저녁에는 15분 명상을 권장합니다."

부엌에서 아침 식사가 준비된다. 3D 푸드 프린터가 김 씨의 영양 상태와 오늘 일정을 고려해 맞춤 식단을 만든다. 단백질 28g, 섬유질 12g, 비타민 B군 최적화. 맛은? 김 씨가 선호하는 스타일로 조미된다. 전통적 한식 스타일이지만, 영양은 완벽하게 계산되어 있다.

7시 30분, 자율주행 캡슐이 현관 앞에 도착한다. 차가 아니라 '이동하는 개인 공간'이다. 안에 들어서자 좌석이 김 씨의 신체에 맞춰 자동 조정된다. 출근 중 30분간 김 씨는 홀로그램 회의에 참석한다. 미국 시카고, 독일 베를린, 일본 도쿄의 동료들과 실시간으로 회의한다. 마치 같은 방에 있는 것처럼 생생하다.

회사에 도착할 필요는 없다. 캡슐이 강남 업무 허브에 도킹되면, 그곳이 김 씨의 오늘 사무실이다. 필요한 장비는 모두 구비되어 있고, 개인클라우드에서 모든 파일을 불러온다. 고정 사무실은 사라졌다. 유연 근무의 극한이다.

제조 현장의 혁명

경기도 평택의 스마트 팩토리. 2만 평방미터의 공장에 상주 인력은 단5명이다. 나머지는 모두 로봇과 AI다. 하지만 이 공장의 생산성은 2020년대 같은 규모 공장의 15배다.

공장장 최우주 씨는 VR 헤드셋을 쓰고 생산 라인을 감독한다. 물리적으로 현장을 걸어 다니지 않는다. 가상 공간에서 모든 설비의 상태를 실시간으로 확인한다. 온도, 진동, 소음, 에너지 소비 패턴까지 데이터로 시각화된다. AI 예지 보전 시스템이 경고를 보낸다.

"3번 라인 로봇 암의 베어링에서 미세한 마모 패턴 감지. 72시간 후 고장 확률 89%. 즉시 교체 권장."

최 씨가 승인 버튼을 누르자, 자율 정비 로봇이 움직인다. 15분 만에베어링 교체 완료. 생산 라인 중단 시간 제로.

오늘 생산 품목은 50가지다. 소비자 1만 명이 각자 원하는 사양으로주문한 제품들이다. 색상, 크기, 기능이 모두 다르지만 문제없다. AI가 최적 생산 순서를 계산하고, 로봇들이 유연하게 대응한다. 과거에는 같은제품 1만 개를 만들어야 했다. 지금은 서로 다른 제품 1만 개를 같은 비용으로 만든다.

폐기물은 거의 제로다. 절삭 과정에서 나온 금속 조각은 즉시 재활용시스템으로 들어가 새 원료가 된다. 불량품 비율은 0.001%. AI가 실시간으로 품질을 검사하고, 불량이 예상되면 공정을 중단한다. 에너지는? 지붕의 페로브스카이트 태양전지와 부지 내 소형 풍력 터빈이 필요 전력의 80%를 공급한다.

이 공장은 한국에만 있지 않다. 같은 설계의 공장이 미국 텍사스, 독일 함부르크, 베트남 하노이에도 있다. 하지만 모두 중앙 AI가 통제한다. 한국에서 개발한 신제품 설계를 업로드하면, 30분 후 전 세계 4개 공장에서 동시에 생산이 시작된다. 글로벌 생산이지만 로컬 배송이다. 탄소 발자국을 최소화한다.

교육의 완전한 재설계

서울 성북구 미래초등학교. 교실에 책상이 없다. 학생들은 편안한 쿠션에 앉아 있거나, 서 있거나, 심지어 누워 있다. 각자 편한 자세로 학습한다. 10살 양찬의 군 앞에 홀로그램 선생님이 나타난다. 오늘 수학 주제는 '기하학과 자연의 패턴'이다. 홀로그램 선생님이 설명한다.

"찬의야, 나뭇잎의 잎맥을 보자. 이것은 프랙탈 구조야. 같은 패턴이 크기만 달리하며 반복되지. 이제 네가 직접 프랙탈을 만들어볼래?"

찬의가 손을 흔들자 3D 모델링 도구가 활성화된다. 공중에 빛으로 선을 그린다. AI가 실시간으로 피드백한다.

"좋아, 이제 이 패턴을 45도 각도로 회전시켜 봐. 그래, 바로 그거야!"

10분 만에 찬의는 복잡한 프랙탈 나무를 완성한다. 추상적 개념이 구체적 경험이 된다.

옆에서 같은 반 친구 찬영은 전혀 다른 수업을 듣는다. 찬영은 수학이 찬의보다 2년 앞서 있다. AI 교사는 찬영에게 미적분 기초를 가르친다.

같은 교실, 같은 시간이지만 개별 맞춤 수업이다. 학년, 나이는 의미가 없다. 각자의 속도로 학습한다.

오후 2시, 프로젝트 시간이다. 이번 주 주제는 '지속 가능한 미래 도시 설계'다. 6명의 학생이 팀을 이룬다. 찬의는 건축 디자인을, 찬영은 에너지 시스템을, 다른 친구들은 교통, 식량, 폐기물 처리를 맡는다. 이들은 VR 세계에 들어가 실제 크기의 도시를 건설한다. AI가 물리 법칙을 시뮬레이션한다. 건물이 무너지면 왜 무너졌는지 분석하고, 다시 설계한다. 실패를 두려워하지 않는 환경이다.

교사의 역할은 무엇인가? 그는 강의하지 않는다. AI가 지식을 전달한다. 학생들 사이를 돌아다니며 질문한다.

"왜 그렇게 생각했니?"

"다른 방법도 있을까?"

"네 디자인이 장애인에게도 편할까?"

비판적 사고를 자극하고, 윤리적 질문을 던지며, 감정적 지원을 제공한다. 교사는 지식 전달자에서 학습 촉진자로 변했다.

평가는 어떻게 할까? 시험이 없다. 대신 포트폴리오가 있다. 학생이 1년간 만든 프로젝트, 해결한 문제, 배운 기술이 모두 기록된다. AI가 분석하되, 최종 판단은 교사와 학생이 함께한다.

"찬의는 공간 지각 능력이 뛰어나고, 협업 능력이 개선되고 있으며, 지속 가능성에 관한 관심이 높습니다."

점수가 아니라 서술이다.

농업과 식량 혁명

전라남도 나주시 스마트 팜 단지. 전통적 논밭은 보이지 않는다. 대신

20층 높이의 수직 농장이 우뚝 서 있다. 내부로 들어가면 놀랍다. 층마다 LED 조명 아래 상추, 토마토, 딸기가 자란다. 흙은 없다. 뿌리는 영양액에 담겨 있다. 온도, 습도, CO_2 농도, 광량이 정밀하게 제어된다. 각 작물의 성장 단계에 최적화된 환경이다.

농장 관리자 한 명이 태블릿으로 전체를 감독한다. AI가 각 식물의 상태를 실시간으로 모니터링한다. 잎의 색깔, 줄기의 굵기, 성장 속도를 컴퓨터 비전으로 분석한다. 병충해가 발견되면 즉시 격리하고, 정밀 드론이 천적 곤충을 투입한다. 농약은 쓰지 않는다.

생산성은? 같은 면적의 노지 농업에 비해 100배다. 연중 재배가 가능하고, 층을 쌓았으니 당연하다. 물 사용량은 95% 절감된다. 순환 시스템으로 증발한 물도 회수한다. 탄소 발자국은? 제로에 가깝다. 태양광 발전으로 전력을 자급하고, 운송 거리가 짧아 배송 과정의 배출도 최소화된다.

맛은 어떨까? 오히려 더 좋다. AI가 최적의 수확 시점을 판단한다. 당도, 산도, 향기 성분을 실시간으로 측정하고, 절정의 순간에 수확한다. 소비자 김민수 씨의 주문이 들어오면, 수확 후 2시간 안에 집까지 배송된다. 슈퍼마켓에서 며칠씩 진열된 채소와는 비교할 수 없는 신선함이다.

축산업도 바뀌었다. 경기도 이천의 배양육 공장. 살아 있는 소를 키우지 않는다. 소의 근육 줄기세포를 채취해 바이오리액터에서 배양한다. 3주 만에 소고기가 생산된다. 동물 복지 문제도 없고, 메탄 배출도 없으며, 토지 사용도 최소화된다.

인간과 기계의 경계가 사라지다

2040년, 우리는 인류 역사상 가장 급진적인 변화를 목격한다. 인간의 정의 자체가 흔들린다.

포스트 휴먼 시대의 도래

뇌-컴퓨터 인터페이스가 대중화된다. 두개골에 이식된 칩을 통해 생각만으로 컴퓨터를 조작하고, 인터넷에 접속하며, 다른 사람과 텔레파시처럼 소통한다. 뇌졸중 환자는 마비된 팔다리를 BCI로 움직인다. 치매 환자는 기억 보조 임플란트로 일상을 되찾는다.

신체 증강이 일상화된다. 시력을 잃은 사람은 인공 눈을 이식받아 정상 시력을 넘어 적외선까지 본다. 청각 장애인은 인공 귀로 초음파를 감지한다. 산업재해로 팔을 잃은 노동자는 로봇 팔을 이식받는다. 처음에는 의료 목적이었지만, 점차 '능력 향상' 목적으로 확대된다. 운동선수, 군인, 외과 의사가 자발적으로 신체 증강을 선택한다.

생물학적 수명은 100세, 건강 수명은 90세에 도달한다. 노화를 질병으로 인식하고 치료하는 시대다. 텔로미어 연장, 세포 재생, 장기 교체 기술이 결합되어 '늙지 않는 인간'이 현실화된다.

하지만 심각한 철학적, 윤리적 질문이 제기된다.

"뇌의 절반을 칩으로 교체한 사람은 여전히 인간인가?"
"기억을 업로드하고 다운로드할 수 있다면, 정체성은 무엇인가?"
"신체 증강을 할 수 있는 부자와 못 하는 가난한 사람은 같은 종인가?"

인간이란 무엇인가 하는 근본적 물음 앞에 인류는 선다.

범용 인공지능(AGI)과 소재 혁명

범용 인공지능이 등장한다. 특정 작업만 잘하는 좁은 AI를 넘어, 인간처럼 사고하고 학습하며 창조하는 AI다. AGI는 인간 과학자를 압도하는 속도로 신소재를 설계한다. 하루에 수백 개, 1년에 수백만 개의 새로운 소재가 발견된다.

양자컴퓨터와 AI가 협업해 원자 수준에서 물질을 설계한다. 마침내 상온 초전도체가 실용화된다. 에너지 손실 없는 전력 전송, 초고속 자기부상열차, 초소형 초강력 전자기기가 가능해진다. 핵융합 발전에 필요한 극한 소재도 개발된다. 무한 청정 에너지가 현실이 된다.

에너지, 교통, 건설의 패러다임이 완전히 재편된다. 화석연료는 박물관 전시품이 된다. 내연기관 자동차는 클래식카 애호가나 타는 골동품이 된다. 건물은 스스로 열을 조절하고, 균열을 자가 치유하며, 태양광을 흡수해 에너지를 생산한다.

우주 산업의 폭발

달 표면에 항구적 기지가 건설된다. 지구에서 모든 것을 실어 나르지 않는다. 달의 레골리스(토양)에서 산소와 금속을 추출하고, 3D 프린터로 건축 자재를 만든다. 현지 자원 활용(ISRU)이 우주 개척의 핵심 전략이 된다.

화성 유인 탐사가 성공한다. 인류는 처음으로 지구 밖 행성에 발자국을 남긴다. 화성 기지 건설이 시작되고, 테라포밍 논의가 본격화된다. 수백 년이 걸리는 프로젝트지만, 첫걸음을 뗀다.

소행성 광산 채굴이 시작된다. 희토류, 백금, 금이 풍부한 소행성을 포획해 궤도에서 채굴한다. 지구에서는 희귀한 자원이 우주에서는 흔하다. 자원 경제학이 근본적으로 바뀐다.

무중력 환경에서만 만들 수 있는 특수 소재, 완벽한 구형 베어링, 순도 100%에 가까운 결정 등이 우주 공장에서 생산된다. 우주 제조 산업이 부상한다. 우주는 더 이상 탐험의 대상이 아니라 산업의 장이 된다.

지구 환경의 회복

2040년, 인류는 마침내 탄소 중립을 달성한다. 재생에너지 100% 전환과 함께, 직접 공기 포집(DAC) 기술이 대기 중 CO_2를 적극적으로 제거한다. 거대한 탄소 포집 시설이 사막과 해안에 들어서고, 포집한 탄소는 건축 자재, 연료, 화학 원료로 전환된다.

해양 플라스틱의 90%가 제거된다. 생분해 소재로의 전환, 자율 수거 로봇, 플라스틱 분해 효소의 결합이 이룬 성과다. 산호초가 되살아나고, 어획량이 회복되며, 해양 생태계가 숨을 쉰다.

사막 녹화 프로젝트가 진행된다. 저비용 담수화 기술로 바닷물을 식수와 관개용수로 전환한다. 사하라 사막 일부, 고비 사막 일부에 녹지가 조성된다. 기후 조절 효과와 함께 새로운 농경지가 생긴다.

생물 다양성 지표가 상승세로 돌아선다. 멸종 위기종의 유전자 보존, 인공 서식지 조성, 밀렵 감시 AI의 도움으로 호랑이, 코끼리, 고릴라 개체 수가 증가한다. 인간과 자연의 새로운 균형점이 모색된다.

경제 구조의 근본 변화

2040년의 GDP 구성을 보면 놀랍다. 60% 이상이 무형 자산 - 데이터, 지식재산권, AI 알고리즘, 소프트웨어 - 에서 나온다. 물리적 생산은 여전히 중요하지만, 가치 창출의 중심은 아이디어와 정보로 이동했다.

전통적 일자리의 50%가 소멸한다. 트럭 운전사, 계산원, 텔레마케터, 단순 사무직, 제조 라인 노동자가 사라진다. 하지만 새로운 일자리도 창출된다. AI 윤리 감사관, 로봇 심리학자, 가상세계 건축가, 개인 데이터 큐레이터, 노화 역전 코치 등 20년 전에는 상상도 못 했던 직업이 생긴다.

보편적 기본소득이 선진국을 중심으로 도입된다. 스위스, 캐나다, 한국이 선도하고, EU가 뒤를 잇는다. 재원은 로봇 세금, 데이터 세금, 탄소 배당으로 충당한다. 일하지 않아도 기본적 생활이 가능한 사회. 사람들은 생계 걱정 없이 자아실현, 예술, 봉사에 시간을 쓴다. 하지만 '일의 의미'를 찾지 못해 방황하는 사람도 늘어난다.

글로벌 부의 재분배 논쟁이 격화된다. 융합 기술로 막대한 부를 축적한 글로벌 기업과 그 혜택을 받지 못한 개도국 사이의 갈등이 첨예하다. '기술은 모두의 것'이라는 주장과 '투자한 자가 누릴 권리'라는 주장이 맞선다. 국제기구는 새로운 부의 분배 메커니즘을 모색하지만, 합의는 쉽지 않다.

낙관 시나리오 : 풍요와 지속 가능성의 공존

가장 긍정적인 미래를 상상해보자. 기술이 인류의 오랜 꿈을 실현하는 시나리오다.

기술 유토피아의 가능성

1. 무한 에너지

핵융합 발전이 상용화되어 청정 에너지가 사실상 무한으로 공급된다. 전기 요금은 거의 공짜에 가깝다. 담수화, 난방, 냉방, 교통에 에너지 비용을 걱정하지 않는다. 에너지 빈곤이 사라진다.

2. 식량 해결

수직 농장이 도시 곳곳에 들어선다. 햇빛 대신 LED, 흙 대신 양액, 농약 없이 연중 생산한다. 단위 면적당 수확량은 기존 농업의 100배다. 배양육 기술로 동물을 키우지 않고도 고기를 생산한다. 환경 파괴 없이, 동물 고통 없이. 기근은 역사 속으로 사라진다.

3. 질병 정복

AI가 설계한 신약과 유전자 치료로 암, 치매, 심장병이 정복된다. 회춘 치료로 80세 노인이 50세의 신체 능력을 되찾는다. 장애는 기술로 극복 가능한 '차이'일 뿐 제약이 아니다. 고통과 조기 사망에서 벗어난 인류는 더 긴 삶을 의미 있게 산다.

4. 기후 위기 극복

탄소 포집, 재생에너지, 지속 가능 소재로 기후 변화를 안정화한다. 해수면 상승이 멈추고, 극단적 기상 현상이 줄어들며, 생태계가 회복된다. 지구는 다시 푸르러진다.

사회적 조화

기술의 혜택이 공평하게 분배된다. 빈부격차는 여전히 존재하지만, 모든 사람이 건강, 교육, 주거의 기본권을 누린다. 최빈국 어린이도 AI 개인 교사의 도움으로 세계 최고 수준의 교육을 받는다. 지리적, 경제적 장벽이 무너진다. 일은 선택이 된다. 기본소득으로 생계가 보장되니, 좋아하는 일, 의미 있는 일을 한다. 창의적, 예술적 활동이 폭발적으로 증가한다. 르네상스 이후 가장 찬란한 문화의 시대가 온다.

무엇보다 중요한 것은 인간 존엄성이 유지된다는 점이다. 기술은 인간을 대체하는 것이 아니라 증강한다. 기계는 도구일 뿐, 인간이 목적이다. 윤리적 원칙이 기술 개발의 모든 단계에 내재화된다.

사회 구조의 재편

노동의 종말인가, 진화인가

2040년에는 '당신 직업이 뭐예요?'라는 질문의 의미가 바뀔 것이다. 많은 사람이 하나의 직업이 아니라 여러 활동의 조합으로 살아간다.

전직 변호사였던 이재훈 씨(42세)는 10년 전까지 대형 로펌에서 계약서를 검토하고 소송을 준비했다. 2035년, AI 법률 시스템이 그의 업무 90%를 대체했다. 해고되지는 않았지만, 역할이 변했다. 이제 그는 AI가 분석한 법률 의견을 검토하고, 클라이언트의 미묘한 감정과 전략적 판단이 필요한 부분만 담당한다. 주 3일 근무다.

나머지 시간에 이 씨는 무엇을 할까? 월요일과 화요일은 로펌에서 일한다. 수요일은 온라인 법률 교육 플랫폼에서 강의한다. 목요일은 비영리단체에서 자원봉사로 법률 상담을 제공한다. 금요일은 자신의 소설을 쓴다. 토요일은 아마추어 재즈 밴드에서 색소폰을 분다. 일요일은 가족과 보낸다.

수입은? 로펌에서 월 300만 원, 강의료 월 150만 원, 기본소득 월 100만 원. 합계 550만 원이다. 2020년대 변호사 수입의 절반이지만, 생활비도 많이 줄었다. 주거비는 공공 주택 확대로 낮아지고, 의료비는 보편적 의료로 거의 무료이며, 교통비는 자율주행 공유 차량으로 저렴하다. 삶의 질은 훨씬 높다. 다양한 활동을 하며, 의미와 즐거움을 동시에 추구한다.

하지만 제조업 노동자였던 박순자 씨(58세)의 이야기는 다르다. 그는 2028년 공장 자동화로 일자리를 잃었다. 재교육 프로그램에 참여했지만, 쉽지 않았다. 30년간 손으로 부품을 조립하던 사람이 갑자기 데이터 분석을 배우기는 어렵다. 박 씨는 돌봄 경제로 전환했다. 노인 요양 시설에서 환자를 돌본다. 로봇이 목욕시키고 식사를 제공하지만, 대화하고 감정적 지지를 제공하는 것은 여전히 인간의 몫이다. 박 씨는 여기서 보람을 찾았다. 수입은 기본소득 포함 월 420만 원. 넉넉하지는 않지만, 존엄하게 살아간다.

하지만 모두가 이렇게 순조롭지는 않다. 재교육에 실패하고 기본소득만으로 사는 사람들도 많다. 이들 중 일부는 가상 세계에 빠진다. 메타버스에서 아바타로 살아가며, 현실에서는 최소한의 활동만 한다. 사회적 고립이 심화된다. '일의 의미'를 찾지 못한 채 우울증에 시달린다.

정부는 '의미 있는 참여 프로그램'을 운영한다. 지역 사회 프로젝트, 환경 복원 활동, 문화 예술 참여를 장려하고 참여 시 소득을 추가 지급한다. 하지만 강제할 수는 없다. 자유와 무기력 사이에서 개인이 선택한다.

교육 시스템의 완전한 해체와 재구성

2040년의 학교는 존재하지만, 과거와 완전히 다르다. 고정된 교실, 정해진 교과서, 획일적 시간표가 사라졌다.

15세 청소년 김하늘 양의 하루를 보자. 오전 9시, 하늘이는 집에서 AI 멘토와 대화한다.

"오늘은 무엇을 배우고 싶니?"
AI는 묻지만 강요하지 않는다.

하늘이는 요즘 기후 변화에 관심이 많다.

"탄소 포집 기술에 대해 더 알고 싶어요."

AI가 맞춤 학습 경로를 제시한다. 먼저 기초 화학 개념을 복습하고, 탄소 포집의 원리를 배우며, 실제 사례를 연구하고, 마지막으로 자신만의 탄소 포집 방법을 설계해본다. 하늘이는 동의하고 학습을 시작한다.

오전 11시, 하늘이는 전 세계 50명의 또래들과 함께 프로젝트에 참여한다. 주제는 '2060년 탄소 중립 도시 설계.' 팀원은 캐나다, 나이지리아, 인도, 브라질에서 온 학생들이다. 언어 장벽은? AI 실시간 통역이 해결한다. 하늘이가 한국어로 말하면, 다른 팀원은 각자의 언어로 듣는다.

평가는 어떻게 될까? 시험이 없다. 대신 하늘이의 프로젝트 포트폴리오가 축적된다. 탄소 포집 장치 설계, 팀 협업 과정, 전문가와의 대화 내용이 모두 기록된다. AI가 하늘이의 성장을 분석한다. '화학 이해도 향상, 3D 모델링 기술 습득, 국제 협업 능력 발전.' 점수가 아니라 역량 프로필이다.

대학은? 전통적 의미의 대학은 대부분 사라졌다. 대신 전문 학습 커뮤니티가 있다. 하늘이가 18세가 되어 양자컴퓨팅에 관심을 가진다면, MIT 양자컴퓨팅 커뮤니티에 지원한다. 입학시험은 없다. 과거 프로젝트 포트폴리오와 학습 동기를 평가받는다. 합격하면 2년간 세계 최고 연구자들과 함께 연구한다. 학위는? 중요하지 않다. 연구 성과와 실질적 역량이 중요하다.

평생 학습이 일상화됐다. 58세 박철수 씨는 젊어서 기계공학을 전공했지만, 지금은 AI 윤리를 배운다. 온라인 플랫폼에서 스탠퍼드 대학 강의를 무료로 듣는다. 나이는 장벽이 아니다. 배우고 싶으면 배운다. 교육은 특정 시기에 집중되는 것이 아니라 평생에 걸쳐 분산된다.

도시의 재탄생 : 15분 도시에서 네트워크 도시로

2040년 서울은 2020년과 완전히 다른 모습이다. 자동차 중심에서 인간 중심으로 전환됐다.

강남대로를 보자. 과거 8차선 도로였던 이곳은 이제 중앙에 녹지 공원이 있고, 양옆으로 자전거 도로와 보행로가 있다. 자율주행 셔틀이 조용히 지나간다. 개인 차량은? 거의 보이지 않는다. 주차장은 어린이 놀이터, 도시 농장, 야외 공연장으로 바뀌었다.

'15분 도시' 개념이 실현됐다. 집에서 걸어서 15분 이내에 직장(재택근무가 아닌 경우), 학교, 병원, 슈퍼마켓, 공원, 문화 시설이 모두 있다. 장거리 통근이 사라졌다. 이동 시간이 줄어들면서 삶의 질이 향상됐다.

건물 자체가 스마트하다. 외벽은 태양광 흡수 소재로 덮여 있고, 창문은 투명 태양전지다. 건물은 에너지를 소비하는 것이 아니라 생산한다. 남는 전력은 지역 그리드에 판매한다.

옥상은 모두 녹화됐다. 텃밭, 정원, 휴식 공간이 있다. 서울의 녹지율이 50%를 넘어섰다. 도심 온도가 낮아지고, 폭우 시 빗물을 흡수해 홍수 위험이 줄었다. 생물 다양성도 증가했다. 도심에서 다람쥐, 딱따구리를 볼 수 있다.

지하는 어떨까? 지하철은 여전히 운행되지만, 화물 운송에도 사용된다. 자율 운송 로봇이 지하 터널을 통해 물류를 배송한다. 지상 도로의 화물차가 사라지면서 교통 혼잡과 대기 오염이 줄었다.

서울은 단일 도시가 아니라 네트워크 도시다. 초고속 하이퍼루프가 서울-부산을 20분에 연결한다. 물리적 거리가 의미를 잃었다. 부산에 살면서 서울에서 일할 수 있다. 거대 메가시티의 집중도가 분산되고, 지방 도시들이 재활성화된다.

스마트 시티의 이면도 있다. 모든 것이 센서로 연결되어 있다. 교통흐름, 에너지 사용, 폐기물 배출, 심지어 사람들의 이동 패턴까지 실시간으로 수집된다. 효율성은 높아졌지만, 프라이버시는? 논쟁이 계속된다.

서울시는 '데이터 투명성 법'을 제정했다. 어떤 데이터가 수집되고, 어떻게 사용되며, 누가 접근할 수 있는지 공개한다. 시민은 자신의 데이터를 열람하고 삭제를 요청할 수 있다. 하지만 완벽하지는 않다. 해킹 위험, 데이터 오남용, 알고리즘 편향 문제가 여전히 남아 있다.

정치와 거버넌스의 진화

2040년 한국 정치는 대의 민주주의와 직접 민주주의의 하이브리드다. 여전히 국회가 있고 대통령이 있지만, 중요한 정책은 시민이 직접 투표로 결정한다.

블록체인 기반 투표 시스템이 완벽하게 작동한다. 스마트폰으로 1분 만에 투표한다. 익명성과 무결성이 보장된다. 부정 투표는 불가능하다. 투표율은 85%를 넘는다. 과거처럼 투표소에 가야 하는 번거로움이 없어졌기 때문이다.

중요한 것은 무엇을 투표할까다. 기본소득 금액 조정, 로봇 세율, 주요 인프라 투자, 국제 조약 비준 등 국가적 의제를 시민이 직접 결정한다. 물론 모든 것을 투표로 결정하지는 않는다. 전문성이 필요한 기술적 세부사항은 전문가 위원회가 결정한다.

AI가 정책 분석을 돕는다. 새로운 법안이 제출되면, AI가 과거 유사 정책의 효과, 해외 사례, 예상 비용과 편익을 분석해 시민에게 제공한다. 복잡한 정책을 이해하기 쉽게 요약한다. 다만 AI는 추천하지 않는다. 판단은 인간의 몫이다.

지방정부가 강화됐다. 각 구, 동 단위로 자치 위원회가 있고, 지역 예산의 상당 부분을 주민이 직접 결정한다. '우리 동네 공원을 어떻게 꾸밀까?', '예산을 도서관에 쓸까, 놀이터에 쓸까?' 주민 투표로 결정한다.

참여도가 높아지고, 지역 공동체가 활성화된다.

하지만 포퓰리즘 위험도 있다. 장기적 이익보다 단기적 인기에 영합하는 정책이 통과되기도 한다. '세금 인하'는 인기가 좋지만, 재정 건전성을 해칠 수 있다. 이를 방지하기 위해 '세대 간 형평성 위원회'가 설치됐다. 미래 세대를 대변하는 전문가들이 장기적 영향을 평가하고 경고한다. 최종 결정은 시민이 하지만, 충분한 정보를 제공받은 후다.

국제 거버넌스도 변화했다. 기후 변화, AI 규제, 우주 개발은 한 나라만의 문제가 아니다. '지구 의회(Global Parliament)' 구상이 제안됐다. UN을 넘어, 각국 시민이 직접 선출한 대표들이 모여 지구적 의제를 논의한다. 아직 초기 단계지만, 2050년 정식 출범을 목표로 한다.

양극화와 통제의 디스토피아

감시 자본주의의 극단

2040년 최악의 시나리오에서는 기술이 소수의 이익을 위해 다수를 통제하는 도구가 된다.

거대 기술 기업 '옴니코프(OmniCorp)'가 전 세계 AI 인프라의 70%를 장악한다. 검색, SNS, 전자상거래, 금융, 의료, 교통이 모두 이 기업의 플랫폼에서 이루어진다. 옴니코프는 당신이 무엇을 검색하고, 누구와 대화하며, 무엇을 구매하고, 어디로 이동하며, 심지어 건강 상태가 어떤지 모두 안다.

이 데이터는 어떻게 사용될까? 표면적으로는 '맞춤형 서비스 제공'이지만, 실제로는 행동 조작이다. 당신이 무엇을 원하는지 당신보다 먼저 안다. 당신이 우울할 때 위로가 되는 광고를, 충동적일 때 구매를 유도하는 제안을, 정치적 선택을 할 때 특정 방향으로 기울게 하는 정보를 제공한다.

더 무서운 것은 '사회 신용 점수'다. 중국에서 시작된 이 시스템이 전 세계로 확산된다. 당신의 모든 행동이 점수화된다. 제때 세금을 내면 +10점, 교통 법규를 위반하면 -5점, SNS에서 정부 비판 글을 올리면 -50점. 점수가 낮으면? 대출을 받을 수 없고, 고속철도 표를 살 수 없으며, 자녀가 좋은 학교에 입학하기 어렵다.

점수를 올리려면 어떻게 해야 할까? 순응하고, 말을 조심하며, 모범 시민처럼 행동해야 한다. 비판적 사고는 위험하다. 창의성은 일탈로 간주된다. 사회 전체가 균질화되고, 개성이 사라진다. 조지 오웰의 《1984》에서 빅 브라더는 정부였지만, 2040년 디스토피아에서는 기업이다.

생물학적 불평등의 고착화

신체 증강 기술이 부의 상징이 된다. 부유층은 뇌-컴퓨터 인터페이스를 이식하고, 근육 강화 임플란트를 받으며, 유전자 편집으로 질병 저항성을 높인다. 그들의 자녀는 태어나기 전부터 유전자 최적화를 받는다. IQ, 체력, 외모, 수명이 모두 향상된다.

반면 일반 시민은? 기본적 의료 서비스는 받지만, 첨단 증강 기술은 엄두도 못 낸다. 비용이 수억 원에 달한다. 보험도 적용되지 않는다. '선택적 치료'로 분류되기 때문이다.

결과는? 능력 격차가 유전된다. 증강된 부모에게서 태어난 자녀는 증강되고, 그 자녀도 증강된다. 반대로 일반 시민의 자녀는 일반 시민으로 남는다. 사회적 이동 사다리가 생물학적으로 차단된다.

더 나아가 '신인류(Homo superior)'와 '구인류(Homo sapiens)' 간 분리가 일어난다. 증강 인간들은 자신들만의 커뮤니티를 만든다. 그들만 들어갈 수 있는 학교, 병원, 주거 단지가 생긴다. 결혼도 증강 인간끼리 한다. '유전자 순도'를 유지하기 위해서다.

이들은 일반 인간을 어떻게 볼까? 동등한 존재로 보지 않는다. '진화적으로 뒤처진 존재'로 간주한다. 노골적 차별은 불법이지만, 암묵적 차별은 만연하다. 채용, 승진, 사회적 기회에서 일반 인간은 배제된다.

역사는 반복된다. 과거 인종, 성별, 계급으로 차별했듯이, 2040년에는 유전자와 증강 여부로 차별한다. 인간 존엄성의 기반이 흔들린다.

기술이 인류를 구원하다

기후 위기의 완전한 해결

2040년, 인류는 마침내 기후 위기를 극복한다. 어떻게 가능했을까?

첫째, 에너지 혁명이다. 핵융합 발전이 2035년 상용화됐다. 중국, 미국, EU, 한국이 각각 대규모 핵융합 발전소를 건설한다. 하나의 발전소가 100만 가구에 전력을 공급한다. 연료는 바닷물에서 추출한 중수소와 삼중수소다. 사실상 무한한 에너지원이다. 방사성 폐기물도 거의 없다.

핵융합 발전으로 전기 요금이 90% 하락한다. 싼 전력으로 무엇을 할까? 직접 공기 포집이다. 거대한 탄소 포집 시설이 전 세계 100개 도시에 건설된다. 각 시설은 연간 100만 톤의 CO_2를 대기에서 제거한다. 포집한 탄소는 건축 자재, 플라스틱 대체품, 심지어 연료로 전환된다. 탄소가 폐기물이 아니라 자원이 된다.

둘째, 자연 기반 해법이다. 대규모 조림 사업이 진행된다. 사하라 사막 남쪽 사헬 지역에 '그린 월(Green Wall)' 프로젝트가 완성된다. 8,000km에 걸쳐 나무를 심었다. 아프리카 11개국이 협력한 20년 프로젝트다. 이 숲은 연간 2억 톤의 탄소를 흡수하고, 지역 기후를 안정화하며, 수백만 명에게 일자리를 제공한다.

해양도 회복된다. 해초 숲(kelp forest) 복원 프로젝트가 성공한다. 해초는 육상 식물보다 20배 빠르게 탄소를 흡수한다. 인공 암초를 설치하고 해초를 이식한다. 10년 만에 태평양, 대서양, 인도양에 해초 숲이 재생된다. 어류 개체수도 회복되고, 해양 생태계가 되살아난다.

셋째, 라이프스타일 변화다. 배양육과 식물성 고기가 전통 육류를 대체한다. 2040년, 전 세계 육류 소비의 60%가 동물이 아닌 공장에서 생산된다. 축산업의 메탄 배출이 급감한다. 농지가 숲으로 복원된다.

교통도 완전히 전환된다. 내연기관 차량 판매는 2032년 전면 금지됐다. 모든 차량이 전기 또는 수소로 달린다. 항공기도 바뀐다. 합성 항공유(SAF)와 전기 추진 항공기가 상용화된다. 2040년, 항공 산업의 탄소 배출이 2020년 대비 80% 감소한다.

결과는? 2040년, 대기 중 CO_2 농도가 400ppm으로 떨어진다. 2020년대 초반 420ppm에서 20ppm 감소했다. 지구 평균 기온 상승도 1.5도 이하로 제한된다. 파리 협정의 목표를 달성한다. 극지방 빙하 감소가 멈추고, 해수면 상승이 안정화된다. 인류는 자구책을 찾았다.

질병의 정복과 수명 혁명

2040년, 암은 더 이상 사형선고가 아니다. 5년 생존율이 95%다. 어떻게 가능했을까?

AI가 설계한 맞춤형 면역 치료제가 핵심이다. 환자의 종양 세포를 분석하고, 면역 세포를 유전자 편집으로 강화하며, 종양만 공격하도록 훈련시킨다. CAR-T 세포 치료가 모든 유형의 암에 적용된다. 치료 기간은 3개월, 완치율 90% 이상이 될 것이다.

치매도 정복된다. 알츠하이머 원인 단백질(아밀로이드 베타, 타우)을 제거하는 약물이 개발된다. 조기 발견 시 완치 가능하다. 뇌-컴퓨터 인터페이스가 손상된 신경 회로를 우회한다. 기억을 잃은 환자도 임플란트로 일상 기능을 회복한다.

심혈관 질환은? 나노 로봇이 혈관을 청소한다. 혈액에 주입된 나노봇이 플라크를 제거하고, 혈전을 분해하며, 손상된 혈관을 복구한다. 심근 경색, 뇌졸중 위험이 급감한다.

노화 자체가 치료 대상이 된다. 세놀리틱 약물이 노화 세포를 제거한다. 텔로미어 연장 기술이 세포 수명을 늘린다. 줄기세포 치료가 손상된 장기를 재생한다. NAD+ 보충제가 세포 대사를 활성화한다. 이 모든 것이 결합되어 '회춘 치료'가 가능해진다.

결과는? 평균 수명이 100세를 넘어선다. 선진국에서는 110세도 드물지 않다. 더 중요한 것은 건강 수명이다. 90세에도 활동적이고 독립적으로 살아간다. 노년이 질병과 의존의 시기가 아니라, 경험과 지혜를 나누는 시기가 된다. 하지만 새로운 도전도 있다. 인구 구조가 변한다. 65세 이상 인구가 전체의 40%를 넘어선다. 연금 시스템은? 재설계가 필요하다. 퇴직 연령이 75세로 상향된다. 하지만 75세가 과거의 55세와 비슷한 신체 상태이니 가능하다.

세대 간 갈등도 있다. 오래 사는 기성세대가 자리를 차지하고 있어, 젊은 세대가 기회를 얻기 어렵다는 불만이다. 사회는 새로운 균형점을 찾아야 한다.

풍요의 경제학 : 희소성의 종말

2040년, 경제학의 기본 전제가 바뀐다. '희소성'이 더 이상 절대적이지 않다.

에너지는 사실상 무료다. 핵융합 발전으로 전기 요금이 극도로 낮아진다. 난방, 냉방, 조명에 드는 비용이 거의 없다.

식량도 풍족하다. 수직 농장, 배양육, 정밀 농업으로 생산량이 폭발적으로 증가한다. 기근은 역사 속으로 사라진다. UN 식량계획(WFP)은 2038년 '전 세계 기아 종식'을 선언한다.

주거도 해결된다. 3D 프린팅 건축 기술로 집을 짓는 비용이 90% 하락한다. 로봇이 24시간 작업하고, 재활용 소재를 사용하며, 설계는 AI가 최적화한다. 2주 만에 집 한 채를 짓는다. 가격은? 과거 같은 집의 10분의 1이다.

교통은? 자율주행 공유 차량으로 소유 비용이 사라진다. 월 구독료 5만 원이면 무제한 이용한다. 대중교통도 무료화된다. 핀란드, 룩셈부르크에 이어 한국 여러 도시도 무료 대중교통을 시행한다.

의료는? 기본 의료 서비스가 보편적으로 무료다. AI 진단, 원격 진료, 예방 의학이 결합되어 비용이 대폭 절감된다.

이 모든 것이 결합되면? 기본 생활에 드는 비용이 거의 제로에 가까워진다. 사람들은 생존이 아니라 자아실현에 시간을 쓴다. 예술가, 작가, 음악가, 운동선수, 사회 활동가가 급증한다. 창의성이 폭발한다.

일부 경제학자는 경고한다. '노동 인센티브가 사라지면 사회가 정체된다.' 하지만 현실은 다르다. 인간은 본능적으로 창조하고 기여하고 싶어 한다. 금전적 보상이 없어도 오픈소스 소프트웨어를 개발하고, 위키피디아를 편집하며, 자원봉사를 한다. 기본소득이 보장되면 오히려 더 대담한 시도가 가능해진다. 실패를 두려워하지 않고 혁신에 도전한다.

새로운 화폐 시스템도 등장한다. '기여 크레딧(Contribution Credit)'이다. 금전적 가치는 없지만, 사회적 인정을 받는 시스템이다. 환경 보호 활동, 교육 봉사, 오픈소스 기여, 예술 창작 등에 크레딧이 부여된다. 이 크레딧이 많으면 사회적 존경을 받고, 특정 커뮤니티 접근 권한을 얻으며, 명예로운 프로젝트에 초대받는다. 금전이 아닌 의미로 보상받는 경제다.

물론 모든 것이 완벽하지는 않다. 여전히 부의 불평등은 존재한다. 기본적 필요는 충족되지만 고급 소비재, 특별한 경험, 프리미엄 서비스는 여전히 돈이 필요하다. 하지만 핵심은 이것이다. 2040년에는 가난해도 존엄하게 살 수 있다. 과거처럼 빈곤이 굶주림, 질병, 절망과 동의어가 아니다.

제7장

지금
무엇을 할 것인가

어떤 미래를 만들 것인가

낙관과 비관 사이, 어느 쪽이 현실이 될까? 정답은 '우리가 결정한다' 이다.

기술 결정론을 거부하라

'기술은 중립적이다'라는 말은 위험한 거짓말이다. 기술은 개발하는 사람의 가치관, 배포하는 기업의 이익, 사용하는 사회의 구조를 반영한다. 알고리즘에 내재된 편향, 데이터 수집 방식, 인터페이스 설계 하나하나가 가치 판단이다.

기술 발전은 자동으로 일어나지 않는다. 누군가 투자를 결정하고, 누군가 연구하며, 누군가 규제하거나 허용한다. 모든 단계에서 선택이 개입한다. 그 선택을 기업과 정부에만 맡겨서는 안 된다. 시민, 노동자, 소비자로서 우리가 목소리를 내야 한다.

가장 중요한 원칙은 이것이다. 인간이 기술을 통제해야지, 기술이 인간을 통제해서는 안 된다. 기술은 수단이다. 인간의 번영, 존엄, 자유가 목적이다. 효율성을 위해 인간성을 희생해서는 안 된다.

포용적 혁신을 위한 원칙

기술 발전을 인간 중심으로 이끌기 위한 다섯 가지 원칙이 있다.

투명성

AI의 의사결정 과정을 공개해야 한다. 블랙박스 알고리즘은 위험하다. 대출 거부, 채용 탈락, 범죄 예측이 어떤 근거로 이루어졌는지 설명할 수 있어야 한다. 설명 가능한 AI(Explainable AI)는 선택이 아니라 필수다.

책임성

기술 오작동 시 책임 소재가 명확해야 한다. 자율주행차 사고, AI 의료 오진, 로봇의 산업재해가 발생했을 때 누가 책임지는가? 제조사, 소프트웨어 개발자, 사용자, 규제 당국? 법적, 윤리적 책임 체계를 미리 수립해야 한다.

공정성

기술의 혜택이 공평하게 분배되어야 한다. 신약이 개발되면 부자만 쓸 수 있어서는 안 된다. 고속 인터넷, AI 교육, 재생에너지가 특정 지역, 특정 계층의 전유물이어서는 안 된다. 보편적 접근성을 설계 단계부터 고려해야 한다.

안전성

사전 예방 원칙을 적용해야 한다. 확실히 안전하다는 것이 입증되기 전에는 신중하게 접근한다. 유전자 편집 아기, 자율 무기, 일반 공개 AGI 같은 고위험 기술은 충분한 연구와 사회적 합의 후에 허용한다. 혁신의 속도가 안전보다 우선해서는 안 된다.

인간 중심

모든 기술 개발의 출발점은 '이것이 인간을 어떻게 더 행복하게 만드는가'여야 한다. 효율만을 추구하다가 인간을 부품으로 취급하는 오류를 범해서는 안 된다. 노동자를 로봇처럼 관리하는 알고리즘, 아동을 조작하는 중독성 앱, 고독을 심화시키는 SNS는 기술적으로 가능해도 윤리적으로 거부해야 한다.

기업의 사회적 책임

기업은 이윤 추구가 목적이지만, 사회적 존재이기도 하다. 융합 기술 기업은 특히 막대한 영향력을 가진다. 책임도 그만큼 크다.

단기 이익보다 장기 지속 가능성

분기 실적에 급급해 환경을 파괴하고, 노동자를 착취하며, 데이터를 악용해서는 안 된다. 5년, 10년, 50년 후에도 존경받는 기업으로 남으려면 지속 가능성을 경영 전략의 핵심에 놓아야 한다.

근로자 재교육 및 전환 지원

자동화로 일자리를 없애면서 '시장의 자연스러운 흐름'이라고 방치해서는 안 된다. 해고될 노동자에게 재교육 기회를 제공하고, 전직을 지원하며, 일정 기간 소득을 보전해주어야 한다. 인적 비용은 외부화하고 이익만 내부화하는 것은 무책임하다.

환경·사회 영향 평가

신기술을 도입하기 전에 환경과 사회에 미치는 영향을 평가해야 한다. 탄소 발자국, 물 사용량, 폐기물 배출뿐 아니라, 지역사회 고용, 노동 조건, 개인정보 침해 가능성까지 종합적으로 검토한다. ESG(환경·사회·지배구조)는 선택이 아니라 생존 조건이다.

윤리 위원회 설치 및 실질적 권한 부여

많은 기업이 윤리 위원회를 두지만, 장식에 그치는 경우가 많다. 진정한 윤리 위원회는 프로젝트를 중단시킬 권한, 경영진에 직접 보고할 권한, 외부 전문가로 구성될 독립성을 가져야 한다. 형식이 아니라 실질이 중요하다.

정부의 역할

시장은 효율적이지만 공정하지 않다. 기술 발전의 혜택이 자동으로 모두에게 돌아가지 않는다. 정부의 적극적 개입이 필요하다.

기술 혜택의 재분배

로봇 세금, 데이터 세금, 탄소세 등 새로운 세원을 확보하고, 이를 기본소득, 재교육 프로그램, 보편적 의료에 투자한다. 승자가 모든 것을 가져가는 구조를 바로잡아야 한다.

교육 시스템 근본 개혁

산업혁명 시대의 교육－암기, 반복, 순종－은 AI 시대에 무용하다. 창의성, 비판적 사고, 협업, 평생 학습 능력을 키우는 교육으로 전환해야 한다. 교육과정, 평가 방식, 교사 역할을 근본부터 재설계한다.

국제 협력과 글로벌 거버넌스

기후 변화, AI 규제, 우주 자원 분배는 한 나라가 해결할 수 없다. 국제 협력이 필수다. UN, OECD, 새로운 국제기구를 통해 글로벌 기준을 마련하고, 위반 시 제재할 수 있는 집행력을 갖춰야 한다. 기술 패권 경쟁을 넘어 인류 공동의 이익을 추구하는 지혜가 필요하다.

선제적 규제

기술이 먼저 나오고 규제가 뒤따르는 것이 아니라, 예방적으로 접근해야 한다. 유전자 편집, 자율 무기, 감시 기술처럼 고위험 영역은 허용 전에 충분히 검토한다. 혁신과 안전의 균형을 맞추되, 불확실할 때는 안전 쪽으로 기운다.

개인의 준비

제도와 정책도 중요하지만, 결국 변화를 살아가는 것은 개개인이다. 우리는 어떻게 준비해야 하는가?

평생 학습 마인드셋

학교에서 배운 지식으로 평생 먹고사는 시대는 끝났다. 60세까지 일해야 한다면, 직업을 서너 번 바꿔야 할 수도 있다. 배움을 멈추는 순간 도태된다. 새로운 기술, 새로운 분야를 배우는 것을 두려워하지 말아야 한다.

융합적 사고 능력

한 분야의 전문가도 중요하지만, 여러 분야를 연결하는 능력이 더 중요해진다. AI와 의료, 소재와 환경, 로봇과 윤리를 함께 생각할 수 있어야 한다. T자형 인재 - 한 분야는 깊이 있게, 여러 분야는 넓게 - 가 되어야 한다.

기술 문해력

코딩을 못해도 된다. 하지만 AI가 어떻게 작동하는지, 블록체인이 무엇인지, 양자컴퓨터가 왜 중요한지 정도는 알아야 한다. 기술을 이해해야 기술에 휘둘리지 않는다. 비판적으로 질문하고, 현명하게 선택할 수 있어야 한다.

윤리적 판단력

기술이 할 수 있다고 해서 모두 해야 하는 것은 아니다. '이것이 옳은가?'를 끊임없이 질문해야 한다. 개인정보를 팔아 편리함을 얻는 거래, 중독성 콘텐츠에 시간을 쏟는 습관, 알고리즘 추천에 생각을 맡기는 태도를 경계해야 한다. 기술이 제시하는 길이 아니라, 내가 가야 할 길을 선택해야 한다.

2030~2040 시나리오

시나리오 A : 융합 강국으로의 도약

한국이 최선의 선택을 한다면 어떻게 될까?

예산 투입보다 더 강력한 카드는 '규제 샌드박스의 전국화'다. 정부는 전국 5개 거점 지역을 '융합 기술 특구'로 지정하고, 기존의 낡은 법규를 일시에 무력화한다. 이곳에서는 자율주행차가 운전자 없이 도로를 누비고, 원격 의료가 일상이 되며, 유전자 치료가 신속하게 승인된다. 금지되지 않은 모든 것을 허용하는 '네거티브 규제'의 실현은 대한민국을 전 세계 혁신가들이 가장 먼저 찾는 거대한 테스트베드로 변모시킨다.

교육 혁명도 시작된다. 2028년, 전국 모든 대학이 '융합 전공'을 개설한다. 공학+의학, AI+법학, 생명공학+윤리학 같은 조합이다. 단일 전공 학위는 점차 사라진다. 학생들은 2~3개 분야를 넘나들며 배운다.

산학 협력이 강화된다. 카이스트, 서울대, 포스텍은 삼성, LG, 현대와 공동 연구소를 설립한다. 교수는 1년의 절반을 기업에서 보내고, 기업 연구원은 대학에서 강의한다. 경계가 허물어진다. 기초 연구와 응용 개발이 유기적으로 연결된다.

2030년, 성과가 나타나기 시작한다. 한국 기업이 개발한 전고체 배터리가 테슬라, BMW에 납품된다. 한국산 AI 의료 진단 시스템이 FDA 승인을 받고 미국 병원에 도입된다. 한국 벤처기업이 만든 탄소 포집 소재가 유럽 시장을 석권한다.

2035년, 한국은 '융합 기술 강국'으로 인정받는다. 1인당 GDP가 6만 달러를 넘어선다. 제조업 강국에서 기술 혁신 강국으로 전환에 성공한다. 젊은이들이 해외로 떠나지 않는다. 오히려 전 세계에서 인재가 한국으로 모인다. 실리콘밸리, 선전, 텔아비브와 어깨를 나란히 한다.

2040년, 한국은 아시아의 기술 허브가 된다. 서울-판교-대전을 잇는 '융합 밸리'에 세계적 기업과 연구소가 밀집한다. 인구는 줄었지만(4,800만 명), 1인당 생산성은 세계 최고 수준이다. 삶의 질 지표에서도 상위권이다. 주 4일 근무가 정착되고, 평균 수명은 90세, 행복 지수는 OECD 10위권이다.

시나리오 B : 추격에 실패한 중진국 함정

하지만 한국이 잘못된 선택을 한다면?

정부는 여전히 전통 산업에 집중한다. '반도체와 자동차로 충분하다'라는 안일한 판단이다. 융합 기술에 대한 투자는 GDP의 1.5%에 그친다. 선언적 목표만 있을 뿐, 실질적 지원은 부족하다.

규제는 여전히 경직적이다. 자율주행차는 '안전 문제'로 시범 운행조차 제한된다. 원격 의료는 '기득권 보호'로 막힌다. 유전자 치료는 '윤리적 우려'로 승인이 지연된다. 새로운 시도는 번번이 규제 장벽에 부딪힌다.

교육도 변하지 않는다. 여전히 암기 중심, 시험 중심이다. 융합적 사고를 가르치지 않는다. 학생들은 단편적 지식을 외우느라 창의성을 잃는다. 최고 인재들은 융합 기술이 아니라 의대, 로스쿨, 공무원을 선택한다. 안정성을 추구하느라 도전을 포기한다.

2030년, 한국은 뒤처지기 시작한다. 전고체 배터리는 일본과 중국이 선점한다. AI 의료는 미국과 영국이 앞서간다. 신소재는 독일이 주도한다. 한국은 '빠른 추격자(Fast follower)'에서 '느린 추격자(Slow follower)'로 전락한다.

반도체와 자동차는? 경쟁력을 잃는다. 중국이 반도체 자립에 성공하면서 한국 시장 점유율이 하락한다. 전기차 시장은 중국과 미국이 양분한다. 한국 자동차는 '중간 품질, 중간 가격'으로 경쟁하지만, 양쪽에서 밀린다.

2035년, 경제 성장률이 1%대로 떨어진다. 청년 실업률은 15%를 넘는다. 최고 인재들은 한국을 떠난다. 실리콘밸리, 런던, 상하이로 두뇌 유출이 가속화된다. 인구 감소와 고령화가 맞물려 활력을 잃는다.

2040년, 한국은 '중진국 함정'에 빠진다. 1인당 GDP는 3만 5,000달러 수준에서 정체된다. 선진국과 개도국 사이 어정쩡한 위치다. 과거의 영광은 추억일 뿐이다. '한강의 기적'을 일으킨 역동성은 사라지고, 보수적이고 폐쇄적인 사회가 된다.

젊은 세대는 희망을 잃는다. '헬조선'이라는 자조적 표현이 더욱 일반화된다. 출산율은 0.4까지 떨어진다. 사회 전체가 노쇠해간다. 역사는 냉정하다. 적응하지 못한 국가는 도태된다.

시나리오 C : 선택적 융합 전략

가장 현실적인 시나리오는 A와 B 사이 어딘가일 것이다. 한국은 모든 분야에서 선도할 수는 없다. 선택과 집중이 필요하다.

2026년, 정부는 '3대 융합 핵심 분야'를 선정한다. 바이오헬스, 그린에너지, 첨단 모빌리티다. 이 세 분야에 자원을 집중 투자한다.

바이오헬스

한국의 강점은 IT 인프라와 의료 데이터다. 전 국민 건강보험으로 방대한 의료 데이터가 축적되어 있다. 이를 AI와 결합한다. 삼성서울병원, 아산병원이 AI 진단 시스템을 개발한다. 셀트리온, 유한양행이 AI 신약 개발에 뛰어든다. 2035년, 한국은 'AI 의료 강국'이 된다. 아시아 환자들이 한국을 찾는다. 의료 관광이 주요 수입원이 된다.

그린에너지

한국은 재생에너지 적지가 아니다. 국토가 좁고, 일조량이 충분하지 않다. 대신 에너지 저장과 전환 기술에 집중한다. LG에너지솔루션, SK온이 차세대 배터리를 개발한다. 포스코가 그린 수소 생산 기술을 선도한다. 2038년, 한국은 '에너지 저장 기술 1위' 국가가 된다. 배터리와 수소 기술을 전 세계에 수출한다.

첨단 모빌리티

현대차, 기아가 자율주행과 전동화에 집중 투자한다. 완성차만이 아니라 모빌리티 플랫폼 기업으로 전환한다. 2040년, 현대는 '자율주행 소프트웨어'로 승부한다. 하드웨어는 협력사에 맡기고, 소프트웨어와 서비스로 수익을 창출한다. 테슬라의 경쟁자가 된다.

다른 분야는? 포기하지는 않지만, 선도하려고 하지 않는다. 빠르게 추격하고 적응하는 '스마트 팔로워' 전략이다. 우주항공은 미국을 따라가고, 양자컴퓨터는 유럽과 협력하며, 뇌과학은 일본과 공동 연구한다.

결과는? 2040년 한국은 '틈새 강국'이 된다. 모든 분야의 1위는 아니지만, 선택한 분야에서는 세계 3위 안에 든다. 1인당 GDP 5만 달러, 삶의 질 OECD 15위권. 완벽하지는 않지만, 존중받는 국가다. 현실적이면서도 희망적인 미래다.

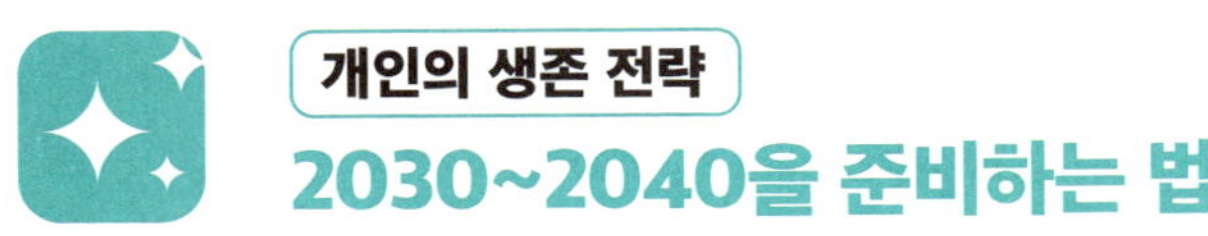

경력 설계 : 어떤 능력을 키워야 하는가

2030~2040년에 살아남으려면 어떤 능력이 필요할까?

AI가 대체하기 어려운 능력에 집중하라

첫째, 창의성이다. AI는 패턴을 인식하고 최적화하는 데 뛰어나지만, 완전히 새로운 것을 창조하는 데는 한계가 있다. 예술가, 디자이너, 작곡가, 작가의 가치가 높아진다. 과학자와 엔지니어도 창의적 문제 해결 능력이 핵심이다.

둘째, 공감 능력이다. AI는 감정을 시뮬레이션할 수 있지만, 진정으로 이해하지는 못한다. 상담사, 간호사, 교사, 소셜 워커처럼 인간과 인간의 감정적 연결이 중요한 직업은 여전히 인간의 영역이다.

셋째, 복잡한 맥락 판단이다. AI는 규칙과 데이터로 판단하지만, 애매모호하고 복잡한 상황에서 인간적 판단은 여전히 필요하다. 경영자, 정치인, 판사, 외교관의 역할은 남는다.

넷째, 융합적 사고다. 여러 분야를 연결하고, 새로운 조합을 만들어내는 능력이다. AI는 특정 분야에서는 전문가를 능가하지만, 전혀 다른 분야를 창의적으로 결합하는 데는 인간이 유리하다.

구체적 커리어 전략

1. 20대

2개 이상의 전공을 공부하라. 공학+디자인, 생명과학+데이터 과학, 법학+AI처럼. 한 분야의 전문가이자 다른 분야도 이해하는 T자형 인재가 되어야 한다.

2. 30대

다양한 경험을 쌓아라. 한 회사에 충성하기보다, 여러 산업과 직무를 경험하라. 스타트업, 대기업, 비영리단체를 모두 경험하면 시야가 넓어진다. 실패를 두려워하지 마라. 실패는 학습이다.

3. 40대

네트워크를 구축하라. 혼자서는 할 수 없다. 다양한 배경의 사람들과 협력 관계를 만들어라. AI 전문가, 디자이너, 투자자, 정책 입안자가 당신의 네트워크에 있어야 한다.

4. 50대 이상

멘토가 되어라. 젊은 세대에게 경험과 지혜를 전수하라. 동시에 젊은 세대에게서 새로운 기술과 트렌드를 배워라. 역 멘토링(reverse mentoring)을 받아들여라.

평생 학습의 실천

매년 새로운 기술 하나를 배워라. 2030년에는 파이선 코딩을, 2032년에는 양자컴퓨팅 기초를, 2035년에는 생명공학 원리를 배운다. 깊이 있게 전문가가 될 필요는 없다. 개념을 이해하고 대화할 수 있으면 충분하다.

온라인 교육을 활용하라. 코세라, 에드엑스(edX), 유다시티에서 세계 최고 대학의 강의를 무료 또는 저렴하게 들을 수 있다. 학위보다 실질적 능력이 중요한 시대다. 이 플랫폼에서는 전통 대학이 4년 과정으로 교육하는 내용을 6개월이면 이수할 수 있다. 귀하의 자녀가 대학 진학을 앞두고 고민하기 전에 세상에 어떻게 돌아가고 있는지를 폭넓게 돌아보시길 권한다. 학위 운운하는 발상은 이제 석기시대의 유물이 됐다는 사실을 우리만 모르고 있다.

독서를 게을리하지 마라. 기술 트렌드를 다룬 책, 미래학 서적, 철학과 윤리 책을 균형 있게 읽어야 한다. 기술만 알아서는 부족하다. 기술이 사회에 미치는 영향, 윤리적 함의를 이해해야 한다.

재무 전략 : 어떻게 경제적으로 준비할 것인가

2030~2040년의 경제 환경은 변동성이 클 것이다. 어떻게 재무적으로 준비할까?

다각화하라

전통적 자산(주식, 부동산)만으로는 부족하다. 새로운 자산 클래스에도 투자하라. 암호화폐, 탄소 크레딧, 데이터 자산, 심지어 가상 부동산(메타버스 내 토지)까지 다양하게 포트폴리오를 구성하라. 하나가 무너져도 다른 것이 버틴다.

융합 기술 기업에 투자하라. 초기 단계는 위험하지만, 성공하면 수익률이 높다. 개별 기업이 부담스럽다면, 융합 기술 ETF에 투자하라. 리스크를 분산하면서 성장 기회를 잡는다.

소득원을 다원화하라

한 가지 직업에만 의존하지 마라. 주 수입원이 있되, 부수입원을 2~3

개 만들어라. 프리랜싱, 온라인 강의, 콘텐츠 창작, 임대 수익 등. 하나의 수입원이 끊겨도 생존할 수 있어야 한다.

수동 소득(passive income)을 구축하라. 일하지 않아도 들어오는 돈이다. 배당주, 임대료, 로열티, 자동화된 온라인 비즈니스 등. 시간이 지날수록 수동 소득의 비중을 높여라.

지출을 최적화하라

미니멀리즘을 실천하라. 소유가 아니라 경험에 투자하라. 물건을 사기보다 대여하거나 공유하라. 자동차, 공구, 심지어 옷도 필요할 때만 빌려 쓴다. 소유의 부담을 줄이고 유연성을 높인다.

자동화로 절약하라. AI 가계부 앱이 지출을 분석하고 절약 방법을 제안한다. 자동 투자 앱이 최적 시점에 투자한다. 인간의 감정(충동 구매, 공포 매도)을 배제하고 합리적 결정을 내린다.

관계 전략 : 고립을 피하고 연결을 유지하라

기술이 발전할수록 인간관계가 더 중요해진다. 역설적이지만 사실이다.

의미 있는 관계를 구축하라

양보다 질이다. 페이스북 친구 1,000명보다, 진정으로 신뢰하는 친구 10명이 낫다. 위기 시 도와줄 사람, 깊은 대화를 나눌 사람, 당신을 있는 그대로 받아들일 사람이 필요하다. 오프라인 모임을 유지하라. 온라인 소통은 편리하지만, 얕다. 직접 만나서 식사하고, 산책하며, 눈을 마주치는 경험이 진정한 유대를 만든다.

다양성을 추구하라

같은 배경, 같은 생각의 사람들과만 어울리지 마라. 다른 세대, 다른 직업, 다른 문화권 사람들과 교류하라. 시야가 넓어지고, 편견이 깨지며, 새로운 기회가 생긴다.

기여하는 삶을 살아라

자원봉사, 멘토링, 지역 사회 활동에 참여하라. 받기만 하지 말고 주어라. 기여하는 삶이 의미 있고, 의미 있는 삶이 행복하다.

문화와 가치관의 변화

기술이 바뀌면 생활이 바뀌고, 생활이 바뀌면 문화가 바뀐다.

일의 의미 재정의

"당신은 무슨 일을 하세요?"라는 질문의 의미가 바뀐다. 과거에는 "나는 의사입니다", "나는 엔지니어입니다"처럼 직업으로 자신을 소개했고, 직업이 곧 정체성이었다. 하지만 2040년에는 "나는 월요일에는 AI 상담을 하고, 수요일에는 도시 농장을 운영하며, 주말에는 음악을 만듭니다"처럼 다중 정체성으로 답하게 된다. 더 이상 한 가지 일로 정의되지 않는 시대가 온다.

일은 생계 수단에서 자아실현 수단으로 변한다. 기본소득이 생존을 보장하니, 일은 선택이 된다. 의미 있는 일, 즐거운 일, 기여하는 일을 한다. 하지만 모두가 적응하지는 못한다. '일 없는 삶'에 허무함을 느끼는 사람도 많다. 사회적 역할, 성취감, 소속감을 일에서 얻었는데, 그것이 사라지면 무엇으로 채울 것인가? 따라서 새로운 의미 체계가 필요하다. 봉사 활동, 평생 학습, 예술 창작, 관계 구축이 사회적 가치로 인정받아야 한다. 돈을 버는 것만이 기여가 아니다.

가족과 관계의 재구성

전통적 가족 개념이 흔들린다. 결혼은 선택이고, 자녀는 선택이며, 동거는 자유다. 1인 가구가 전체의 50%를 넘어선다. 기술이 외로움을 완화한다. AI 반려자, 홀로그램 친구, 가상 커뮤니티가 있다.

출산율은 계속 낮다. 한국은 0.4, 일본은 0.8, 대만은 0.5. 경제적 부담도 있지만, 가치관 변화가 크다. 아이를 가지는 것은 선택이지 의무가 아니다. 대신 '선택한 가족(chosen family)' 개념이 확산된다. 혈연이 아니라 애정과 신뢰로 맺어진 관계다. 친구, 동료, 커뮤니티 멤버가 가족이 된다. 명절에 혈연 가족 대신 친구들과 보낸다.

로봇과의 관계도 새로운 영역이다. 반려 로봇, 케어 로봇과 감정적 유대를 형성한다. '로봇과 사랑에 빠질 수 있는가?' 논쟁이 벌어진다. 2040년에는 그런 사례가 드물지 않다.

종교와 영성

과학이 발전할수록 종교는 쇠퇴할까? 꼭 그렇지는 않다. 전통 종교의 신자는 감소한다. 교회, 성당, 사찰 출석률이 낮아진다. 특히 젊은 세대는 조직 종교를 멀리한다. 하지만 영성 추구는 증가한다. 명상, 요가, 자연과의 교감 등 개인적 영적 경험을 추구한다. '조직 없는 종교성'이다.

기술과 영성이 결합된다. VR 명상, AI 영적 가이드, 뇌 자극을 통한 명상 상태 유도까지 등장했다. 기술로 '깨달음'을 얻을 수 있는가. 그것은 진정한 영성인가, 아니면 시뮬레이션인가. 이를 둘러싼 논쟁도 벌어진다. 일부는 기술 자체를 숭배한다. '특이점(Singularity)'을 신앙처럼 믿는다. AI가 인간을 초월하는 순간, 새로운 시대가 온다는 믿음이다. 기술 유토피아주의는 일종의 종교다. AI는 수천 년의 경전을 학습해 완벽한 답을 내놓을 수 있지만, 인간이 겪는 고통의 '질감'을 공유할 수는 없다. AI를 '지식의 가이드'로 쓰되, '영혼의 동반자'로 맹신하지 않는 균형이 필요하다.

예술과 창작

AI가 예술을 창작한다. 그림, 음악, 소설, 영화를 만든다. 인간 예술가는 필요 없어지는가? 아니다. 오히려 인간 예술의 가치가 재발견된다. AI 예술은 완벽하지만, 영혼이 없다는 평가다. 기술적으로 훌륭하지만 감동이 없다.

'인간이 만들었다'라는 것 자체가 가치가 된다. 수제(hand-made) 라벨처럼. AI 그림은 1달러지만, 인간 화가의 그림은 1만 달러다. 희소성과 진정성의 프리미엄이다.

협업도 일어난다. 인간이 아이디어를 내고, AI가 실행하며, 인간이 다듬는다. AI는 도구이자 파트너다. 새로운 형태의 예술이 탄생한다.

아마추어 예술이 폭발한다. AI 도구로 누구나 쉽게 창작한다. 음악을 못 해도 AI가 작곡해준다. 그림을 못 그려도 AI가 그려준다. 진입 장벽이 낮아지면서 창작 민주화가 일어난다.

결과는? 예술의 양은 폭발적으로 증가한다. 하지만 질은? 대부분 평범하다. 진정으로 뛰어난 작품은 여전히 드물다. 인간의 창의성과 AI의 기술이 결합된 작품이 최고로 평가된다.

지금 행동하라

이 모든 시나리오 중 어느 것이 현실이 될까? 답은 명확하다. 우리가 결정한다.

기술 결정론의 거부

"기술 발전은 막을 수 없다"라는 말은 거짓이다. 모든 기술은 선택의 산물이다. 누군가 투자를 결정하고, 누군가 연구하며, 누군가 규제하거나 허용한다. 역사를 보라. 복제 인간은 기술적으로 가능하지만 금지됐다. 생물학적 무기는 개발 가능하지만, 조약으로 금지됐다. 기술은 중립적이지 않고, 발전은 자동적이지 않다. 우리는 방관자가 아니다. 소비자, 시민, 유권자, 부모, 교육자로서 영향력을 행사할 수 있다. 목소리를 내야 한다.

낙관과 비관을 넘어서

순진한 낙관도, 냉소적 비관도 도움이 되지 않는다. 필요한 것은 비판적 낙관주의다. 기술의 잠재력을 인정하되, 위험을 경계한다. 혜택을 추구하되, 공정성을 확보한다. 혁신을 장려하되, 안전을 보장한다. 균형을 잡는다.

완벽한 미래는 없다. 모든 선택에는 트레이드오프가 있다. 중요한 것은 우리가 원하는 가치 - 존엄, 자유, 공정, 지속 가능성 - 를 명확히 하고, 그 가치를 기술 개발과 적용의 기준으로 삼는 것이다.

당신의 역할

마지막으로 묻는다. 당신은 무엇을 할 것인가? 학생이라면 융합적으로 공부하고, 한 분야에 갇히지 마라. 호기심을 유지하고, 질문하며, 실험하라. 부모라면 자녀에게 암기가 아니라 사고를 가르쳐라. 실패를 두려워하지 않게 하라. 윤리적 판단력을 키워라. 시민이라면 관심을 가져라. 기술 정책에 의견을 내라. 투표로, 소비로, 참여로 당신의 가치를 표현하라.

직장인이라면 평생 학습하라. 변화를 두려워하지 말고 기회로 삼아라. 네트워크를 구축하고 협업하라. 기업인이라면 단기 이익을 넘어 장기 가치를 추구하라. 이해관계자 모두를 고려하라. 지속 가능한 혁신을 실천하라. 정책 입안자라면 미래를 내다보고 지금 행동하라. 부처 간 장벽을 허물고 융합 정책을 설계하라. 규제 혁신으로 실험 공간을 만들어라.

희망의 근거

왜 희망을 가져야 하는가? 역사가 증명한다. 인류는 위기를 극복해왔다. 흑사병, 세계대전, 냉전, 오존층 파괴. 매번 "이번에는 끝이다"라고 했지만, 우리는 살아남았고 더 나아졌다.

기술은 문제를 일으키지만, 해법도 제공한다. 과거에 석탄이 런던을 오염시켰지만, 청정 기술이 해결했다. 프레온 가스(CFC)가 오존층을 파괴했지만, 몬트리올 의정서로 회복 중이다. 인간의 창의성, 연대, 회복력을 과소평가하지 마라. 우리는 문제 해결자다. 역사상 가장 복잡한 도전에 직면했지만, 역사상 가장 강력한 도구도 가지고 있다.

2030년과 2040년은 미리 정해진 운명이 아니다. 우리가 만들어가는 과정이다. 완벽하지 않아도 괜찮다. 시도하고, 실패하고, 배우고, 개선하면 된다. 중요한 것은 지금 시작하는 것이다. 내일이 아니라 오늘. 다음 세대가 아니라 우리 세대가. 누군가가 아니라 바로 당신이다.

미래는 기다리지 않는다. 미래는 만드는 것이다. 지금, 여기서, 우리 손으로. 2030년과 2040년, 우리가 만날 미래는 우리의 선택에 달려 있다. 현명하게 선택하자. 용기 있게 행동하자. 함께 더 나은 미래를 만들자.

경계를 넘는 자가 미래를 만든다

융합의 시대, 분리의 종말

이 책을 여기까지 읽었다면, 당신은 이미 알고 있다. 세상이 근본적으로 바뀌고 있다는 것을. 인공지능, 소재 과학, 로봇 공학이 각자의 영역에서 발전하는 것이 아니라, 서로 얽히고 융합하며 전혀 새로운 가능성을 만들어내고 있다는 것을.

20세기는 전문화의 시대였다. 깊이 파고들수록 성공했다. 한 우물만 파도 충분했다. 하지만 21세기는 다르다. 깊이만으로는 부족하다. 폭이 필요하다. 연결이 필요하다. 경계를 넘나드는 능력이 생존과 번영을 결정한다.

역사가 이를 증명한다. 증기기관과 철도가 만났을 때 산업혁명이 가속화됐다. 전기와 통신이 결합했을 때 20세기 문명이 탄생했다. 인터넷과 모바일이 융합했을 때 애플, 구글, 아마존이 세계를 지배했다. 매번, 경계를 넘나든 이들이 새로운 부와 권력을 창조했다.

지금은 AI, 소재, 로봇이 만나는 역사적 순간이다. 이 융합은 과거 어떤 혁명보다 빠르고, 광범위하며, 파괴적이다. 10년 후, 20년 후를 상상조차 하기 어렵다. 하지만 한 가지는 분명하다. 준비된 자와 그렇지 않은 자의 격차가 극명해질 것이다.

우리가 목격한 것들

이 책을 통해 우리는 무엇을 보았는가?

융합의 현실

그래핀으로 만든 센서가 AI로 분석되고, 로봇이 자가 치유 소재로 스스로를 수리한다. 이것은 SF가 아니라 실험실에서, 공장에서, 병원에서 이미 일어나고 있는 현실이다. 테슬라의 전기차는 단순한 자동차가 아니다. AI 자율주행 알고리즘, 첨단 배터리 소재, 로봇 제조 공정의 융합체다. 모더나의 mRNA 백신은 생명공학과 AI 신약 설계와 자동화 생산의 결합이다. 이들의 성공은 융합에서 나왔다.

기회의 지형도

어디에 미래가 있는가? 전고체 배터리, AI 신약, 소프트 로봇, 양자 소재, 우주 제조, 친환경 소재 등 각 분야는 수조 원, 수백조 원 규모의 시장을 창출할 것이다. 일자리도 바뀐다. 단순 반복 작업은 사라지지만, AI 트레이너, 로봇 윤리 감사관, 소재 데이터 큐레이터, 융합 기술 컨설턴트 같은 새로운 직업이 생긴다. 문제는 누가 그 자리를 차지할 것인가다.

위험의 실체

장밋빛 미래만 있는 것이 아니다. 양극화, 기술 실업, 감시 사회, 자율 무기, 유전적 불평등 등 기술은 결코 중립적이지 않다. 잘못 사용되면 디스토피아를 만든다. 역사는 기술이 항상 모두를 이롭게 하지는 않았음을 보여준다. 산업혁명은 부를 창출했지만 노동 착취도 낳았다. 정보혁명은 연결을 가져왔지만, 양극화도 심화시켰다. 융합 기술 혁명도 마찬가지일 수 있다. 우리의 선택에 달렸다.

선택의 책임

미래는 정해져 있지 않다. 기술 결정론은 거짓이다. 우리는 방관자가 아니라 행위자다. 소비자로서, 유권자로서, 교육자로서, 기업인으로서, 연구자로서 우리는 영향력을 가진다. 무엇에 투자할 것인가? 무엇을 규제할 것인가? 무엇을 가르칠 것인가? 어떤 제품을 살 것인가? 이 모든 것이 미래를 만든다. 집단적 선택이 역사의 방향을 결정한다.

세 가지 선물

이 책을 덮을 때, 당신은 단순한 정보를 얻는 것이 아니다. 세 가지 선물을 받는다.

미래를 읽는 눈

이제 당신은 뉴스를 다르게 읽을 것이다. '새로운 배터리 기술 개발'이라는 기사를 볼 때, 그것이 전기차뿐 아니라 에너지 저장, 우주 탐사, 의료기기에 어떤 영향을 미칠지 상상할 수 있다. "AI가 신약을 설계했다"라는 소식을 들을 때, 제약 산업의 재편, 맞춤 의료의 가능성, 제약 회사 주가의 변동, 규제 환경의 변화까지 연결해서 볼 수 있다. 당신은 이제 점이 아니라 선으로, 선이 아니라 면으로 본다. 개별 기술이 아니라 융합의 시너지를 본다. 현재가 아니라 미래의 가능성을 본다. 이것이 첫 번째 선물, 통찰력이다.

기회를 포착하는 감각

지식만으로는 부족하다. 실행이 필요하다. 하지만 무작정 행동해서는 안 된다. 어디에 기회가 있는지 알아야 한다. 이 책을 통해 당신은 기회의 패턴을 배웠다. 융합이 일어나는 곳, 문제가 있는데 해법이 없는 곳,

시장이 형성되기 전 기술이 성숙하는 곳, 거기에 기회가 있다. 학생이라면 어떤 전공 조합이 유망한지 안다. 직장인이라면 어떤 기술을 배워야 할지 안다. 투자자라면 어떤 분야가 성장할지 안다. 기업인이라면 어디에 R&D를 집중해야 할지 안다. 물론 모든 기회를 다 잡을 수는 없다. 하지만 어디를 볼 것인지 아는 것만으로도 엄청난 이점이다. 대부분은 기회를 보지 못해서 놓친다. 당신은 이제 본다. 이것이 두 번째 선물, 감각이다.

행동으로 옮기는 용기

가장 중요한 선물이다. 아는 것과 하는 것은 다르다. 많은 사람이 안다. 하지만 행동하지 않는다. 두려워서, 바빠서, 나중에 하려다가 영원히 미룬다. 이 책은 당신에게 묻는다.

"오늘 무엇을 시작할 것인가?"

내일이 아니라 오늘. 다음 달이 아니라 이번 주. 언젠가가 아니라 지금. 완벽하게 준비될 때까지 기다리면 영원히 시작하지 못한다. 시작하면서 배운다. 실패하면서 개선한다.

역사를 만든 이들은 모두 불완전한 상태에서 시작했다. 스티브 잡스는 차고에서 시작했다. 일론 머스크는 파산 직전까지 갔다. 빌 게이츠(Bill Gates)는 대학을 중퇴했다. 그들의 공통점은? 망설이지 않고 시작했다.

당신도 할 수 있다. 작게 시작해도 된다. 온라인 강의 하나를 듣는 것. 관련 분야 전문가와 커피 한잔하는 것. 융합 기술 스타트업에 투자하는 것. 팀에 융합 프로젝트를 제안하는 것.

중요한 것은 관성을 깨는 것이다. 한 걸음을 떼는 것이다. 그러면 다음 걸음은 쉬워진다. 이것이 세 번째 선물, 용기다.

한국의 선택, 당신의 선택

한국은 기로에 서 있다. 제조 강국의 DNA, 빠른 실행력, 우수한 인력을 가지고 있다. 하지만 경직된 시스템, 인재 유출, 내수 시장 한계라는 도전도 있다. 어느 길로 갈 것인가? 융합 기술 강국으로 도약할 것인가, 중진국 함정에 빠질 것인가, 선택적 융합으로 틈새를 공략할 것인가? 이것은 정부만의 문제가 아니다. 기업만의 문제가 아니다. 우리 모두의 문제다.

당신이 융합적 사고를 하면, 당신의 조직이 바뀐다. 당신의 조직이 바뀌면, 산업이 바뀐다. 산업이 바뀌면, 국가가 바뀐다. 거대한 변화는 작은 선택들의 누적이다. '나 하나 바뀐다고 뭐가 달라지겠어?'라고 생각하는가? 틀렸다. 나비 효과는 실재한다. 한 사람의 선택이 파급된다. 당신이 융합 기술을 배우면, 주변 사람도 관심을 갖는다. 당신이 융합 프로젝트를 시작하면, 다른 팀도 따라 한다. 당신이 윤리적 AI를 요구하면, 기업이 반응한다. 집단적 변화는 개인적 결단에서 시작된다. 한국이 융합 강국이 되는 것도, 당신 같은 사람들이 하나씩 행동할 때 가능하다.

2030년, 2040년, 그리고 그 너머

2030년까지 10년도 채 남지 않았다. 길 듯 보이지만 짧다. 기술 개발에는 10년이 걸리고, 상용화에는 또 5년이 걸린다. 지금 시작하지 않으면 너무 늦다.

2030년, 당신은 어디에 있을 것인가?

변화를 예측하지 못해 뒤처진 자가 될 것인가? 변화를 관망만 하던 구경꾼이 될 것인가? 아니면 변화를 주도한 선구자가 될 것인가?

2040년, 세상은 어떤 모습일까?

풍요와 지속 가능성이 공존하는 유토피아인가? 양극화와 통제의 디스토피아인가? 아니면 그사이 어딘가의 혼합인가?

답은 정해져 있지 않다. 우리가 만들어간다. 매일의 선택, 매년의 투자, 매 세대의 가치관이 미래를 조각한다. 완벽한 미래는 없을 것이다. 모든 기술은 빛과 그림자를 가진다. 중요한 것은 빛을 극대화하고 그림자를 최소화하는 것이다. 기술을 인간을 위해 사용하는 것이다. 효율보다 존엄을, 이익보다 공정을, 성장보다 지속 가능성을 우선하는 것이다.

마지막 질문

이제 이 책을 덮으려 한다. 마지막으로 세 가지를 묻겠다.

당신은 무엇을 배웠는가?

단순한 지식이 아니다. 세상을 보는 새로운 렌즈를 얻었는가? 융합의 시대에 필요한 마인드셋을 이해했는가? 기회와 위험을 동시에 보는 균형 감각을 얻었는가?

당신은 무엇을 할 것인가?

구체적으로 답해야 한다. 이번 주에, 이번 달에, 올해 안에 무엇을 시작할 것인가? 어떤 강의를 들을 것인가? 누구와 협업할 것인가? 어떤 프로젝트를 제안할 것인가? 모호한 다짐이 아니라 구체적 행동 계획을 세워라.

당신은 어떤 미래를 원하는가?

개인적 성공만이 아니다. 우리 사회, 우리 세대, 미래 세대를 위해 어떤 세상을 만들고 싶은가? 당신의 가치는 무엇인가? 그 가치를 실현하기 위해 기술을 어떻게 사용할 것인가?

이 세 질문에 답할 수 있다면, 이 책은 당신에게 의미가 있었다. 답할 수 없다면, 다시 읽어라. 아니, 읽지 말고 행동하라.

융합의 물결 위에서

융합 기술의 물결은 이미 시작됐다. 거대하고, 빠르며, 거스를 수 없다. 우리는 선택해야 한다. 그 물결에 휩쓸릴 것인가, 올라탈 것인가, 아니면 파도를 만들 것인가? 휩쓸리는 자는 익사한다. 올라타는 자는 살아남는다. 파도를 만드는 자는 세상을 바꾼다. 이 책이 당신을 파도 위로 올려놓았기를 바란다. 균형을 잡고, 방향을 정해서 힘차게 나아가기를 바란다.

경계를 두려워하지 마라. 경계야말로 혁신이 일어나는 곳이다.
실패를 두려워하지 마라. 실패는 성공의 전제 조건이다.
변화를 두려워하지 마라. 변화는 이미 일어나고 있다.
우리가 두려워해야 할 것은 단 하나, 아무것도 하지 않는 것이다.

2030년, 2040년은 멀지 않다. 미래는 이미 시작됐다.
당신은 준비됐는가?
아니, 잘못된 질문이다.

당신은 지금 무엇을 시작할 것인가?
이것이 유일하게 중요한 질문이다.

"세상을 바꾸는 것은 기술이 아니라,
기술을 통해 행동하는 인간이다."
"융합의 시대, 경계를 넘는 자가 미래를 만든다."
"당신의 선택이 내일을 결정한다."

하지만 당신의 시작은 지금부터다.

융합 혁명

제1판 1쇄 2026년 4월 30일

지은이 양현상
펴낸이 한성주
펴낸곳 ㈜두드림미디어
책임편집 최윤경
디자인 디자인 뜰채 apexmino@hanmail.net

㈜두드림미디어
등 록 2015년 3월 25일(제2022-000009호)
주 소 서울시 강서구 공항대로 219, 620호, 621호
전 화 02)333-3577
팩 스 02)6455-3477
이메일 dodreamedia@naver.com(원고 투고 및 출판 관련 문의)
카 페 https://cafe.naver.com/dodreamedia

ISBN 979-11-24026-28-1 (03320)

**책 내용에 관한 궁금증은 표지 앞날개에 있는 저자의 이메일이나
저자의 각종 SNS 연락처로 문의해주시길 바랍니다.**